本研究受到国家自然科学基金项目（71402163）、

教育部人文社会科学基金项目（13YJC630221）的支持

NEW FIRMS' SOCIAL NETWORKING
AND PERFORMANCE:
AN EMPIRICAL STUDY BASED ON
EFFICIENCY AND EFFECTIVENESS

新企业社会网络构建
的效应机制分析
——基于效率和效果的实证研究

张慧玉　著

ZHEJIANG UNIVERSITY PRESS
浙江大学出版社

前 言

《新企业社会网络构建的效应机制分析——基于效率和效果的实证研究》一书既是过程视角与社会网络理论引领下解读新创企业生存与成长奥秘的创新性尝试,也是笔者与所在研究团队"南开大学创业研究中心"对创业实践探索与创业理论挖掘的又一次回应与发声。笔者自 2009 年起开始密切关注新企业社会网络构建的问题,一方面通过与诸多创业者的持续性交流,观察他们的网络构建活动;另一方面通过广泛的文献阅读、深入的理论研讨思索其网络构建行为背后的影响因素与效应机理,而本书既是对长期观察、学习与思索的阶段性总结,又是后续进一步探索与研究的基础与起点。

社会网络在推动新企业成长及绩效改善中的关键作用促使创业者们越来越重视社会网络构建活动,在中国这一"关系导向"的转型经济体中尤其如此,"没关系,找关系;找关系,有关系;有关系,没关系",是中国创业者积极构建、运用社会关系网络的生动写照。然而,在创业实践中,不同的新企业在社会网络构建过程及结果上呈现出差异,主要体现在"如何构建网络"以及"构建怎样的网络"两方面。如何系统、全面地刻画这些差异性特征? 这些蕴含差异的过程特征如何影响新企业初期绩效? 基于此,本书从过程视角出发聚焦新企业组织层面的社会网络构建活动,情境化借用效率和效果维度刻画该过程的本质特征,以此为基础深入探讨新企业社会网络构建活动如何影响其初期绩效,并进而挖掘二者关系的权变机制及边界条件,以期丰富现有研究、指导创业实践。为了实现上述研究目的,笔者通过文献阅读、专家研讨、创业者深度访谈等方式进一步聚焦研究关键点,提出一系列相关的研究假设,在研究设计上利用针对中国新创企业创业者的问卷收集有效数据,并采用因子分析、层级回归分析和调节回归分析等统计分析方法对假设进行了实证检验。

为了清晰地呈现研究项目的全貌,本书分六章循序渐进地介绍、描述研究起源、过程、结果及其意义。第一章为绪论部分,阐述了研究背景、问题来源、主要研究内容和研究方法,并介绍了研究技术路线及论文写作框架;第二章为文献综述部分,对构成本书理论基础的相关已有研究进行系统述评,主要梳理了社会网络、社会资本、创业网络相关的研究及其发现;第三章以已有研究为基础和借鉴,情境化界定、测度新企业社会网络效率和效果,重点以已有理论为基础进行系列假设推导,聚焦回答新企业社会网络构建效率和效果是否以及如何影响新企业绩效的核心问题;第四章介绍了本书采用的研究方法,并详细描述了研究设计过程;第五章是实证分析部分,通过有效的实证统计分析检验本书所提出的有关新企业社会网络构建效应机制的系列假设,并就假设检验结果展开深入探讨;最后,第六章归纳出本书的主要研究发现和研究结论,指出主要创新点,分析研究中存在的不足,并展望未来研究。

通过系统性的理论梳理、研究设计、数据收集与实证检验,本书得出四点主要发现和结论。第一,新企业组织层面的社会网络构建及其主要特征是影响其初期绩效和成长的重要因素。网络构建活动最重要的意义是促进新企业获取外部资源以突破资源局限,满足生存和成长所需的资源。这也是效率和效果维度下的网络构建本质特征影响新企业初期绩效的核心路径。网络构建效果是新企业社会网络规模、强关联数量及优质关联数量等多项指标的综合,对新企业初期绩效有显著正向影响。网络构建效率主要由构建速度和构建投入两部分构成,二者在内涵及影响路径上的差异导致网络构建效率对新企业初期绩效产生不同方向的两种影响:网络构建速度所代表的效率(速度越快,效率越高)正向影响新企业初期绩效,而网络构建投入所代表的效率(投入越多,效率越低)负向影响新企业初期绩效,即对网络构建活动投入越多的新企业,其初期绩效越好。

第二,新企业社会网络构建效率和效果在效应机制上存在重要差异。效率和效果兼具是新企业网络构建中较为理想的状态,但是在现实中很难达到,这就要求新企业在网络构建中做出选择性决策,实现有限资源的合理配置。从纵向对比看,与学步期新企业相比,婴儿期新企业的网络构建活动对其初期绩效的影响更显著,即社会网络构建活动对新企业成长的效应随其成长阶段的延伸而变弱,这尤其体现在网络构建效果、效应的变化上。从横向对比来看,对于婴儿期新企业而言,网络构建效果对初期绩效的影响比网络构建效率更显著,而对学步期新企业来说,网络构建效率对初期绩效的影响比网络构建效果更显著。

第三,新企业所处的信任氛围正向调节新企业网络构建活动与初期绩效的关系。新企业所处环境中的信任氛围是组织间的信任基础,良好的信任氛围能够促使新企业社会网络构建活动更好地发挥对初期绩效的影响能力,尤其是网络构建效果的推动作用。良好的信任氛围增进新企业与其社会网络中关联组织的互动,减少其面临的难以承受的机会主义行为及合作风险,促进合作组织之间的信任积累,推动互惠性合作顺利开展,从一般关联向强关联的转化相对容易,而地位较高、资源获取能力较强的优质关联对新企业的疑虑及防范意识也会随之降低,有利于新企业整合外部资源,促进生存与发展。

第四,代表市场环境的地区市场化程度调节新企业网络构建活动与初期绩效的关系,其中地区产品市场和要素市场发育程度对网络构建投入和效果效应机制的调节作用尤为显著。市场化程度的不断提高是经济转型期中国情境下市场环境的重要特点,该因素负向调节新企业社会网络构建对其初期绩效的推动作用,主要是削弱社会网络的非市场路径影响力,但同时,在特殊的要素市场中社会网络的市场路径影响力会因为市场环境的进一步规范化而得到改善和提高。因此,转型时期中国情境下的新企业应当根据市场环境的变化调整其社会网络结构从而改善网络产生效应的影响路径,降低对社会网络非市场路径支持的依赖,充分发挥其通过市场路径产生的积极作用。

从上述研究发现可以判断,本书的创新点和理论价值主要体现在三个方面。第一,情境化引入效率和效果视角描述新企业网络构建活动,有利于更系统、概括地描述该过程的本质特征。鉴于以往研究或忽略新企业网络构建过程,或只是以零散、片面的指标对该过程进行单一维度的简单描述,本书情境化借用效率和效果视角系统地描述新企业网络构建过程的本质特征。其中效率侧重描述"新企业如何构建社会网络",强调"用正确的方式构建网络",具体体现于新企业网络构建速度和投入,而效果侧重描述"新企业构建起怎样的社会网络",强调"构建正确的社会网络",具体体现于所构建网络的规模、网络中强关联、优质关联的数量等多个指标。

第二,从效率和效果视角解释新企业网络构建活动的效应机制并探讨其边界条件,有力地丰富、深化了有关创业网络与新企业成长关系的探讨。本书借用效率和效果视角分别描述新企业组织层面网络构建过程的不同特征并以此为基础分别探讨网络构建效率和效果特征在效应机制上存在的异同,不仅弥补了以往研究过分关注创业者个体层面社会网络、忽略过程的不足,而且从更深层次挖掘了社会网络对新企业成长及绩效的影响,而分析成长阶段、信任氛围和地区市场化程度等新企业内外部因素如何作用于其网络构建效应机制,则从三个具有特殊性的角度进一步明晰了该效应机制的边界条件,丰富了现有的创业网络研究。

第三,在探讨新企业社会网络构建效应机制的权变及边界条件时着重考虑地区市场化程度的调节作用,有利于推动中国情境下的创业研究。改革开放以来中国情境最主要的特点之一即为处于特殊的经济转型时期,在计划经济向市场经济转型的特殊时期,最突出的特点之一即在于市场环境的巨大变化,而市场环境的变化集中体现于市场化程度纵向上的巨大变化和横向上的地区不平衡。本书从效率和效果视角阐释了地区市场化程度对新企业社会网络构建活动效应机制的调节作用,证明了经济转型时期中国情境下的新企业社会网络构建活动与外部市场环境紧密相关、积极匹配的关系,突出了特殊情境因素对研究问题的影响作用。

"效率""效果""过程""情境",围绕这些基本的研究热点词,本书从新视角、新层面与新的立足点上增进了我们对新企业社会网络构建过程及其效应机制的系统、深入理解,并在思路上为后续研究起到了"抛砖引玉"的启示性作用。尽管以理论探讨为基本定位,但本书的研究发现对创业实践及政策制定具有重要的指导性意义。一方面,本书的研究发现启示创业者在自身个体网络关系拓展的同时,重视企业层面的创业网络构建,根据新企业的发展状况与外部环境,在"效率"和"效果"上做出正确的战略取舍,用"正确的方式"构建"正确的网络"。另一方面,本书对信任氛围、市场发展程度等环境性因素的探讨初步呈现出创业网络产生作用的市场及非市场路径,这便启示政策制定者应当修正、改进法律、法规等,填补正式制度留下的缝隙,完善市场运作机制,以尽量约束新企业社会网络通过此类路径产生作用,从而督促、引导、鼓励新企业以正确的方式发挥社会网络的作用。因此,笔者相信,尽管依然存在各种有待同行指正、后续完善的不足之处,但本书将给创业研究与创业实践带来相应的启示。

最后,本书在研究、写作与出版中得到浙江大学外国语言文化与国际交流学院、南开大学创业研究中心的鼎力支持,并得到国家自然科学基金、教育部人文社会科学研究基金的资助,而浙江大学出版社的蔡圆圆、陈丽勋等老师通过尤为认真、专业的编辑、审校工作为本书的修改与完善提出了一系列的宝贵意见,直接贡献于本书的最终出版,在此一并表示由衷的感谢!

致 谢

ACKNOWLEDGEMENT

这本专著凝聚了我读博期间的心血。读博对我而言,无疑是人生中一次至关重要的洗礼。选择读博,选择学术,选择走一条人迹罕至的路,实属不易。一路上,有过郁闷疼痛,有过徘徊犹豫,有过失落迷茫,但毕业近四载再回首,过去的一切都幻化成对未来的憧憬和期许,而我的心里,装满着沉甸甸的感激。

感谢我的恩师谭劲松教授。您手把手地带我走进学术的圣殿,为我打开崭新而绚烂的一页,那是我人生中最为重要的选择和转折。您耐心地引领我在这座圣殿里勤恳地求索,和您的一次次面谈,一封封邮件,一次次网上交流,都倾注了您大量的时间和心血,您还无私地在生活、学习等各方面给予我极大的帮助和支持。您教会我各种做人做事的道理:"不抛弃,不放弃",这是您对学生们无上的承诺;Commitment,Dedication,Loyalty 和 Faith,这是镌刻在我脑海中的为人原则;The more you put in, the more you get out, 这是我正在实践的人生真理……您的谆谆教诲,已经铭刻在我的心上和人生里。您执着的学术理想主义精神、强烈的社会责任感、严谨的学者风范以及崇高的人格魅力为我树立了最优秀、最生动的人生榜样。学生无以为报,唯有牢记师恩,踏实前行。

感谢我的恩师张玉利教授。您让我加入温暖的创业团队,为我提供了良好的学术环境和学习条件,在各方面给予我极大的关怀和照顾。在我迷茫徘徊的时候,您告诉我"珠子"的道理,并耐心地引导我去找那根关键的"线"。三年来,您以严谨的治学精神和深厚的学术造诣在学术上为我指点迷津,以宽厚仁和、为人师表的学者风范为我在生活上树立榜样,以谦逊勤学、孜孜进取的态度为我的人生指明航标。您多次说过,"攻读博士学位是人生中具有挑战性的经历","博士生要坚守自己的使命,持续不断地努力"。在艰难的读博经历中,在这份特殊的使命里,您助我扬帆起航,为我指明方向,并在最需要的时候给予我不尽的温暖、勇气和力量。您无私的帮助和支持,学生永生难忘。

感谢王铁庚先生、胡桂香老师、张安民先生、张志合先生等对访谈、问卷收集的大力支持;感谢赵少平、池军、梁剑、张思永、肖远飞、胡海清、尤获、谭自强、张波、杨昊鸥以及匿名创业者朋友在数据收集中的无私帮助。

感谢南开创业团队这个大家庭给予的温暖和力量。杨俊老师在学术研究中给予我帮助、支持和鼓励,在生活中给予我兄长般的关怀;薛红志老师总是一边耐心地帮忙解答各种疑难问题,一边微笑着为我降压打气;田莉、牛芳、胡望斌三位老师每一次见面都会热心地为我的研究与论文诊脉,并不忘督促我抓紧时间、踏实走好每一步;王晓文、尹珏林、龙丹和张红娟四位师姐伴我度过读博生涯,和我一起分享生活苦乐;陈寒松老师百忙中为我搜索资料;王瑞师兄犀利地提醒我改掉坏毛病;张仁江、池军师兄以轻松的谈话为我降压;王伟毅师兄毫无保留地与我分享他的学术体会;杨永峰、李静薇、闫丽萍、樊硕,则是我一路奋斗的真诚"战友",我们彼此见证了那一路的酸甜苦辣。

感谢浙江大学外语学院这个大家庭给予的机会与支持。"远嫁"杭州,心中充满忐忑。素昧平生,学院的领导和前辈老师们从工作、生活、学习等各方面给予了我各种无私的关心和帮助,并对我学科差异的问题表示最大的包容、理解与支持,让我得以延续博士期间的兴趣,探索并拓展新的跨学科研究方向,顺利地实现了重要的过渡,并快速成长为一名合格的大学教师。项目支持、出国访问等宝贵的机会促使我不断提高自己。尤其感谢我的领航导师何莲珍教授,您不仅是我事业上的领路人,而且是我人生路上的好榜样,如何为师从教,如何做事做人,您的言传身教,学生都将永远铭记于心,也会一如既往,不断进取。

感谢我亲爱的闺蜜胡海清,你像姐姐一样在学习和生活中给予我无私的照顾和帮助,鼓励我、督促我、陪伴我,你带给我的希望、温暖和阳光将永远珍藏在我的记忆里;感谢我的好友张宁、孟媛、周燕、石蕾、司丽莹、周寒晓、詹琳、伍承聪、宋琼、李小新、姚江海、王丽萍、张小薪、廖新国、刘维等一直以来对我的关心和支持。

最后,我要特别感谢我最亲爱的家人。尽管家境清贫,但父母披星戴月地劳作,勤俭持家,含辛茹苦地把我们兄妹抚养长大并培养成才,没有他们无怨无悔的全心付出,就没有我们兄妹俩现在的一切。面对如海深恩,女儿感激之情难以言表,唯有在以后的日子里更加努力地工作、生活,竭力尽孝,愿父母幸福安康! 感谢我的哥哥张庚鑫,你从小懂事,对妹妹百般照顾呵护,甚至不惜放弃自己的梦想早早地承担起家庭重任,尽力为我创造良好的生活条件,更让我能够安心学习至今。感谢我的嫂子刘琴,我更愿意称你为"姐姐",因为你细心周到待我如亲妹妹,你如那曾经缺失的完美一角,带给我和家人无法代替的幸福和美满!感谢我的先生冯全功,你义无反顾、不离不弃地给予我莫大的支持、包容和帮助,苦乐悲喜同享,伴我走完了读博这段最难忘的路,并共同开启了人生的新篇章,让我们共同期待可爱小生命的降临,愿你我能继续风雨同舟,携手奔跑于灿烂、幸福的人生马拉松之旅,for 4Hs!

张慧玉

2016 年 3 月 4 日

目 录
CONTENTS

第一章 绪 论

20世纪以来,备受瞩目的大型成熟企业在历次石油危机、经济危机和金融风暴中饱受冲击,而中小企业却以其独特的灵活性、创造性、成长性对社会就业、经济增长、技术创新、新型业态发展和商业模式创新做出了巨大的贡献,成为世界各国社会稳定和经济发展的重要动力,其中创业者与新企业成为推动创新、进步与发展最活跃的因素。进入后经济危机时代,中小企业的成长受到前所未有的关注。2011年10月12日,国务院总理温家宝主持召开国务院常务会议,研究确定支持小型和微型企业发展的金融、财税政策措施。中小企业发展中"铺天盖地"和"顶天立地"并举的政策措施激起了新一轮创业和民营经济的腾飞。在这样的背景下,如何提升新创企业成长能力及绩效,成为当前学术界和实践界共同关注的热点课题。基于此,本章从现实和理论背景入手,提出本书所要探索和聚焦的研究问题,阐述其理论与实践价值,并进一步介绍研究内容与研究方法,最后概括全文的逻辑结构和框架体系。

第一节 研究背景

中小企业在社会经济发展中发挥着越来越重要的作用。自20世纪80年代起,美国财富500强企业已经减少了500万个工作机会,更让人惊讶的是,美国500人以下的小企业雇佣着全国53%的劳动力,贡献47%的销售收入总额与51%的国内生产总值;在德国,中小企业所创造的价值占全国国内生产总值的75%,提供了70%的就业机会,所交纳的税额占全国税额的70%;在加拿大,中小企业提供了80%以上的就业机会,创造了85%的新增就业机会。在中国,中小企业已经成为市场经济体系中不可或缺的组成部分,数量上占到全国企业总数的99%以上,在促进经济发展、推动技术创新、优化经济结构、扩大社会就业、增加财政收入、繁荣城乡市场等方面影响力十分突出。《中国中小企业年鉴2014》显示,2013年中国共有规模以上(指年主营业务收入2000万元以上)的中小工业企业34.3万家,占全国的 97.3%，主营业务收入 61.9 万亿，占全国的 60.2%，实现利润 3.8 万亿元，占全国的 60.7%。若将数以千万计的规模以下中小企业纳入统计，全国中小企业创造的总价值占全国 GNP 的 60% 以上，缴税额为国家税收总额的 50% 以上，提供了 80% 以上的城镇就业岗位。中小企业是市场与顾客最直接的接触者，其行为及发展与中国经济社会密切相关。①

中小企业的繁荣发展是创业热潮兴起最直接、最具体的结果，这也就有力地证明了创业在创造财富、促进就业、维护社会稳定等方面有突出的作用。随着科学技术日新月异的发展，人类的生活方式与理念不断改变，由此所引起的消费需求变化和市场竞争动态给创业者们带来了无限的商机，创造了一个又一个财富神话；与此同时，创业者的创业活动也随着客观需求和市场环境动态性及复杂性的增加而更具难度与挑战性。

难得的发展机遇、有力的政策支持以及广阔的发展前景，吸引着越来越多的创业者跃跃欲试，然而，创业者们不得不面对"创业漏斗"的残酷筛选。"创业漏斗"效应形象地指出：尽管有很多人有创业想法或欲望，但只有 10% 的人能够将理想付诸实践，参与到创业活动中；在走出第一步之后，只有 50% 的创业实践者能够如愿创立起新企业；而更残酷的是，创业者们历经辛苦坎坷建立起来的新企业中，只有 5% 能够坚持五年获得初步成功。② 创业成功微乎其微的残酷事实使得财富神话更为传奇，同时也成为困扰创业实践界和理论界的主要难题。"五年恶咒"的存在使得大多数为理想全力以赴的新企业主们不得不以失败告终，令人痛心惋惜，这就促使人们不断地从各方面破解恶咒背后的谜底。

为什么只有少数创业者能够创办新企业并获得成功？围绕这一个核心问题，创业领域的学者们展开了广泛而深入的探讨。纵观学科和领域发展的历史，创业研究本身经历了视角、方法和思路等多方面的变化和演进，但始终是围绕这个核心问题而展开，在取得丰富研究成果的同时不断挖掘新的问题和方向，将探讨一步步深入并细化。

从研究层面来看，创业研究经历了从宏观到微观的转型。③ 尽管创业在经济发展中的作用一直伴随资本主义社会经济的发展而改变，但是直到工业社会迅速成型的 19 世纪 20 年代，创业者和创业活动才得到系统的关注，而且几乎所有的阐

---

① 张慧玉，尹珏林. 企业社会责任前移——小企业和新创企业的社会角色. 科学学与科学技术管理，2011，32(7)：130-135.

② 杨俊. 社会资本、创业机会与新企业初期绩效——基于关键要素互动过程视角的实证研究. 天津：南开大学博士学位论文，2008.

③ 张玉利，杨俊. 创业研究经典文献述评. 天津：南开大学出版社，2010.

述及讨论都以经济学范式为基础。约瑟夫·熊彼特(Joseph Schumpter)是早期关注创业的经济学家中最具代表性的一位,他认为从宏观的角度上看,创业活动可以打破经济均衡,推动经济增长,是经济发展周期性变动背后的主要逻辑和原动力,而创业者则被定义为"创造性破坏者"。熊彼特等早期学者的观点是创业研究的起点,对后续研究产生了重要的影响,但是,经济学范式下的创业研究由于受到经济学中数学模型思维的禁锢和限制,难以取得实质性进展,创业只被当成对经济周期有重要影响的外生因素,而创业者被神化为具有风险承担、启动创新、驱逐利益等超凡能力的群体,是天生而非后天塑造的。直到 20 世纪 50 年代,创业者及其活动受到社会科学领域,特别是行为科学领域学者的关注,经济范式下创业研究的局限才逐渐得以突破。戴维·麦克利兰(David McClelland)以成就欲望为解释逻辑,强调了创业者对国家经济发展的重要作用[1],这也启示后续研究者们从微观角度关注创业者的特征。紧随其后,奥维斯·F.科林斯(Orvis F. Collins)、大卫·G.摩尔(David G. Moore)和达勒布·昂娃拉(Darab Unwalla)从人格、心理特征角度出发,相对细致地描述了创业者与非创业者在风险承担、控制源等方面的区别[2],进一步激发了行为研究者们对创业者特质的关注。尽管创业特质论在之后的发展中也遇到了困境和瓶颈,但正是这些聚焦创业者独有特征的学者们推开了从微观层面研究创业及创业者的大门,使得创业研究成功实现了从宏观经济研究范式到微观行为研究范式的重要转型。

从研究内容来看,创业研究经历了从关注创业者特质向关注创业构成的转型。创业特质论研究围绕"谁是创业者"或"创业者是什么样的人"等问题,将创业者与非创业者以及不同类别的创业者进行比较,尝试挖掘创业者的独特之处,这种对创业者特质的特别关注与经济学范式下将创业者神化有重要的联系,但较之后者的泛泛而谈有了较大的进步。特质论的学者们从多个微观角度挖掘创业者的多种个性特质,包括: 对成就的追求(desire for achievements)[3]、控制欲(locus of control)[4][5]、个人

① McClelland D C. *The achieving society*. Princeton, NJ: D Van Nostrand, 1961.

② Collins O, Moore D G, Unwalla D. *The enterprising man, bureau of business and economic research*. Graduate School of Business, Michigan State University, East Lansing, 1967.

③ McClelland D C, Winter D G. *Motivating economic achievement*. New York: Free Press, 1969.

④ Liles P. *Who are the entrepreneurs*? MSU Business Topics, 1974, 22: 5 - 14.

⑤ Brockhaus R H, Nord W R. *An exploration of factors affecting the entrepreneurial decision: personal characteristics vs. environmental conditions*. Proceedings of the Annual Meeting of the Academy of Management, 1979.

价值观（*personal values*）①②、风险承担倾向（risk-taking propensity）③④、创新（innovation）⑤⑥、超前行动（proactiveness）⑦、乐观主义（optimism）及现实主义（realism）⑧、对不明确性的忍耐（intolerance of ambiguity）⑨等。这些研究发现加深了对创业者群体的了解，推动了对创业者及创业活动的微观层次探讨。特质论研究在 20 世纪 60 年代达到鼎盛时期，以哈佛大学创办的创业历史研究中心为核心研究阵地。该中心认为创业者是天生的，将建构识别创业者的科学途径作为主要研究任务之一，但他们长期的理论探索并无满意的结果。中心时任主任的阿瑟·科尔（Arthur H. Cole）感慨："我们专门成立了一个研究创业历史的专业研究中心，并为之奋斗了十年，在这十年里，我们执着于定义'谁是创业者'，但却从未成功过，因为我们每个人都有着各自的定义，而且我坚信，其他学者也不外乎于此！"⑩有关创业者天生特质的探讨难有突破，也使得创业研究一时停滞不前。

面对特质论的困境，学者们在改进特质论研究方法和途径的同时，开始分析探

———————————

① Komives J L. A preliminary study of the personal values of high technology entrepreneurs. In A C Cooper and J L Komives（eds.）. *Technical entrepreneurship：a symposium*. Milwaukee：Center for Venture Management，1972，231 - 242.

② Hull D L，Bosley J J，Udell G G. Reviewing the heffalump：identifying potential entrepreneurs by personality characteristics. *Journal of small business management*，1980，18：11 - 18.

③ Brockhaus R H. Risk taking propensity of entrepreneurs. *Academy of management journal*，1980，23：509 - 520.

④ Palich L E，Bagby D R. Using cognitive theory to explain entrepreneurial risk-taking：challenging conventional wisdom. *Journal of business venturing*，1995，10(6)：425 - 438.

⑤ Schumpeter J. *The theory of economic development*. Cambridge，MA：Harvard University Press，1934.

⑥ Jennings D，Young D. An empirical comparison between objective and subjective measures of the product innovation domain of corporate entrepreneurship. *Entrepreneurship theory and practice*，1990，15(1)：53 - 66.

⑦ Lieberman M，Montgomery D. First-mover advantages. *Strategic management journal*，1988，9：41 - 58.

⑧ Liang Chyi-lyi，Dunn Paul. Are entrepreneurs optimistic，realistic，both or fuzzy? Relationship between entrepreneurial traits and entrepreneurial learning. *Academy of entrepreneurship journal*，2008，14(1/2)：51 - 73.

⑨ Budner S. Intolerance of ambiguity as a personality variable. *Journal of personality*，1962，30(1)：29 - 50.

⑩ Cole A H. Definition of entrepreneurship. In：Komives J L，Karl A(eds.). *Bostrom seminar in the study of enterprise*. Milwaukee：Center for Venture Management，1969：10 - 22.

讨这类研究受限的更深层次的原因,以期为创业研究寻找新的出路。威廉姆·加特纳(William Gartner)是其中最杰出的代表。他于 1985 年提出了新企业创建现象的概念框架,指出新企业创建是由创业者、组织、环境和过程等四个关键性要素相互作用的综合过程(见图 1.1)。① 该框架的提出不仅为分析复杂创业现象提供了一个有效的理论工具,而且为探讨创业的变异性及复杂性提供了新的思路。事实上,过程与演进是管理研究中最为重要的视角和思路。②

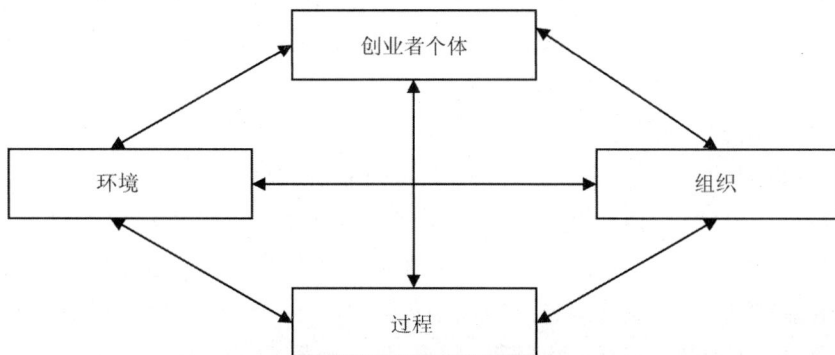

图 1.1　新企业创建的描述框架

资料来源:Gartner W B. A conceptual framework for describing the phenomenon of new venture creation. *Academy of management review*,1985,10(4):696 - 706.

针对特质论的困境,加特纳又在 1988 年发表于《美国小企业期刊》(*American Journal of Small Business*)上的文章中提出,"'谁是创业者'是一个错误的问题"("Who is an entrepreneur?" is the wrong question),并且指出特质论将创业行为和活动归因于部分独特的人格心理特质,这样的基本假设和判断存在片面性,因此导致先前的研究发现存在较多相互冲突之处,也致使学者们很难就创业的概念达成一致。他建议创业研究应该跳出特质研究思路的局限,尝试关注创业者创建新企业的过程及该过程中的行为和活动,从而揭示创业的内在规律,并且首次提出从过程和行为视角探讨创业。③ 就在同一期上,卡兰德(Carland)等学者就加特纳的尖锐质疑提出了不同的意见,认为"'谁是创业者'是一个值得探讨的问题"("Who

① Gartner W B. A conceptual framework for describing the phenomenon of new venture creation. *Academy of management review*,1985,10(4):696 - 706.

② Zhang Huiyu. Games in evolution of corporate social responsibility. *The 8th international conference on service system and service management*. Tianjin,China,2011.

③ Gartner W B. "Who is an entrepreneur?" is the wrong question. *American journal of small business*,1988,12 (4):1 - 22.

is an entrepreneur?" is a question worth asking),特质视角同样重要。[①] 他们的直接对话引发了当时创业研究领域的激烈探讨,加深了学者们对创业研究的反思,具有重要意义。继加特纳之后,默里·洛(Murray B. Low)和伊恩·麦克米伦(Ian C. MacMillan)从研究目的、理论视角、关注焦点、分析层次、时间跨度、研究方法等方面,系统地对先前的创业研究进行述评,指出后续研究应该尝试多视角、多层次、多方法地关注社会情境下的创业过程。[②] 加特纳、洛、麦克米伦等学者们的研究具有开创性意义,他们启示后来的研究者们拓展研究边界和视野,关注创业准备、创办企业及新企业初期成长的连续性过程,从微观层次研究创业影响因素、创业活动及创业环境之间复杂的关系和影响机制,从而有力地推动了创业研究从特质论向创业行为、过程探讨的转型。

从 20 世纪 80 年代至今,过程视角下的创业研究已经经历了 30 年的发展,涌现了大量的研究成果,使得我们对创业过程、创业绩效差异等问题的理解不断深入。从最初跳出特质论的束缚、开始探索性地关注各种零散的创业行为,到相对系统地从资源、战略结构、初始条件等角度剖析创业主体、行为及创业绩效之间的关系,过程视角下的创业研究已经逐渐成熟、完善,甚至对主流管理理论产生了较大的影响和冲击。Davidson 在 2005 年美国管理学年会(Academy of Management Conference)上发表的文章以定义、剖析过程为基础,指出创业过程的核心是匹配的问题(The Entrepreneurial Process as a Matching Problem),并围绕个体、机会、环境等提出"创业要素匹配的过程模型"(How Components of Entrepreneurship Fit Together,见图 1.2)。[③] 该模型将创业过程置于研究情境中,尝试说明创业的不同要素之间如何通过互动来影响新创企业的绩效,即没有任何创业过程能够对新企业绩效产生绝对的影响,新企业绩效有赖于创业者个体特征、创业机会(或想法)及外部环境因素变化所引起的各种权变机制。事实上,该模型精辟地概括了过程视角下创业研究探讨的核心问题:处在一定创业情境中的创业者如何根据自身技能、兴趣等内部条件及主要由环境构成的外部条件识别有价值的、适合的创业机会,并如何进一步在创业过程中综合利用内外部条件开发这些机会以获取创业成功。创业的过程既受到个体、机会、环境等因素的影响,也体现在这些主要创业元素的互动中,从而间接

---

① Carland J W, Hoy Frank, Carland Jo Ann C. "Who is an entrepreneur?" is a question worth asking. *American journal of small business*, 1988, 12 (4): 33 - 39.

② Low M B, MacMillan I C. Entrepreneurship: past research and future direction. *Journal of management*, 1988, 14(2): 139 - 161.

③ Davidson P. The entrepreneurial process as a matching problem. *Proceedings of academy of management conference*. Hawaii, USA, 2005.

或直接地作用于创业成果或绩效。该模型呈现的核心问题及创业复杂过程之下包含的不同层次、不同方面的各种问题,如模型的右端会促使我们思考:不同的创业者在创业过程中存在怎样的差异?各项创业活动在具体过程中的差异如何影响新企业的成长和绩效?外部环境能否以及如何作用于其中的影响机制?等等。现有研究以经济学和管理学理论为基础,但却不局限于此,其广泛地从社会学、心理学、生态学等借用理论与方法,对这些问题展开了较为充分的探讨,得到很多具有理论与实践价值的发现;与此同时,现有的发现也将研究一步步向前、向深处推动,启发、呼唤更多过程视角下的创业研究,从而更清晰、全面地剖析不同创业元素之间的匹配、互动及其效应,这代表了创业领域最新的研究趋势以及未来较长一段时间内的研究主流。

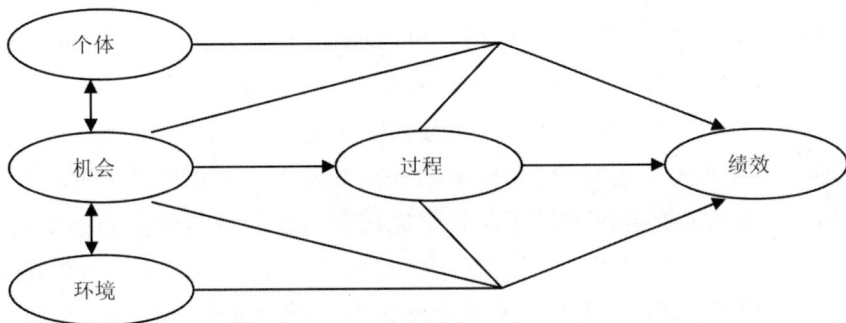

图 1.2 创业要素匹配的过程模型

资料来源:Davidson P. The entrepreneurial process as a matching problem. *Proceedings of academy of management conference*. Hawaii,USA,2005.

第二节 研究问题与研究价值

一、研究问题

如前所述,围绕主流的过程视角,创业学者们将理论与实践紧密结合,针对相对独立但却紧密联系的一系列问题展开了广泛而深入的研究。总体来看,现有的创业研究虽然立足于管理领域,但却早已摆脱了经济学或管理学孤立的学科立场,大胆地从其他学科引入、借鉴了新的理论和方法,并不断尝试创新甚至构建符合创业研究领域的新理论和新方法。跨学科的研究思路使得过程视角下的创业研究出现了"百花齐放、百家争鸣"的盛况,不同学科和学派的工作共同推动了创业研究的进步和发展。战略结构学派发挥其长期关注成熟企业、理论和方法相对成熟的优势,运用战略适应理论、战略定位理论等战略领域基础性的理论剖析新企业的成长过程,该学派认为,新企业不断涌现的过程改变了环境的资源持有状况、相关行业的竞争结构和格局,同时这些新经济参与者的生存和成长也深受竞争环境[①]、市场条件、资源状况[②]、产业结构[③]的影响;制度学派将合法性的概念引入创业研究,指出新企业缺乏足够的外部合法性是导致其新进入缺陷和高死亡率的主要原因之一,通过合适的战略提高新企业组织层次、行业内、行业间及制度层次的社会政治合法性(sociopolitical legitimacy)和认知合法性(cognitive legitimacy)[④],不仅能够帮助新企业度过生存的难关,而且有助于推动其成长[⑤];认知学派将心理学的相关理论运用到创业情境,从心理特征、决策过程等方面比较创业者与职业经理人的差异[⑥],从而深刻剖析创业认知机制,经历了从关注创业者特质到关注创业过程、创业者决策模式及行为特征的转型,提出了很多重要的深层发现,如偏好运用偏见及直观推断进行决策的人更趋于从事创业活动[⑦];资源学派以资源基础观(resource-based view)、资源依赖理论(resource dependence theory)为主要理论,将创业看作是不拘泥于当前资源条件下的机会追寻,是整合、利用不同资源开发机会并创造价值的过程,指出了资源约束是导致新企业高死亡率的重要原因[⑧][⑨];社会网络学派则指出,将创业者视为孤立的、原子式实体并不能刻画创业过程的本质特征,因为创业者处在一个由众多行为者构成并互动的社会环境和社会网络中,其所处的社会网络环境、位置、所

---

① Covin J G, Slevin D P. Strategic management of small firms in hostile and benign environments. *Strategic management journal*, 1989, 10(1): 75 - 87.

② Romanelli E. Environment and strategies of organization start-up: effect on early survival. *Administrative science quarterly*, 1989, 34(3): 369 - 387.

③ Sandberg W, Hofer C W. Improving new venture performance: the role of strategy, industry structure, and the entrepreneur. *Journal of business venturing*, 1987, 1: 5 - 28.

④ Aldrich H E, Fiol C M. Fools rush in? The institutional context of industry creation. *Academy of management review*, 1994, 19(4): 645 - 670.

⑤ Zimmerman M A, Zeitz G J. Beyond survival: achieving new venture growth by building legitimacy. *Academy of management review*, 2002, 27(3): 414 - 431.

⑥ Forbes D P. Are some entrepreneurs more overconfident than others? *Journal of business venturing*, 2005, 20(5): 623 - 640.

⑦ Busenitz L, Barney J. Entrepreneurs and managers in large organizations: biases and heuristic in strategic decision-making. *Journal of business venturing*, 1997, 12(1): 9 - 30.

⑧ Stevenson H H, Gumpert D E. The heart of entrepreneurship. *Harvard business review*, 1985, 85(2): 85 - 94.

⑨ Stevenson H H, Jarillo J C. A perspective of entrepreneurship: entrepreneurial management. *Strategic management journal*, 1990, 11(1): 17 - 27.

嵌入网络的结构及相关的其他主体共同影响和塑造了其创业行为、活动和过程①。

总而言之,沿着过程视角的思路,偏重于经济学、管理学、社会学、心理学等多个学科的各种研究视角分别刻画、剖析了创业现象与过程的不同侧面,共同构成了现有的创业研究体系。以现有的大量研究为基础,本研究在将理论与实践逐渐融合的过程中对研究问题分层、逐步聚焦。在研究理论视角方面,以往各学派的观点对于我们认识创业者及创业过程均具有重要意义,而在此基础上,本研究将聚焦社会网络视角,尝试运用社会网络的理论和方法来描述、阐释、分析创业活动;在研究立足阶段方面,以往研究涉及创业的整个过程,包括从产生创业想法,到创业准备,到新企业诞生,每一个里程碑事件和每一类创业活动都标志着创业者理想之路在向前延伸,在创业成功中都起到了十分重要的作用,而本研究将聚焦新企业创建后的成长阶段,特别是处于婴儿期和学步期的新企业;在研究聚焦点方面,创业涵盖各种各样的活动,对于具有新进入缺陷(liability of newness)和小企业缺陷(liability of smallness)的新生企业来说,管理尚处于无体系、亟待完善的阶段,资金、资源匮乏,每一类运营活动都可能会直接影响其生存,很多行为或决策都对其后续发展至关重要,而本研究在众多的新企业行为与活动中选择聚焦新企业组织层面的社会网络构建活动。之所以选取社会网络这一特殊理论视角立足创业过程中的成长阶段并聚焦新企业组织层面的社会网络构建活动,是基于已有的研究发现及创业实践。

第一,社会网络在创业活动,尤其是新企业成长中的作用至关重要且无可替代。资源学派的研究指出资源局限是导致新企业高死亡率的主要原因之一。那么,创业者如何通过有效的途径整合资源以突破局限?一般而言,创业者整合资源的途径有二,即:内部积累和外部获取。一般而言,普通创业者依靠自身力量积累的资源十分有限,往往在创建企业的艰难过程中消磨耗尽,甚至难以满足创业活动的需求,因此外部获取资源对于新企业尤为重要,有时甚至是整合创业资源的主要途径。而创业者个人及新企业的社会网络,正是创业外部资源的关键来源②③④。

① Granovetter M. Economic action and social structure: the problem of embeddedness. *American journal of sociology*, 1985, 91(3): 481 - 510.

② Eisenhardt, Kathleen M, Schoonhoven Claudia Bird. Resource-based view of strategic alliance formation: strategic and social effects in entrepreneurial firms. *Organization science*, 1996, 7(2): 136 - 150.

③ Ahuja Gautam. The duality of collaboration: inducements and opportunities in the formation of interfirm linkages. *Strategic management journal*, 2000, 21(3): 317 - 343.

④ Katila Riitta, Rosenberger Jeff, Eisenhardt Kathleen M. Swimming with sharks: technology ventures, defense mechanisms and corporate relationships. *Administrative science quarterly*, 2008, 53(2): 295 - 332.

已有大量研究指出,社会网络不仅能给创业者和新企业带来资金等有形资源①,而且能够带来各种宝贵的无形资源,如创业机会②、情感支持③、合法性及声誉④等,这些共同构成了新企业建立和发展的基础。

第二,尽管创业领域已有围绕社会网络展开的大量研究,且取得了丰硕的研究成果,但仍然不足以充分解释新企业网络构建过程及其本质特征。基于社会网络对新企业的重要作用,创业学者们围绕社会网络展开了大量的探讨,主要包括效应机制和形成机制研究。⑤ 效应机制研究将社会网络作为自变量,围绕机会识别、资源调用、新企业生成等里程碑事件以及创业绩效⑥探讨网络对创业过程及结果的影响⑦⑧⑨⑩⑪。形成机制研究将社会网络作为因变量,尝试通过探讨影响新企业社会网络的主要前置因素来剖析网络关系的形成、改

---

① Bates T. *Race，self-employment，and upward mobility*. Washington，DC：Woodrow Wilson Center Press，1997.

② Hoang H，Young N. *Social embeddedness and entrepreneurial opportunity recognition*：(*more*) *evidence of embeddedness*. Working paper，2000.

③ Bruderl J，Preisendorfer P. Network support and the success of newly founded businesses. *Small business economics*，1998，10：213 - 225.

④ Shane Scott，Cable D. *Social relationships and the financing of new ventures*. Working paper，2001.

⑤ Hoang Ha，Antoncic Bostjan. Network-based research in entrepreneurship：a critical review. *Journal of business venturing*，2003，18(2)：165 - 187.

⑥ Shane S，Venkataraman S. The promise of entrepreneurship as a field of research. *Academy of management review*，2000，25(1)：217 - 226.

⑦ Aldrich H，Reese P R. Does networking pay off? A panel study of entrepreneurs in the research triangle. In：Churchill，N. S.，et al. (eds.). *Frontiers of entrepreneurship research*，1993：325 - 339.

⑧ Singh R P，Hills G E，Lumpkin G T，et al. *The entrepreneurial opportunity recognition process*：*examining the role of self-perceived alertness and social networks*. Paper presented at the 1999 Academy of Management Meeting，Chicago，IL，1999.

⑨ Uzzi Brian. The source and consequences of embeddedness for the economic performance of organizations：the network effect. *American sociological review*，1996，61(4)：674 - 698.

⑩ Uzzi Brian. Social dtructure and vompetition in interfirm networks：the paradox of embeddedness. *Administrative science quarterly*，1997，42(1)：35 - 67.

⑪ Uzzi Brian. Embeddedness in the making of financial capital：how social relations and networks benefit firms seeking financing. *American sociological review*，1999，64(4)：481 - 505.

变及演进①②③④。尽管这两类研究在剖析创业者个人及新企业社会网络的形成和影响方面做出了重要的贡献,但仍然未对新企业、特别是初创期企业的社会网络本质特征做出充分的解释,而网络的本质特征是连接形成及效应机制研究的核心媒介。侧重于效应机制的研究反复论证了网络对创业及新企业的重要作用,并尝试揭示产生作用的内在逻辑,但却忽略了新企业网络形成的重要过程,该过程中的关键影响因素及方式不仅直接关系到网络形成本身,而且间接与企业行为、绩效相关。侧重于形成机制的研究尽管论及网络的形成过程,分析了影响创业者个人及企业社会网络形成的主要内外部因素,但现有大多数研究对网络的描述仅仅停留在单维度或单要素的刻画上,研究变量指标过于零散,未能全面、系统地呈现新企业社会网络的创建过程及其主要特征。以现有研究挖掘、描述的这些零散网络特征为基础,我们能否找到以及如何找到合适的视角相对系统、概括地描述创业网络的主要特征,尤其是本质特征?

第三,创业的过程视角启示我们在探讨创业网络时应该注重挖掘网络过程,但是如前所述,现有的效应机制研究聚焦网络所产生的结果,现有的形成机制研究聚焦网络的建立,而"如何建立"及"如何利用"则是尚未充分解释、亟待深入挖掘和探讨的重要研究课题。从组织层面来说,创业网络的构建是新企业与所在环境中的其他组织不断互动、反馈的结果,该过程呈现的特点不仅影响网络构建本身,而且也会通过相对复杂的影响机制作用新企业成长和绩效。斯洛特·苏珊娜和科维略·尼可拉以及 Hoang 和 Antoncic(2003)以综述性研究为基础,论证并强调深入理解网络过程的重要性⑤,启发学者们从过程视角网络相关概念进行操作化测量、运用过程逻辑解释变量间的因果关系并以事情发展顺序

① Larson, Andrea and Starr, Jennifer A. A network model of organization formation. *Entrepreneurship: theory & practice*, 1993, winter: 5 - 15.

② Hite J M. The Influence of the early firm life cycle on the evolution of entrepreneurial dyadic network ties. *Best paper proceedings of the academy of management*. Paper also received Entrepreneurship Theory and Practice Best Conceptual Paper Award, 1998.

③ Hite J M, and Hesterly, William S. The evolution of firm networks: from emergence to early growth of the firm. *Strategic management journal*, 2001, 22(3): 275 - 286.

④ Greve A, and Salaff J W. Social networks and entrepreneurship. *Entrepreneurship theory and practice*, 2003, 27(3): 1 - 22.

⑤ Slotte-Kock Susanna, Coviello Nicole. Entrepreneurship research on network processes: a review and ways forward. *Entrepreneurship: theory & practice*, 2010, 34(1): 31 - 57.

(developmental event sequence)描述、刻画网络过程[①]。因此,本研究着重关注新企业的网络构建过程并尝试描述、阐释该过程是颇具价值的大胆尝试。

第四,现有研究中存在另一个不容忽视的问题,即创业领域中的社会网络研究较多地侧重创业者个人网络,或以创业者个人网络代替创业网络[②],但新企业的社会网络并不局限于此。作为创业活动的主体,创业者是一系列创业活动的策划者、领导者或执行者,网络构建活动也是如此。在新企业创立之前,主要由二元情感性强连带构成的创业者个人网络即为创业网络,这也是现有研究集中关注于此的主要原因;新企业建立伊始,与创业者相关的二元关系构成新企业社会网络的基础,创业者个人网络甚至可以看作是其雏形,在很长一段时间内依然起到了主导作用;随着企业的发展,部分情感性二元关系会转化为企业层面的经济交换关系,而各项经济活动的开展也会促使新企业建立起其他以自身为核心的新关系,逐步形成日益完善的新企业社会网络。[③] 由此可以看出,尽管创业者个人网络和创业网络有着千丝万缕的密切联系,但绝不能简单地把它们相等同。本研究侧重于新企业组织层面的社会网络构建,有利于弥补以往研究过分关注个人层面创业网络的不足,对于更清晰、准确地认识创业网络及其构建具有重要意义。

最后,在中国情境下,关于新创企业社会网络的探讨具有更为重要、深远的意义。如费孝通先生所述,中国乡土社会中的"差序格局"代表了中国最基础、最根源的社会格局形式,其实质是以亲缘、地缘、友缘等逐层展开的"关系"。[④] 换而言之,中国社会是一个以"关系"为纽带的社会。中国情境下的"关系"自然属于社会网络的范畴,但又与西方学者们所探讨的联系或关联(ties,connections)存在微妙的差异;也正是这些根植于中国文化传统的微妙差异,使得社会网络在中国社会形态、社会经济活动中扮演着更为重要、关键的角色。社会网络学派指出:创业者不是孤立的原子式个体,而是嵌入在一定的环境中;创业活动不是创业者的独角戏,而是牵扯涉及多种社会参与者及组织;新企业更不是独立于社会的组织,而是在与社会中各种其他个人及组织的不断互动中求得生存和发展。在中国情境下,创业者、创业活动、新创企业的社会性和社会角色都因"关系"和社会网络及其突出作用而

---

① Van de Ven A, Poole M S. Explaining development and change in organizations. *Academy of management review*,1995,20(3):510-540.

② Witt Peter. Entrepreneurs' networks and the success of start-ups. *Entrepreneurship & regional development*,2004,16:391-412.

③ Larson Andrea, Starr Jennifer A. A network model of organization formation. *Entrepreneurship:theory & practice*,1993,winter:5-15.

④ 费孝通. 乡土中国. 北京:人民出版社,2008.

具有独特之处，对这种特殊性的关注和分析不仅有助于我们理解中国特殊情境中的创业活动，特别是新企业网络构建行为，也有助于丰富、完善已有创业研究的发现。

因此，本研究聚焦中国情境下处于成长阶段的新企业的社会网络构建活动，以期更系统地描述、刻画新企业社会网络构建过程的本质特征。为了使分析更为明确、具体，本研究借用组织管理领域中处于基础地位的"效率（efficiency）"和"效果（effectiveness）"概念作为主要的研究视角。研究视角的情境化借用对本研究深入探讨新企业社会网络构建效应机制具有重要作用。第一，效率和效果视角能够将本研究探讨的新企业网络构建进一步清晰化、明确化。就新企业而言，网络构建过程包含两层目标，即是否建立起以自身为核心的社会网络以及是否建立起适合自身发展的社会网络；从过程上来看，有两个相对应的问题：新企业如何构建网络？应当构建起怎样的网络？德鲁克在强调效率和效果对于组织管理的重要性时指出，两者的差别在于：效率涉及如何正确地做事情，而效果则涉及做正确的事情。①将效率和效果视角运用到新企业社会网络构建中，先前的两个问题变得更为清晰、明确，即：新企业如何正确地构建网络？是否建立起正确的网络？第二，就一定程度而言，效率和效果可以作为衡量新企业社会网络构建过程及状况的重要指标。在现实中，有的创业者能够以较低的成本、较为迅速的方式构建起较为完善的、以新企业为核心的社会网络，体现出网络构建活动中的效率；同时，有的创业者能够从错综复杂的社会行动者中识别出优秀的组织个体，建立起十分有利于企业发展的社会关联及网络，体现出网络构建活动中的效果。效率和效果视角的引入使得我们能够更好地把握、评估原本抽象的新企业网络构建过程。第三，效率和效果视角有助于系统地归纳、概括原本相对零散的新企业网络特征。与新企业网络构建过程密切相关的速度及成本可以看作是效率视角下的过程性特征，而与新企业网络构建结果紧密相连的网络结构、内容等可以看作是效果视角下的结果性特征。最后，效率和效果符合针对新企业社会网络分析的要求。新企业规模较小，其社会网络构建是在创业者个人或团队的推动下进行和完成的，经历了边界相对清晰的从无到有、从少到多的过程，该过程相对简单，具有可观察性，可以借鉴、改进已有的量表、相对容易地对效率和效果进行操作化；并且，对于资源匮乏、迫切需要合理利用有限资源开展各项创业活动以获得生存与发展的新企业来说，权衡网络构建中的效率和效果具有重要意义。与此相对，成熟企业往往规模较大，其社会网络构

---

① Drucker Peter F. *The effective executive*. New York：Harper & Collins Publishers Inc.，1966.

建和维护是一个庞大而复杂的工程,涉及很多个人及组织,社会关联及网络的变化具有复杂性,难以观察,更难以进行量化比较,这使得从效率和效果视角准确观察、描述其网络构建过程近乎是徒劳的,并且,对于成熟企业来说,可支配资源相对充裕,对外部资源的依赖减弱,此时效率和效果的权衡意义不大。

基于上述分析,本研究遵循过程视角下创业研究的基本判断逻辑,聚焦新企业网络构建过程,认为该过程的主要特征影响新企业初期的成长及绩效。具体而言,本研究以社会主义新兴经济体中国为研究情境,立足于处于成长阶段的新企业,聚焦新企业社会网络构建活动,情境化引入效率和效果视角,尝试系统地刻画新企业网络的本质特征并解析、诠释其网络构建过程,重点探讨以下两个基本问题:第一,效率和效果视角下的新企业社会网络构建是否以及如何影响其初期绩效?第二,创业环境如何作用于新企业社会网络构建的效应机制?

二、研究价值

本研究不仅能够补充现有创业网络研究的不足,进一步丰富、深化已有的研究发现,同时也能给创业活动、管理实践以及政府监管提供指导,具有重要的理论价值和实践价值。

本研究的理论价值主要体现在三个方面。

首先,本研究通过将现有研究发现与创业及新企业管理实践中的问题紧密结合,提出从效率和效果视角来剖析新企业社会网络构建过程,并通过分析网络构建效率和效果与新企业初期绩效的关系证明两者的重要作用。效率和效果视角的引入是源于现有研究中对新企业网络构建过程的关注不充分以及特征描述的过于零散,同时这两个视角与创业者实践活动中的情况和问题相匹配,十分符合针对新企业社会网络构建过程的分析。本研究不仅充分借鉴现有组织管理领域有关效率和效果的研究成果,而且以现有创业网络研究发现作为视角情境化的基础,尝试改进已有的成熟量表,从这两个视角对新企业社会网络构建过程呈现的主要特征进行有效的界定和测量,这不仅能够从新的视角弥补现有研究的不足,加深理论界对新企业社会网络构建过程的理解,丰富现有的创业尤其是创业网络研究发现,更重要的是,新视角的引入为有关创业网络研究,尤其是新企业社会网络的研究打开了新的思路,启发更多的后续研究。

其次,本研究有助于丰富、深化有关社会网络与创业绩效及新企业绩效关系的成果。社会关系及其网络在创业活动和新企业成长中的重要作用已经在已有文献中得到了较为充分的证明,而进一步的研究可以从两个方面入手:一是细化新企业社会网络对创业及新企业绩效的作用;二是深入挖掘其中的作用机制。就第一个方面而言,本研究所引入的效率和效果视角不仅能够较为准确、相对系统地描述新企业社会网络构建过程的主要特征,而且在以往有关创业网络及新企业社会网络探讨的基础上细化了社会网络构建活动,并通过后端效应机制研究分别论证了新企业社会网络构建效率和效果对企业绩效的不同作用机制,将原有的笼统性作用细致化。更重要的是,就上述第二个方面而言,本研究从效率和效果视角入手,深入探讨了新企业社会网络构建活动如何影响新企业绩效,突破以往研究单一视角的局限,将企业社会网络研究中相关的经济学视角、网络结构视角及网络资源视角逻辑性地结合起来,以更全面、充分地剖析企业社会网络对于新企业生存和发展的重要作用。此外,本研究利用新企业成长阶段、外部环境等因素考虑新企业社会网络效率和效果效应机制的权变或边界条件,能够有效地加深、完善我们对其作用机制的理解。

最后,本研究以中国转型经济为背景,考虑中国特殊制度环境中的信任氛围、市场化程度等环境因素对新企业社会网络构建过程及新企业绩效的影响。信任问题是近年来中国社会一直探讨的热门问题,而信任氛围是与新企业社会网络效应机制密切相关的环境因素,通过影响网络构建活动产生效应的基础和过程来影响该机制产生作用的强弱程度。市场化程度的不断提高是转型时期中国情境下市场环境的主要特征之一,分析该因素对新企业网络构建机制的影响作用是探讨中国情境下网络与环境匹配的重要内容。通过这两方面的考虑,本研究不仅通过特殊的研究情境拓展了现有研究对发达经济体的过多关注,而且通过尝试考虑中国情境下特殊因素的作用为该情境下的理论构建和深化做出了一定的贡献。

从实践角度来看,本研究的价值主要在于可以给创业者和新企业管理者带来启示。

首先,本研究在已有研究发现的基础上从效率和效果的特殊视角再次肯定并强调了社会网络对新企业生存和发展的重要作用,启示创业者们重视关系网络的构建,使之成为实践中的关键性活动。创业者本身的能力特征及资源禀赋固然重要,即“你是谁”的问题不容忽视,但内部资源和能力在推动创业活动过程中的作用往往是有限的,能否通过社会网络将丰富而重要的外部资源化为己用才是创业成功的关键,即“你认识谁”是更重要的问题。

其次,本研究突破已有研究过于关注创业者个人网络、甚至将个人网络等同于创业网络的局限,立足于企业层面,聚焦新企业的社会网络构建活动,这就启示创业者和新企业管理者在将个人网络作为新企业网络雏形的基础上,必须进一步构建以新企业为核心的、专属于组织的社会网络。尽管创业团队或初期管理团队的个人网络可以在一定时期内满足新企业生存的需要,但随着新企业的成长和发展,原有的个人网络的局限性会逐渐凸显,而过分依赖管理者的个人网络甚至某个管理者的个人网络会给新企业带来权力冲突、专制管理等诸多运营中的问题。因此,逐步构建、完善以组织为核心的组织层面社会网络是新企业实现持续成长和长远发展的必经之路。

再次,本研究提出、界定企业社会网络效率和效果这两个特殊视角,并通过两者对新企业社会网络构建过程及特征进行重新分类和描述,启示创业者和新企业管理者不仅要重视新企业社会网络构建活动,而且要考虑如何以正确的方式建立起正确的网络。对于新企业而言,生存和成长的时机十分关键,而网络构建的效率和效果共同决定了组织能否获取关键性外部资源、把握发展先机。本研究对效应机制权变状况的分析则启示创业者和新企业管理者必须根据新企业的不同成长阶段以及不同的外部环境选取适合自身资源获取和生存发展的网络构建方案,注意有限资源的合理分配,量身定制社会网络构建、维护计划,为建立合适的社会网络创造或选择更有利的主客观条件,用正确的方式构建正确的网络。

最后,本研究也能给政府等权威部门的政策制定带来一定的启示。对新企业组织层面社会网络重要作用的肯定启示政府相关部门加强创业支持体系建设、完善创业中介服务,为新企业提供更多的社会资源,并为组织间的合作创造更好的政策条件。本研究分析了信任氛围、市场化程度等环境因素对企业社会网络构建效率和效果效应机制的重要影响作用,这就启示地区政府及相关部门应该为新创企业创造更好的外部环境,以推动创业活动和新企业的长远发展。

第三节　研究内容与研究方法

基于所界定的主要研究问题,本研究计划从三个方面展开详细的分析和探讨,以达成基本研究目标。

一、研究的主要目标与主要内容

本研究计划达成以下研究目标:选择中国情境下不同地区的新创企业为研究对象,运用社会网络理论从效率和效果视角深度刻画新企业社会网络构建过程,重点分析新企业社会网络特征的效应机制及其边界条件。在效应机制分析中,阐明效率和效果视角上新企业网络构建特征对新企业行为及绩效的影响,并权变地考虑该影响机制对处于不同成长阶段的新企业的作用差异。在此基础上,将创业环境纳入前置因素及效应机制的探讨中,剖析效应机制产生作用的边界条件。本研究将理论与创业实践紧密结合,不仅借助实践经验完善理论构建及发现,而且以此提高研究的实践价值,以期为创业者、管理者及权威决策者提供参考。

　　本研究的基本理论模型如图1.3所示。本研究认为,新企业社会网络的主要特征可以通过效率和效果视角进行分类和概括,新企业网络构建效率和效果构成本研究的探讨核心。本研究认为,社会网络构建效率和效果会对新企业绩效产生影响,两者在影响机制上可能存在差异,并且其作用过程将因新企业所处成长阶段的不同而产生差异。同时,任何创业活动均在一定的创业环境中进行,宏观环境因素将影响新企业网络构建过程及其效应机制,具体表现为信任氛围、地区市场化程度等环境因素的调节作用。

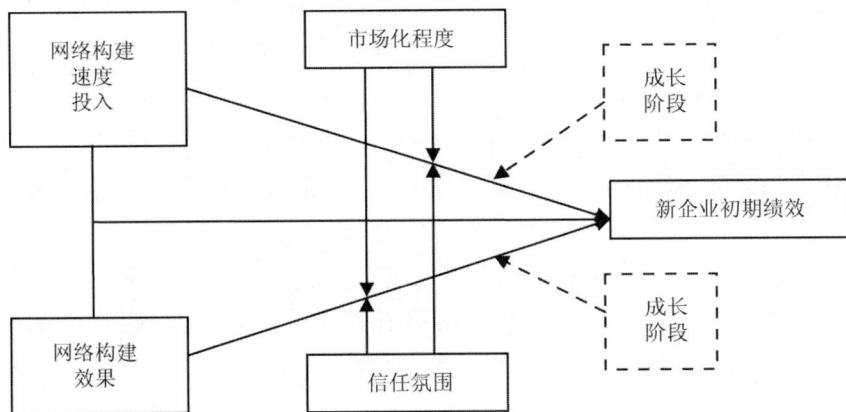

图1.3　本研究的基本理论模型

二、研究方法

　　基于上述研究内容,本研究紧密联系创业实践,采用文献研究与实证研究相结合的方法来探讨所提出的主要研究问题。

　　社会网络方法和理论源于社会学研究,自布劳和邓肯(Blau & Duncan)于1967年发表具有划时代意义的著作《美国的职业结构》(*The American Occupational Structure*)至今,已有近半个世纪的发展历史,期间理论与方法不断完善,特别是近三十年来,社会网络研究兴起了一个又一个高潮,在与其他学科结合的过程中涌现出了大量的经典文献;创业研究根源于经济学探讨,而自20世纪60年代以特质论探讨实现微观转型,并以20世纪80年代过程与行为视角的兴起为突破,该领域的研究同样是高潮迭起,出现了大量值得推敲、研读的经典文献。这两个研究领域的文献构成本研究的总体理论基础。为了熟悉这两个研究领域、找到合适的研究问题，笔者在导师的指导下首先从各大文献数据库，特别是英文数据库中搜集、整理、阅读了大量领域本源性文献，以整体把握理论的发展脉络和基本逻辑，事实上，这也是掌握社会网络这一特殊方法的过程。以此为基础，下一步文献梳理聚焦于创业领域中社会网络相关的研究。创业与社会网络结合的研究始于 20 世纪 80 年代中后期，于 20 世纪末期逐渐成熟并达到高潮，由此而产生的大量经典文献是本研究分析的重点。笔者精读了部分有代表性的创业网络研究，并辅以重要关联文献的泛读，尝试总结已有的研究发现，摸索最新的研究趋势，尤其注意现有研究中存在的问题和空白点。大量、深入的文献研究成为本研究基本理论框架模型的来源和理论依据。

为了完善和验证从文献研究中推导出来的基本理论框架模型，本研究设计、展开了严谨有效的实证分析和探讨。实证主义是社会科学中举足轻重的研究思想和范式，强调理论检验(theory testing)，通过实验或问卷调查等方式获得数据，并运用合适的统计分析方法对数据进行整理、统计，以得到最后的研究结论。实证主义研究方法有相对统一的反噬，往往先以现有理论与实践为基础，提出用于实证检验的研究假设，在收集实证数据后进行统计分析，若检验结果与假设预期一致，则认为是被接受的，但若不一致，则应拒绝原研究假设。[①] 本研究继承实证主义的思想，遵循其基本研究范式与原则，首先根据所提出来的研究问题、理论模型及研究假设，以已有相关研究及理论发现为基础，初步设计问卷，并通过文献研究、专家学者指导、创业者访谈及预调研不断完善问卷质量，之后通过便利性抽样与"滚雪球"(snowballing)相结合的抽样方式在全国多个地区对创业者进行抽样，获得用于实证分析的数据。在数据分析中，主要采用因子分析、相关分析等统计方法对研究变量进行描述性统计，采用层级回归、调节回归等技术来检验研究假设。

本研究中文献研究与实证研究的紧密结合不仅体现了主流实证主义科学研究范式的要求，而且有利于理论构建与检验的系统性和完整性，从而保证了本研究的规范性、科学性与说服力。

---

① 樊景立,梁建,陈志俊. 实证研究的设计与评价//陈晓萍,徐淑英,樊景立编. 组织与管理研究的实证方法. 北京：北京大学出版社,2008.

第四节　研究过程与基本结构

一、研究过程及技术路线

如前所述,本研究坚持文献研究与实证研究紧密结合,遵循实证主义的科学研究范式,整个研究的技术路线如图 1.4 所示。总体来说,本研究的具体工作可以分为文献梳理、调研设计、数据收集、数据整理与分析、论文写作五个阶段。

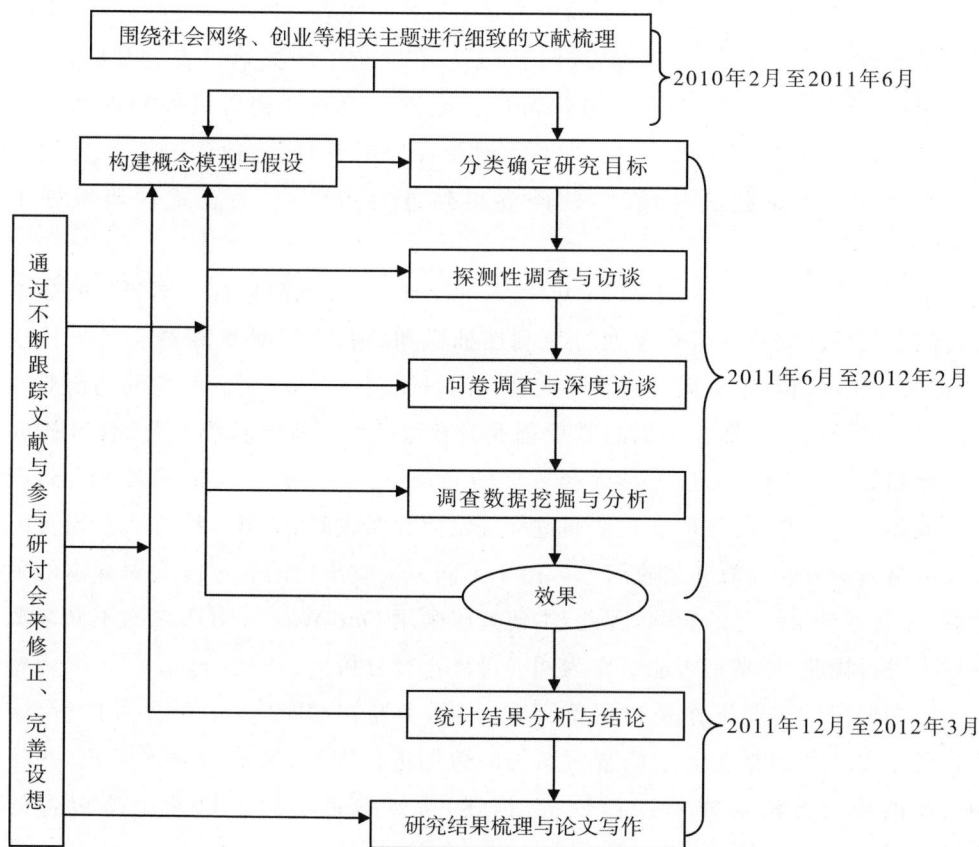

图 1.4　本研究的技术路线

第一阶段是文献梳理,主要是在 2010 年 2 月至 2011 年 6 月间进行。在这一阶段,笔者广泛搜集、阅读、分析社会网络领域、创业领域的主要文献,其中涉及社会网络研究的发展历程、社会资本理论、创业研究的发展历程、过程视角下的创业研究、创业网络研究等多方面的内容,并重点聚焦创业领域的社会网络相关研究。在此期间,笔者有幸于 2010 年 5 月至 6 月在北京大学光华管理学院参加了谭劲松教授讲授的社会网络课程,在他的指导下研读了大量该领域的经典文献。通过文献阅读与梳理,笔者了解、分析已有研究的主要发现,分析其中的不足和研究空白点,逐步聚焦到本研究的研究问题。

第二阶段是调研设计,主要是在 2011 年 6 月至 11 月间进行。该阶段的主要工作包括理论模型构建及完善、问卷设计与探测性调研。在文献梳理末期,笔者尝试围绕研究中的核心视角和概念撰写文献综述,阶段性成果以综述性论文的形式出现,在 2011 年 8 月的"创业与创新暨青年学术研讨会"上宣读,重点就研究思路与基础理论模型征求了与会专家、学者的建议,进一步改进、完善了研究框架和设计。与此同时,问卷设计工作以已有文献中的成熟量表为基础,通过与专家学者、创业实践者的沟通进行情境化改进。探测性调研以便利性抽样的方法完成,主要选取了天津、湖南地区的创业者为调研对象,他们的真实反馈完善了本研究的理论想法与设计,使问卷得到进一步完善,为正式调研做好了准备。

第三阶段是数据收集,于 2011 年 12 月至 2012 年 2 月间进行。本研究的数据通过问卷调研获取。调研对象通过便利性抽样和"滚雪球"抽样相结合的方式获得,即第一轮调研对象是通过笔者个人社会网络便利性获取,之后三轮的调研对象是通过被调查创业者推荐熟识的其他创业者获取。为了提高数据质量、保证研究的信度和效度,本研究通过三种途径开展问卷调研:第一种方式是笔者亲自到现场发放和收集问卷;第二种方式是通过邮寄发放和回收问卷;第三种方式是通过邮件等网络通信方式发放和回收问卷。由于不同方法收集的问卷可能会对样本的独立性、有效性产生一定的影响,因此,本研究将采用 One-Way ANOVA 对不同来源的样本进行检验,考察是否能够作为同一母体进行分析。

第四阶段的主要工作是数据整理和分析,主要在 2012 年 1 至 2 月进行,该阶段的主要工作包括对问卷调查所获得的数据进行细致、准确的录入整理,并运用科学的统计方法对样本进行分析、描述,重点验证了理论框架中所包含的假设。

最后阶段是论文写作,主要在 2011 年 12 月至 2012 年 3 月进行。其中 2012 年 2 月数据分析结果出来之前,主要对文献进行了梳理,并以现有研究为基础推导出需要实证检验的假设。在数据整理分析结束之后,以分析结果为基础撰写假设检验、讨论及结论部分,并在导师的指导下对全文进行了反复修改。

二、整体结构

根据上述技术路线,本书总共分为六章,各章之间的逻辑关系及其主要内容如图 1.5 所示。

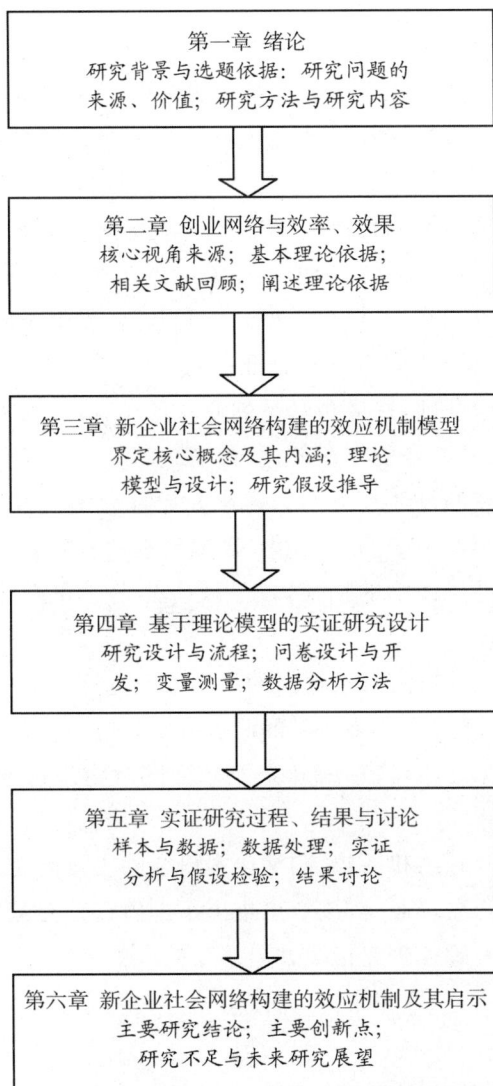

第一章 绪论
研究背景与选题依据: 研究问题的
来源、价值; 研究方法与研究内容

↓

第二章 创业网络与效率、效果
核心视角来源; 基本理论依据;
相关文献回顾; 阐述理论依据

↓

第三章 新企业社会网络构建的效应机制模型
界定核心概念及其内涵; 理论
模型与设计; 研究假设推导

↓

第四章 基于理论模型的实证研究设计
研究设计与流程; 问卷设计与开
发; 变量测量; 数据分析方法

↓

第五章 实证研究过程、结果与讨论
样本与数据; 数据处理; 实证
分析与假设检验; 结果讨论

↓

第六章 新企业社会网络构建的效应机制及其启示
主要研究结论; 主要创新点;
研究不足与未来研究展望

图 1.5　本书逻辑结构示意图

第一章是绪论部分。首先主要介绍了本研究的现实与理论背景,逻辑性地引出本研究所要探讨的主要问题;随后介绍了主要研究内容和研究方法,并论述了研究技术路线,总体上介绍本书写作的主要结构。

第二章通过回顾已有文献成果详细论述了本研究的理论基础。在综述社会网络相关理论时,简要梳理了其研究脉络,之后详细回顾了创业网络最新的研究成果和研究趋势,理清了其研究脉络,着重回顾了创业网络的形成机制和效应机制研究。通过这两部分研究综述,本章找出现有研究的不足和主流研究趋势,进一步作为探讨本研究主要问题、提出主要假设的基础和依据。由于效率和效果是本研究从组织管理其他领域引入到新企业社会网络构建探讨中的新视角,因此本章最后简要梳理了组织管理领域中关于效率和效果的探讨,为后文的情境化界定做铺垫。

第三章聚焦效率和效果视角下的新企业社会网络构建活动,构建出本研究的基础理论模型,阐明研究设计思路。首先将对本研究的核心视角——新企业社会网络效率和效果——进行情境化界定并就如何测度提出建议。在此基础上,本章重点采纳社会网络、社会资本等理论来阐述关键概念之间的内在联系,进而逐步推导、构建出本研究所依托的基本理论模型。在此基础上,聚焦回答新企业社会网络构建效率和效果是否以及如何影响新企业绩效的问题。该章将以现有创业网络、新企业网络研究发现为基础,并适当联系创业管理实践,提出关于两者效应机制的系列假设,并融于有关创业环境作用的探讨。

第四章介绍本研究的设计与方法。在研究设计介绍部分,笔者将围绕问卷设计、变量测度方式、探测性调研、数据收集、数据整理及分析思路等内容对本研究的设计思路和研究流程进行详细的描述,以呈现研究设计和流程的严谨性、规范性,这是科学研究的基础。

第五章采用所设计的方法对已提出的系列假设进行实证检验。该章先对样本与数据进行简要描述,并解释主要变量的测度方法,之后详细描述针对假设的实证分析结果。在实证分析之后,该章就新企业社会网络构建的效应机制及其边界条件进行深入的探讨。

第六章对全书进行总结和展望,归纳出本研究的主要研究发现和研究结论,提出并分析主要创新点所在。最后,该章也指出了本研究存在的不足,提出进一步提高、改善的方向,以期为后续研究指明方向。

第二章　创业网络与效率、效果

第一节　社会网络研究的发展脉络

一、社会网络研究的发展脉络

西方社会网络思想最早可以追溯到埃米尔·涂尔干(Emile Durkheim)、拉德克利夫–布朗(Radcliffe-Brown)、格奥尔格·齐美尔(Georg Simmel)等人的社会结构思想。如：布朗提出了社会网络(network of social relations)的概念，齐美尔则提出社会的过程观点，他认为社会网络的本质存在于人际交往及互动中，这为社会网络研究的出现奠定了基础。而有关社会网络的系统性研究起源于20世纪30年代的心理学和人类学研究。社会心理学的社会计量学学派、哈佛学派以及曼彻斯特的人类学派是社会网络研究起源阶段最主要的代表学派。[①]

社会心理学的社会计量学学派以社会计量学(Sociometircs)为基础，提出并倡导运用图论方法研究社会网络，开启了运用明确工具进行网络分析的大门，其代表学派是"格式塔"(Gestalt)心理学派，代表人物包括库特·勒温(Kurt Lewin)、雅各布·莫雷诺(Jacob Moreno)等。莫雷诺主要关注人际关系对心理治疗的作用，为此他提出了著名的"社群图"(sociogram)，用以分析人与人之间的关系。社群图用点表示个人，用线表示人际关系，以系统的经验数据资料为基础，突出图形在呈现关系结构中的作用，可以说已经具备了当代社会网络分析的基本特征。勒温是社会心理学家，他的主要贡献是提出了著名的"场(field)理论"或"拓扑心理学"，认为群体的社会力量在群体行为中具有决定性作用。以此为基础，勒温的学生卡特赖特(D. Cartwright)与数学家哈拉里(F. Harary)开拓性地运用图论来研究群体行

---

① 林聚任. 社会网络分析：理论、方法与应用. 北京：北京师范大学出版社，2009.

为,不仅拓展了图论的运用,而且通过引入新的方法有力地推动了社会网络研究。

哈佛学派关注人际模式、群体关系和团伙现象(cliques),其最早的代表人物是人际关系论和工业社会学论的创始人梅奥(G. E. Mayo)。1927 年,梅奥在与沃纳(W. Lloyd Warner)合作的著名实验——霍桑试验——中强调非正式组织或人际关系在组织运营中的重要作用。他认为,应该把工人看作"社会人"而非以往单纯的"经济人",人与人之间的关系会对工作效率产生重要影响,因此,在领导中不仅要关注"正式组织",更要重视"非正式组织",善于对后者及人际关系进行调节。之后,沃纳又于 1930 年至 1935 年间进行了著名的扬基城(Yankee City)研究,进一步完善、深化了群体关系研究,指出社区组织是人们在互动过程中形成的社会关系网,并开始用各种图来表示阶级结构和家庭组织等关系模式,是社会网络分析方法的基础。乔治·霍曼斯(George Homans)以此为基础,在其著作《人类群体》(*The Human Group*)中使用矩阵重组(matrix rearrangement)法对小群体或小团伙的结构和功能进行了深入细致的研究分析,进一步推动了社会网络理论与方法的发展。①

曼彻斯特学派在 20 世纪 50 年代开始,运用"社会网络"概念做了很多有意义的探索性研究,其重点关注部落和乡村社会等特殊组织中的"共同体"关系结构,主要代表人物包括约翰·巴恩斯(John Barnes)、伊丽莎白·博特(Elizabeth Bott)、克莱德·米切尔(Clydell Mitchell)。巴恩斯使用"网络"概念研究挪威渔村的社会结构,把该特殊社会生活整体看作是由点线组成的整体关系网络(total network),而由人际关系构成的非正式领域是局部网络(partial network)。② 其以大量与实践密切相关的研究为基础,在著作《社会网络》(*Social Networks*)中透彻地区分了不同类型的社会网络分析,其对社会网络主要概念、分析手段、研究单位及数据收集等基本问题的系统总结对后续研究具有重要意义。③ 博特对英国家庭开展了一系列的田野研究,对亲属关系形势进行了深入的分析,明确使用"网络"作为研究工具,并提出"结"(knit)的概念,这是第一个明确的网络结构尺度。④ 米切尔以前人研究为基础,系统地梳理了社会网络研究与分析方法的发展及应用。他将社会关

---

① Homans G C. *The human group*. New York: Harcourt, Brace & Co., 1950.

② Barnes J A. Class and committees in a Norwegian island parish. *Human relations*, 1954, 7(1): 39 - 58, doi: 10.1177/001872675400700102.

③ Barnes J A. *Social networks*. Addison-Wesley Publishing Company, 1972.

④ Bott Elizabeth. *Family and social network*. London: Tavistock Publications, 1957.

系秩序分为结构秩序、类群秩序和个人秩序,提出沟通行动以及工具性行动构成实际互动网络。同时,他在提出整体网络、"自我中心"网络(ego-centered network)概念时,也相对明确地提出社会网络的主要形态特征及互动特征,包括可达性(reachability)、互惠性(reciprocity)、密度(density)、范围(range)、持久性(durability)、强度(intensity)、频次(frequency),这标志着社会网络研究的关键性进步。[①]

20世纪70年代,新哈佛学派的出现标志着历经近半个世纪发展的社会网络研究走向成熟,该学派由一大批专业的社会网络研究人员组成,他们的研究工作不仅有力地推动了社会网络理论的拓展和创新,极大地完善了社会网络分析方法,引领社会网络研究进入成熟稳定的新发展时期。在理论上,新哈佛学派提出关系/网络结构观(relational/network approach),通过观察和分析不同的现实社会群体或组织构建各种社会结构模型。怀特等学者指出:"目前存在的大量关于社会结构的类型性描述不具有牢固的理论基础,而网络概念可以为建构一种社会结构理论提供独特的方式。"[②]在方法上,一系列数学方法被广泛地运用到社会网络分析中,如集合论和多维尺度(multidimensional scaling,MDS)或相似性结构分析(similarity structure analysis),这些方法和技术可以相对准确地衡量社会网络中的关系性质和特征。

新哈佛学派主要代表人物是哈佛大学的怀特(Harrison C. White)和格兰诺维特(Mark Granovetter)。怀特在理论上的贡献体现于他对结构分析的重视,集中体现在《身份和控制:一个社会行动的结构理论》(Identity and Control:A Structural Theory of Social Action)等主要著作中。他认为,市场也是一种网络,以人们生产和交换中形成的信任和规则为基础,供应商、生产商和购买商是这个网络中的主要行动者。[③] 他在方法上的重要贡献是将数学方法运用到社会结构与社会关系的研究中,推动了网络分析技术的成熟。他与学生们共同开发的"块模型"在社会网络分析中广泛应用。格兰诺维特与他的导师怀特不同的是,他对社会网络研究的贡献更多地体现在理论方面,其观点主要体现在两个重要思想中:一是注重微观与宏观分析的结合,他认为社会网络分析是链接这两个层次重要、有效的

---

①　Mitchell J C. The concept and use of social networks. In: Mitchell J C. (eds.) *Social networks in urban situations*. Manchester: Manchester University Press, 1969.

②　White H C, Boorman S, Breiger R. Social structure from mutiple networks, I. blockmodels of roles and position. *American journal of sociology*, 1976, 81: 732.

③　White H C. *Markets from networks: socioeconomic models of production*. Princeton, NJ: Princeton University Press, 2002.

工具；二是弱连带理论，他不仅指出在西方劳动力市场中，弱连带在找职和转职中作用尤为突出，而且提出通过互动频率、情感强度、亲密程度和互惠交换来衡量关系强度。他的观点成为后来众多研究的基础，影响深远。

通过理论和方法的双重提升，新哈佛学派的研究给社会网络研究开拓了新的视野，注入了新的内容，并且逐步推动社会网络研究进入 20 世纪 90 年代至今、方兴未艾的高潮阶段，社会网络理论与方法被广泛地运用到多个学科的多种研究情境中，甚至引起多个领域的新研究高潮，逐渐奠定了该理论和方法在社会科学研究中的主流地位。

二、当代社会网络研究的主要理论观点

社会网络研究热潮兴起最直接的结果就是不断涌现出层层递进、步步深入的新理论观点，而这些观点又进而拓展了社会网络研究的边界和视野，并丰富了人们对社会网络的理解和认识。在众多的探讨中，最具代表性的理论观点包括：强弱连带假设、结构洞理论与社会资本理论。

（一）弱连带优势与强连带假设

格兰诺维特在针对究美国东北部马萨诸塞州（Massachusetts）牛顿镇居民求职情况的研究中发现，对个人求职影响最显著的并不是其所持有的"强连带"（strong ties），而是"弱连带"（weak ties）。基于该研究，他提出了著名的"弱连带优势理论"（strength of weak ties）。[①] 他指出，由于弱连带能够连接不同的团队和人群，从而带来更丰富的非冗余信息，通过较短的局部桥梁作用形成高效的信息渠道，因此能够促使人们得到更多的工作信息，促进个人求职。格兰诺维特颇具创新性的观点不仅证明了弱连带在社会网络中的重要作用，而且也为社会网络研究打开了新的思路和视野，成为后续多种观点的基础，包括著名的"结构洞"（structural hole）理论。

尽管大多数已有的网络模型是以强联系为对象，并局限于较小的特定的群体中，格兰诺维特的弱连带优势理论强调了弱联系的特殊力量，指出社会网络分析是连接社会学中宏观和微观研究的工具。他通过讨论人际关联（interpersonal ties）的力量展示网络分析如何与扩散、社会流动性（social mobility）、政治组织、社会凝聚力等宏观现象相联系。格兰诺维特突破性地指出社会网络分析使得宏观和微观

---

① Granovetter Mark S. The strength of weak ties. *American journal of sociology*，1973，78(5)：1360 - 1380.

层次之间的连接变得清晰容易,并且成为社会学理论发展中的重要内容。这种连接产生出一个悖论:弱联系常常被看作是联系疏远的表现,但在此却被证明是个人机会以及个人融入群体必不可少的联系;而产生近距离紧密关系的强联系却会导致整体的分裂(overall fragmentation)。

从衡量方式上来说,联系的力量指的是投入的时间、情感强度、亲密程度以及互惠服务内容等,通常,两人之间的联系越强,他们共同交往的个体也越多。强联系的形成需要较多的时间投入,双方往往相似度较高。与此相对的是"桥"(bridge)的概念,指的是两点之间的唯一通道,所有的桥都是弱联系,本地桥(local bridge)可以创造更多、更短的路径,这就是弱联系的重要意义。

弱联系在扩散(diffusion)过程中的作用尤为明显。无论扩散的内容是什么,它们都能通过弱联系和桥到达更广泛的个体,穿越更大的社会距离,实现真正的扩散。例如,技术创新可以通过弱联系(其中有一些弱联系是本地桥)传播开来。同样,弱联系在自我中心网络(egocentric network)中的作用与此类似。自我中心网络各个部分的密度不相同,格兰诺维特将其分为两个部分,一是强联系和非桥弱联系(nonbridging weak ties)组成的部分,二是桥联系部分。而社区群体通常被分为不同的小团体,而正是桥弱联系成为这些小团体之间的信任传递桥梁。

然而,格兰诺维特的观点在被广为接受的同时也受到了后来学者的挑战。华裔学者边燕杰以中国内地为研究情境,发现弱连带优势理论在中国情境下并不适用,并且肯定了强连带假设。[①] 边燕杰指出,在伦理本位的新兴经济体中国,信息不是通过一般意义上的连带传递,而是通过代表强关系的"人情"来实现。中国特殊情境下的人情关系是长久往来的情意、实惠交换,不仅有很强的信任作为基础,更包含义务的成分,这就使得强关系的作用比弱连带更为显著。[②] 格兰诺维特弱连带优势观点中所蕴含的信息是可以传递的,在一定程度上,信任也是可以传导的,但情感关系是非传导的。在中国"差序格局"下,以情感为基础的强关系难以替代,是个人社会网络的核心。

格兰诺维特和边燕杰的研究发现有差异,但他们的研究结果并不矛盾,而且在一定程度上互为补充,两者结合起来相对全面地刻画、阐释了不同情境下强弱连带的不同作用及其作用机制。从他们的不同观点中可以看出,研究情境是社会网络

---

① 边燕杰. 社会网络与求职过程. 国外社会学,1999(4).

② 边燕杰. 找回强关系:中国的间接关系、网络桥梁和求职//中国社会学(第一卷). 上海:上海人民出版社,2002:245.

研究中必须考虑的重要因素,而针对各种理论边界问题的探讨,是社会网络研究的重要内容。

（二）结构洞理论

罗纳德·博特(Ronald Burt)是当今社会网络领域最重要的学者之一,他的主要贡献在于提出了结构洞理论,该理论成果集中体现在《结构洞：竞争的社会结构》(*Structural Holes：The Social Structure of Competition*)一书中。他在研究竞争场域(competitive arena)中的参与者(player)如何获得竞争优势时发现,竞争者行为及行为结果与网络结构中的"洞"密切相关,更具体而言,网络行动者与这些"洞"的接近情况可以较好地解释他们的竞争状况。他所定义的"结构洞(structural holes)"指的是竞争网络中行动者之间无连接或关系间断的情形,是存在于非冗余联系人(nonredundant contact)之间的缺口(chasm)(如图 2.1 中的 A、C 就是一个结构洞)。处于结构洞两边的参与者可以获得更多的、非冗余的来自于网络关系的收益,包括信息利益(information benefits)和控制利益(control benefits)。更具体而言,信息利益主要体现在可以优先获取通路(access)、先机(timing)和推举(referral),而控制利益是指处在洞结构中桥(bridge)位置的第三方(broker)作为信息流动的唯一通道,对信息的流向具有控制权,从而实现对结构洞两边行动实质利益的控制。[①]

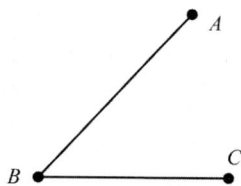

图 2.1 结构洞

资料来源：Burt Ronald S. *Structural holes：the social structure of competition*. Cambridge，MA：Harvard University Press，1992.

博特指出,网络结构社会中的竞争优势主要来自于关系优势和社会资本优势。结构洞与信息流动和商业机会相联系,在不同的网络中均具有显而易见的优势,如：在产品网络中可以促使生产者在价格谈判中占据优势,从而获取更高的利润；在职业关系网络中,处在结构洞位置的高级经理人可以更快、更容易地获得升迁机会；在市场网络中,因结构洞而产生的市场多样性给予市场行动者生存机会。因

---

① Burt Ronald S. *Structural holes：the social structure of competition*. Cambridge，MA：Harvard University Press，1992.

此,博特的"结构洞假设"认为,在竞争中,竞争者占有的结构洞越多,代表其具有较为明显的关系优势,从而有较多的机会获得高利润回报。[①] 他在《结构洞:竞争的社会结构》的导言中明确指出:

> 结构洞理论有四个标志性特征。第一,竞争是一个关系问题,并非行动者(player)自身之间的竞争。第二,竞争是一种突现的关系(a relation emergent),是不可见的。第三,竞争是一个过程,而非结果。第四,不完全竞争是一个自由的问题,而不仅仅是权利的问题。这四个特征并不各自独立于结构洞理论,而是相互联系的。[②]

博特的研究与格兰诺维特所提出的弱连带优势密切相关,两者均强调了网络中非均衡关系的重要作用,结构洞是群体之间的弱联系;而与格兰诺维特的一般性经验分析不同的是,博特不仅明确地提出了结构洞理论,而且通过成熟的网络分析方法开展了大量的实证性研究,有力地证明并拓展了该理论。

(三) 社会资本理论

社会资本理论根植于社会学,是社会网络研究中最核心的理论,现在已经被广为接受、认可,并作为基础性理论被广泛地运用于经济学、管理学、心理学、政治学等学科领域。自20世纪50年代至今,该理论经历了半个世纪的发展和演进,期间涌现出皮埃尔·布迪厄(Pierre Bourdieu)、詹姆斯·科尔曼(James Coleman)、林南(Lin Nan)、罗博特·普特南(Robert Putnam)、亚力詹德罗·波茨(Alejandro Portes)等著名学者,他们的研究工作不断完善、深化或拓展社会网络理论,现已经形成了完整的理论体系。

如图2.2所示,社会资本概念起源于20世纪50—70年代的社区研究,代表人物简·亚克布斯(Jane Jacobs)等提出了社会资本的说法,用以强调关系网络在构成社区信任、合作基础以及推动社区生存与发展中的重要作用。[③] 这是最早的与社会资本相关的探讨,但该时期的研究仅仅停留在涉及社会资本视角的层面。

直到20世纪80年代,布迪厄才对社会资本概念及内涵进行了明确、系统的阐

---

① Burt Ronald S. *Structural holes: the social structure of competition*. Cambridge, MA: Harvard University Press, 1992.

② Burt Ronald S. *Structural holes: the social structure of competition*. Cambridge, MA: Harvard University Press, 1992.

③ Jacobs J. *The death and life of great American cities*. London: Penguin, 1965.

释。他以资本理论为基础,认为社会资本是"由社会义务或联系组成",是"实际的或潜在的资源的集合,这些资源是与对相互熟识的、相互认可的、具有制度化关系的持久网络的拥有——换而言之,一个群体的成员身份是联系在一起的"。[①] 他认为社会资本与经济资本、文化资本是资本伪装的三种形式,而社会资本由个人联系的规模和这些联系中所含有的资本容量或数量决定。他的观点极大地推动了社会资本理论的发展。

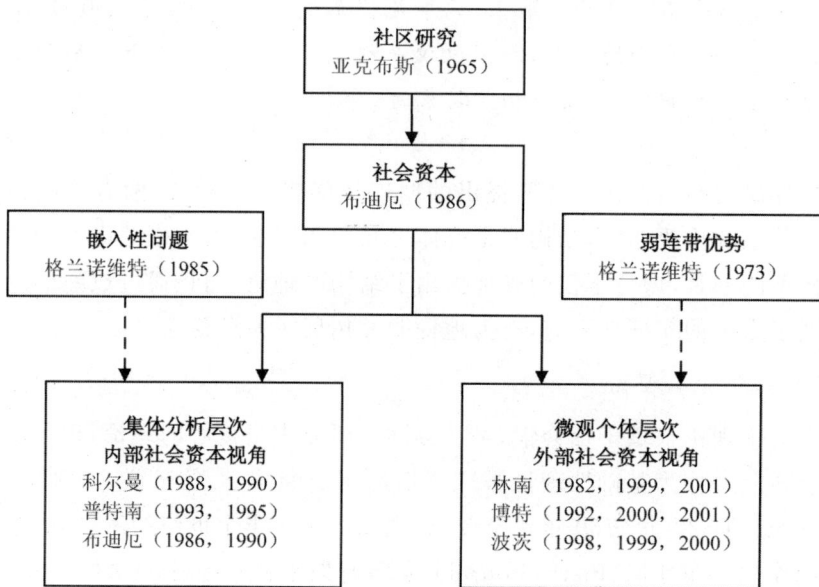

```
┌─────────────────┐
│     社区研究      │
│  亚克布斯(1965)  │
└─────────────────┘
         │
┌─────────────────┐
│     社会资本      │
│   布迪厄(1986)   │
└─────────────────┘
```

图 2.2　社会资本理论的主要贡献者与视角

资料来源:根据杨俊. 社会资本、创业机会与新企业初期绩效——基于关键要素互动过程视角的实证研究. 南开大学博士学位论文,2008 和 Lin Nan. Building a network theory of social capital. Keynote address at the XIX International Sunbelt Social Network Conference, Charleston, South Carolina, 1999 整理。

　　与布迪厄同时代的另一重要社会网络学者是格兰诺维特。尽管他的研究并不是直接围绕社会资本的概念而展开,但他的观点和发现却成为社会资本理论进一步发展的理论基础,直接推动了该理论的成熟。他的两篇著作引导社会资本研究实现了意义深远的分化:首先,他于 1973 年提出"弱连带优势理论",这是集体分析层次内部社会资本视角的基础,科尔曼、普特南、布迪厄等学者的研究即从该视角展开;继此之后,他于 1985 年提出"嵌入性问题",这是微观个人分析层次外部社

[①]　Bourdieu Pierre. The forms of capital. In: Richardson J G. (eds.) *Handbook of theory and research for the sociology of education*. Westport, CT: Greenwood Press, 1986.

会资本视角的基础,林南、博特、波茨的研究即围绕该视角展开。

从集体分析层次、内部社会资本视角出发的研究集中探讨群体或集体开发、维持社会资本的方式以及作为集体财产的社会资本如何提高群体的生存与发展。布迪厄在界定社会资本时将其视为赋予成员信贷的集体财产,即由社会网络或群体共同拥有的资本形式。因此,社会资本的积累及其功能的维持和强化有赖于群体成员对关系的持续投资。① 以此为基础,科尔曼认为社会资本是蕴含在关系中的现实或潜在的资源。作为社会结构的一个方面,社会资本是个人或活动无法代替的,而在结构内它又能推动个体的部分行为。一方面,群体或组织为参与其中的个人提供社会资本,使其在活动参与中获得利益;另一方面,个人在参与集体或群体结构内的各种活动时,其自身也贡献于社会资本的发展与维持。因此,组织中的个人应当积极适应组织中可利用的社会资本,紧密或封闭的网络有利于集体社会资本的维持和再生产。② 普特南将集体分析层次的内部社会资本的视角运用到针对美国民主社会的自组织研究中,他认为由类似社会性社团参与程度界定的社会资本是集体信任与规范的基础,是影响集体福利生产与获取的关键因素。③

从微观个人分析层次外部社会资本视角出发的研究关注个人使用社会资本的情况,即探讨个人如何获取、利用嵌入在个人社会网络中的各种资源来实现工具性行动所要达到的目的,主要有两个研究焦点:"(1) 个人如何在社会关系中投资;(2) 为了产生回报,个人如何获得嵌入在关系中的资源。"④ 亨克·弗拉普(Henk Flap)将社会资本定义为个体可以动员的社会资源,而这一特殊资本包括个人网络中愿意提供帮助的人数规模、愿意提供帮助的关系强度和帮助者的关系资源等三个要素。⑤ 博特的结构洞理论也反映了个人分析层次的外部社会资本视角的基本思想。对于占据结构洞位置和结构洞两边的个体来说,他们所拥有的社会资本是不同的,而其各自具体利益是通过社会资本的优劣势实现的。特别对于结构洞的

---

① Bourdieu Pierre. The forms of capital. In: Richardson J G. (eds.) *Handbook of theory and research for the sociology of education*. Westport, CT: Greenwood Press, 1986.

② Coleman J S. *Foundations of social theory*. Cambridge, M A: Harvard University Press, 1990.

③ Putnam Robert D. The prosperous community: social capital and public life. *The American prospect*, 1993, 13(Spring): 35 – 42.

④ Lin N. *Social capital a theory of social structure and action*. Cambridge: Cambridge University Press, 2001.

⑤ Flap Henk D, Ed Boxman. *Getting started. The influence of social capital on the start of the occupational career*. University of Utrcht, the Netherlands, 1996.

占据者来说,正是所持有的有价值的社会资本帮助其实现信息利益和控制利益。①

弗拉普和博特等学者从不同的研究点出发挖掘出社会资本不同侧面的内涵及功能,而华裔学者林南(Nan Lin)更为深入系统地剖析了社会资本概念,并尝试构建以社会结构与行动为基础的社会资本理论体系,其主要著作包括《社会资本:一种关于行动和结构的理论》(*Social Capital:A Theory of Social Structure and Action*)、《社会资本:理论与研究》(*Social Capital:Theory and Research*)等。在概念界定层面,林南根据资源的来源和途径将个体可用的资源分为个人资源和社会资源,其中后者指的是个体通过社会关系所获取的资源,在数量或质量上来看均是更为重要的资源。他进一步将社会资本定义为"在目的性行动中获取和/或动员的、嵌入在社会结构中的资源"②,包括与个人保持联系的其他个体行动者的资源,具体体现为财富、权力、声望和社会网络等。深入到问题层面,他将关注社会资本对个体社会地位流动和变化的影响作为研究的切入点,从经验层次总结个体社会资本的作用机理。他认为,社会中个人对财富、权力、声望和地位等社会资源的持有和获取情况呈金字塔形状,即地位越高,持有资源越多,获取资源能力越强,但成员也越少。

林南就金字塔结构中不同层级社会资本的流动及其对社会行动和结构的影响提出了7个系列命题,如表2.1及图2.3所示。

表 2.1 林南社会资本系列命题

命题	命题内容
社会资本命题	行动的成功与社会资本正相关
地位强度命题	初始位置越好,行动者越可能获取和使用好的社会资本
强连带强度命题	关系越强,获取的社会资本越可能正向地影响表达性行动的成功
弱连带强度命题	关系越弱,自我在工具性行动中越可能获取好的社会资本
位置强度命题	个体越靠近网络中的桥梁,他们在工具性行动中获取的社会资本越好
位置—地位交叉命题	对于工具性行动,位置(靠近桥梁)强度依桥梁所连接的不同资源而定
结构相依命题	对位于等级制顶部及附近和底部及附近的行动者而言,网络运作(关系与网络位置)效应受到等级制结构的约束

资料来源:Lin N. *Social capital:a theory of social structure and action*. Cambridge:Cambridge University Press,2001.

---

① Burt Ronald S. *Structural holes:the social structure of competition*. Cambridge,MA:Harvard University Press,1992.

② Lin N. *Social capital:a theory of social structure and action*. Cambridge:Cambridge University Press,2001.

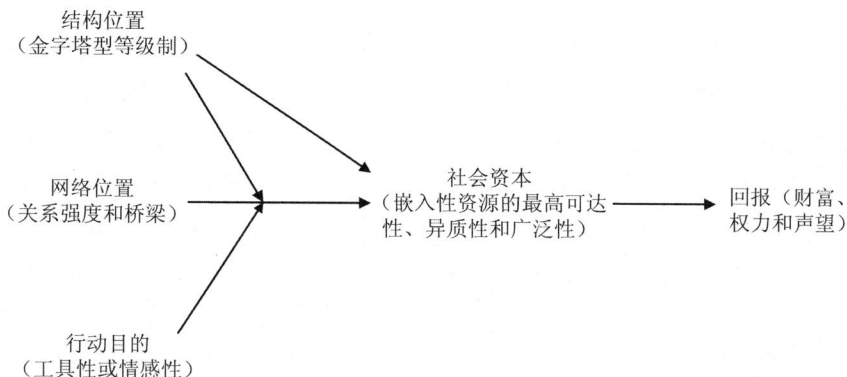

图 2.3　社会资本理论模型

资料来源：Lin N. *Social capital：a theory of social structure and action*. Cambridge：Cambridge University Press，2001.

　　该系列命题和理论模型以理论与经验研究为基础，表明社会资本理论相关概念在等级制结构中具有本质上的关联，在微观层次促使网络中行动者承担相应的行为，这些特征"将社会资本置于弥合宏观—微观的鸿沟与发展社会学的独特位置"[1]。林南的系统性研究工作刻画出社会资本理论的核心，并成为后续研究、特别是实证研究的重要基础，为社会资本理论及社会网络研究做出了突出的贡献。

第二节　创业网络研究

　　作为兼容并包的交叉学科，管理学是最早从社会学中引入社会网络理论和方法的学科，也是社会网络研究最活跃的学科之一。这不仅与管理学科的性质有关，而且是由社会网络理论及方法与该学科的良好匹配所决定：一方面，社会网络理论能够从社会学的独特视角很好地解释管理学中的很多现象和问题；另一方面，社会网络方法的引入不仅给管理学研究带来了全新的研究视角，而且使许多抽象的管理问题得以实现具体化和操作化。与经济学的宏观视角不同，管理领域的社会网络研究集中于微观层次或部分中观层次的探讨，如从研究对象和分析层次来看，可以大致分

---

　　[1]　Lin N. *Social capital：a theory of social structure and action*. Cambridge：Cambridge University Press，2001.

为产业网络研究[①]、企业网络研究[②]及管理者个人网络研究[③]。此类中观和微观层次上的探讨对传统经济学的宏观层次分析形成补充,更有利于呈现社会经济现象背后的因果联系,创业网络研究便致力于挖掘创业现象背后的逻辑和机理。

社会网络在创业研究中的应用源于 20 世纪 80 年代中期,受到过程视角的启示,学者们认识到将创业者视为原子实体难以把握创业现象及过程的本质特征,认为所有的创业者和新企业均镶嵌于一定的社会网络中,该社会网络中各类因素及核心主题在网络中的位置对创业活动、创业过程及创业结果产生不容忽视的重要影响。[④]

一、创业网络的三要素

霍昂·哈和安东尼奇·波斯简于 2003 年回顾了 1984 年至 2001 年间发表在世界顶尖管理及创业期刊上的创业网络研究,在已有研究的基础上总结出创业网络三大要素,即网络内容、网络治理和网络结构。[⑤] 先前研究或构建创业过程中社会网络的发展模型,或从不同的角度分析这些要素对创业活动、过程及绩效的影响,或进行理论推演,或展开实证分析,尽管不同的研究可能会采用不同的方法和独特的理论证明、阐释其发现,但这三大要素基本上概括了所有先前研究的核心范畴。

(一)创业网络内容

从创业网络的内容出发,创业者个人层面的社会关系以及新企业层面的组织间关联可以看作是创业者和新企业从外部经济行动中获得各种资源的重要途径。这里所说的资源不仅包括有形资源,如资金、设备、厂房、公共设施等,而且包括多种宝贵的无形资源。[⑥]

---

① Soh Pek-Hooi. Network patterns and competitive advantage before the emergence of a dominant design. *Strategic management journal*, 2010, 31(4): 438 - 461.

② Shaner Janet, Maznevski Martha. The relationship between networks, institutional development, and performance in foreign investments. *Strategic management journal*, 2011, 32(5): 556 - 568.

③ Vissa Balagopal. A matching theory of entrepreneurs' tie formation intentions and initiation of economic exchange. *Strategic management journal*, 2011, 54(1): 137 - 158.

④ Granovetter M. Economic action and social structure: the problem of embeddedness. *The american journal of sociology*, 1985, 91(3): 481 - 510.

⑤ Hoang Ha, Antoncic Bostjan. Network-based research in entrepreneurship: a critical review. *Journal of business venturing*, 2003, 18(2): 165 - 187.

⑥ Freeman J. Venture capital as an economy of time. In: Leenders R Th A J, Gabbay S M. (eds.) *Corporate social capital and liability*. Boston: Kluwer Academic Publishing, 1999: 460 - 482.

　　社会网络带给创业的好处之一就是可以为创业活动提供有用的信息和建议。例如,有的创业者可能与咨询公司等专业服务组织建立了社会关联,那么他们就可以相对容易地获取有关人才招聘和市场拓展的信息。① 有关创业机会的研究表明,创业者不仅通过外部关系网络获得创业灵感、寻觅创业机会,而且经常通过网络收集相关信息,从而更好地识别适合自身创业条件的创业机会。②③ 创业者对外部网络的信息及建议依赖不仅限于准备或孕育新企业的早期阶段,即便在新企业创立之后,创业者依然持续地通过社会网络获得所需的信息、建议、问题解决方案或其他资源。④ 在新企业的运营过程中,与不同类别个人或组织的关联可以给新企业带来不同的信息,如与分销商、供应商、顾客保持关联等可以获得与市场相关的信息,而与上游开发商的关联则可以提供技术信息上的支持。⑤ 通常而言,处于同一网络中的企业或组织由于存在相对频繁的信息、交易或感情上的互动,其关联会更加复杂⑥,从而也更加紧密地交织在一起。

　　除了提供信息、建议及情感支持之外,声誉、合法性、影响力、地位等符号性内容(signaling content)是社会网络带给创业者和新企业的另一重要无形资源。在高不确定性和高动态性的创业环境中,资源持有者往往对具有"新进入缺陷"和"小企业缺陷"的新企业持有怀疑态度,并且通常会在建立关联之前仔细了解新企业的成长潜力等信息,而通过与行业内既有的、具有良好声誉或影响力的成熟企业建立关联,新企业可以较快地获得合法性,从而得到资源持有者的认可,获得有利于自身发展的资源。⑦

① Freeman J. Venture capital as an economy of time. In: Leenders R Th A J, Gabbay S M. (eds.) *Corporate social capital and liability*. Boston: Kluwer Academic Publishing, 1999: 460 - 482.

② Smeltzer L R, Van Hook B L, Hutt R W. Analysis and use of advisors as information sources in venture startups. *Journal of small business management*, 1991, 29(3): 10 - 20.

③ Hoang H, Young N. *Social embeddedness and entrepreneurial opportunity recognition*: (*more*) *evidence of embeddedness*. Working paper, 2000.

④ Johannisson B, Alexanderson O, Nowicki K, et al. Beyond anarchy and organization: entrepreneurs in contextual networks. *Entrepreneurship regional development*, 1994, 6: 329 - 356.

⑤ Brown B, Butler J E. Competitors as allies: a study of entrepreneurial networks in the U. S wine industry. *Journal of small business management*, 1995, 33(3): 57 - 66.

⑥ Human S E, Provan K G. External resource exchange and perceptions of competitiveness within organizational networks: an organizational learning perspective. In: Reynolds P, et al. (eds.) *Frontiers of entrepreneurship research*, 1996: 240 - 252.

⑦ Shane Scott, Cable D. *Social relationships and the financing of new ventures*. Working paper, 2001.

托比·E.斯图阿特(Toby E. Stuart)、霍昂·哈和拉夫·C.海伯斯(Ralph C. Hybels)的研究发现,在生物科技产业中,与声誉较好、地位较高的成熟企业建立起战略联盟能够促使新创企业更容易地上市,并且可以获得相对较高的市值,在这一过程中与优秀成熟企业的联盟关系成为其声誉、企业形象以及发展潜力的符号。[1]

(二)创业网络治理

创业网络治理主要指的是创业者和新企业通过采用不同的治理机制协调、巩固、促进网络成员之间的交换和互动,是存在于成员之间、以社会机制为约束的"暗示性、开放性契约"(implicit and open-ended contracts)。[2] 其中信任机制是最为常见的网络治理手段,网络成员之间的信任积累有利于推动彼此之间的资源、信息流动及交换。[3] 网络中的权力、影响力分布结构同样能促进网络功能的实现。[4] 除此之外,网络中相互交织、错综复杂的关联本身构成无形的监督力量,网络成员为了避免被驱逐、被孤立或声誉受损,会更加注重其交易行为,不敢轻易采取欺诈等机会主义行为。[5] 这些网络治理机制尽管不同于强制执行的法律法规,但其作用不容忽视。

除了避免机会主义等负面结果外,良好的网络治理机制对创业具有重要的推动作用。创业者和新企业可以通过社会网络获得优于市场定价的价格优惠,从而获取成本优势。[6] 成员之间的相互信任作为特殊的网络治理机制,高信任度的关联双方一致相信对方会在交换和互动中履行相应义务[7],这种共同持有的信念促使他们在交易和合作中采取可预测的、双方均能接受的举措[8],有效地避免交易中的不愉快甚至风险。创业网络中的信任程度影响成员资源交换或互动的深度及丰富

---

① Stuart T E, Hoang H, Hybels R. Interorganizational endorsements and the performance of entrepreneurial ventures. *Administrative science quarterly*, 1999, 44 (2): 315 - 349.

② Brass D J. Being in the right place: a structural analysis of individual influence in an organization. *Administrative science quarterly*, 1984, 29: 518 - 539.

③ Lorenzoni G, Lipparini A. The leveraging of inter-firm relationships as a distinctive organizational capability: a longitudinal study. *Strategic management journal*, 1999, 20 (4): 317 - 338.

④ Krackhardt D. Assessing the political landscape: structure, cognition, and power in networks. *Administrative science quarterly*, 1990, 35: 342 - 369.

⑤ Jones C, Hesterly W S, Borgatti S P. A general theory of network governance: exchange conditions and social mechanisms. *Academy of management review*, 1997, 22 (4): 911 - 945.

⑥ Jarillo C J. On strategic networks. *Strategic management journal*, 1988, 9: 31 - 41.

⑦ Pruitt D G. *Negotiation behavior*. New York: Academic Press, 1981.

⑧ Das T K, Teng B. Between trust and control: developing confidence in partner cooperation in alliances. *Administrative science quarterly*, 1998, 23(3): 491 - 512.

度,在与信息相关的交易中尤其如此。[①] 尽管市场交易中最常见的是产品或服务的交换,但事实上交易双方信息交换的内容远远不止是价格、数量或产品介绍等,而这些一般性交易内容之外的信息交换深度及广度则在很大程度上依赖于交换双方的信任程度。乌兹(Uzzi)在针对服装行业的研究发现,服装制造商在与紧密关联的小供应商进行市场交易的同时,往往会有更多的信息沟通和互动,如会对如何改进产品的设计、质量等进行交流,而小供应商会把所获得的信息运用到进一步的产品改进和提高中,此类宝贵的信息很难通过简单的价格机制反映出来,更难以通过简单的市场交换获取。[②] 因此,信任等无形的网络治理机制不仅有利于改进积极的创业行为(如创新)[③],改善创业绩效,更能促使网络关联持久地发挥作用。

(三)创业网络结构

创业网络结构可以简单地看作是网络行动者之间直接或间接关系的构成形式。从结构视角出发的创业网络研究不仅关注不同网络结构对创业行为及绩效的影响作用,而且探讨网络结构动态变化及其效应。关注创业网络结构的研究有一个基础性的判断,即行动者在创业网络结构中的不同位置会影响资源的流动,进而影响创业绩效。就结构来说,无论是一般社会网络还是本书聚焦的创业网络,无论是个人层次还是组织层次的网络,网络结构性指标差别并不显著。事实上,以多个不同的思路观察网络结构,便会得出多个用以描述网络的结构性指标。

在众多的结构性指标中,网络规模(size)是最为基础的一个,指的是核心主体与其他行动者保持直接联系的数量。网络规模越大,表明创业者或新企业在创业网络中与更多的个体或组织保持联系,这就意味着他们有更多的机会接触资源持有者,因而也有更多的机会获取生存和成长所需的资源。因此网络规模会影响创业者和新企业资源获取的范围和程度。[④][⑤] 与网络规模较为相似的一个指标是中

---

① Saxenian A. The origins and dynamics of production networks in Silicon Valley. *Research policy*, 1991, 20 (5): 423 - 437.

② Uzzi B. Social structure and competition in interfirm networks: the paradox of embeddedness. *Administrative science quarterly*, 1997, 42: 35 - 47.

③ Hausler J, Hohn H, Lutz S. Contingencies of innovative networks: a case study of successful R&D collaboration. *Research policy*, 1994, 23 (1): 47 - 66.

④ Katila R, Mang P Y. Interorganizational development activities: the likelihood and timing of contracts. *Academy of management proceedings*, 1999, B1 - B6.

⑤ Baum J A C, Calabrese T, Silverman B S. Don't go it alone: alliance network composition and startups' performance in Canadian biotechnology. *Strategic management journal*, 2000, 21: 267 - 294..

心度(centrality),但不同的是它将通过中介关联找到资源持有者的资源获取途径包括进来,因此同时描述了创业者和新企业通过直接和间接联系获取资源的途径,从而能够更清晰地描述创业者和新企业获取外部资源的能力和程度。①

网络多样性是另一个重要的结构指标,与网络规模和中心度不同,该指标主要描述创业者和新企业能否通过创业网络获得多种多样的资源和信息。格兰诺维特的弱连带理论强调处于核心关联之外、边缘地位的弱连带给经济行动者带来多样化的信息②,网络多样性的作用与此相仿。有关跨国创业经营的研究指出,倘若创业者能够突破本土网络关联限制,与国外的个体或组织保持关联,那么其所创办的新企业在开展国际业务方面具有优势③,因为创业网络中关联的多样性给他们带来了特殊的信息和机会。

另一重要的网络结构指标是网络密度(density),指的是核心主体的关联方相互联系的程度。网络中的直接关联、强关联越多,表明网络密度越大,网络成员相互交织的情况越复杂,资源和信息会在网络内部反复流通,自然也不利于新资源和信息的进入。④ 除此之外,网络密度较高的创业网络对于具有新进入缺陷的新企业来说可以形成特殊的保护,因为错综复杂的网络交织情况可以形成强有力的网络监督力量,促使网络成员遵守基本的规范,防范机会主义行为,维持长久的关联。⑤

博特所提出来的结构洞理论使得创业学者们开始越来越多地关注这一特殊的网络结构指标。如前文所述,当两个网络行动者之间缺乏联系时,他们中间便形成了一个结构洞,而处在结构洞位置的行动者在网络中具有独特的结构优势。⑥ 在

---

① Powell W W, Koput K W, Smith-Doerr L. Interorganizational collaboration and the locus of innovation: networks of learning in biotechnology. *Administrative science quarterly*, 1996, 41: 116 - 145.

② Granovetter M. The strength of weak ties. *American journal of sociology*, 1973, 78: 1360 - 1380.

③ Hansen E L, Witkowski T H. Entrepreneur involvement in international marketing: the effects of overseas social networks and self-imposed barriers to action. In: Hill G E, LaForge R W. (eds.) *Research at the marketing/entrepreneurship interface*, 1995: 363 - 367.

④ Burt R S, Raider H J. *Creating careers: women's paths through entrepreneurship*. Working paper, 2000.

⑤ Granovetter M. Economic action and social structure: the problem of embeddedness. *The american journal of sociology*, 1985, 91(3): 481 - 510.

⑥ Burt R S. *Structural holes: the social structure of competition*. Cambridge: Harvard University Press, 1992.

创业网络中,处于结构洞位置的创业者和新企业不仅自身与多样化的、非冗余的外部行动者保持关联,可以获得各种各样的资源和非冗余的有用信息,而且可以在一定程度上对结构洞两侧的、未联系的行动者形成控制,这种特殊的结构位置对推动创业进程和新企业绩效具有重要意义。[①]

除了上述指标外,还有一些其他的网络结构指标,如网络异质性[②]等,它们从不同的角度描述网络的结构,是进一步围绕创业网络展开探讨的基础。

二、创业网络形成机制研究

内容、治理和结构构成了创业网络研究的基石,学者们从不同的视角围绕创业网络展开了大量的研究,取得了丰硕的研究成果。尽管具体的研究内容、所聚焦的问题各式各样,但从所探讨的关系来看,已有的创业网络研究大致可以分为两大类:第一类是效应机制研究,这类研究以网络为自变量,探讨创业网络如何影响创业过程、创业者行为、结果(即创业绩效和新企业绩效等);第二类是形成机制研究,这类研究以网络作为因变量,探讨创业过程、结果及其他相关因素如何反过来影响创业网络的形成、改变或演进。[③] 本研究首先回顾形成机制研究,接着将仔细梳理与本研究密切相关、构成本研究主要研究基础的效应机制研究。

创业网络形成机制研究将不同层次的社会网络相关属性作为因变量,主要探讨创业者个人层次或新企业组织层次影响社会网络形成、变化及演进的主要因素和机制(如图2.4)。在具体的研究中,有关形成机制的探讨被分为若干子问题,包括创业网络关系形成的原因、影响因素和演进机理等,学者们从不同的视角对这些问题进行尝试性探索和深入开发。

(一)创业网络形成的原因

创业者和新企业为什么要与其他个人或组织建立联系?这是创业网络形成机制研究所要回答的首要问题。大量研究从资源视角和交易成本视角来解释创业网络的成因。交易成本视角的相关研究指出,新企业所维持的关系及网络可以通过

① Baum J A, Calabrese C T, Silverman B. Don't go it alone: alliance network composition and startups' performance in Canadian biotechnology. *Strategic management journal*, 2000, 21, Special Issue: 267 – 294.

② Silverman B S, Baum J A C. *Alliance-based competitive dynamics*. Working paper, 2000.

③ Hoang Ha, Antoncic Bostjan. Network-based research in entrepreneurship: a critical review. *Journal of business venturing*, 2003, 18(2): 165 – 187.

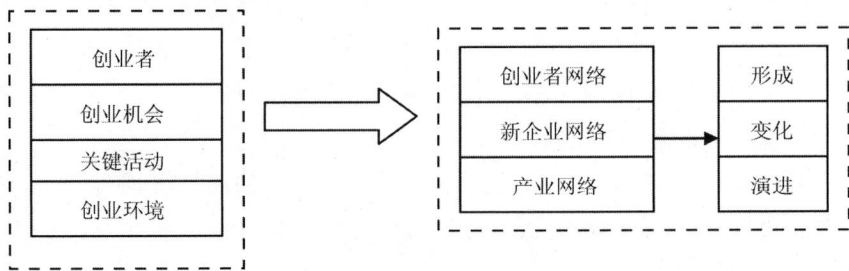

图 2.4　创业网络形成机制研究

信任或信任的传递降低市场交易中信息不对称的情况,并因第三方的存在可以减少机会主义行为的出现,从而有效地降低经济活动中的成本。[①] 此外,以情感或信任为基础的关系可以帮助新企业以较低的成本获得最可靠的信息,甚至包括通过市场交易途径无法获取的信息资源。这些解释往往围绕交易特点、静态效率(static efficiency)、惯例(routine situation)展开,没有考虑创业过程中的资源需求。资源视角弥补了交易成本视角对新企业成长战略的忽略,该视角聚焦于新企业的资源需要(resource needs),认为关联形成反映了新企业寻求合作的诱因或动机(inducements or incentives),包括:获取所需的资金、物质资源[②③]、学习新的技术[④⑤⑥]、处理对其他组织的依赖[⑦]等。尤其当新企业处于新兴产业或高度竞争行业时,他们处于相对脆弱的战略地位,会相对强烈地期望通过外部联系增强自身实

---

① Granovetter M. Economic action and social structure: the problem of embeddedness. *The american journal of sociology*, 1985, 91(3): 481 - 510.

② Hagedoorn J, Schakenraad J. The effect of strategic technology alliances on company performance. *Strategic management journal*, 1994, 15(4): 291 - 309.

③ Nohria N, Garcia-Pont C. Global strategic linkages and industry structure. *Strategic management journal*, 1991, 12, Summer Special Issue: 105 - 124.

④ Kogut B. A study of the life cycle of joint ventures. *Management international review*, 1988, Special Issue: 39 - 52.

⑤ Powell W W, Koput K W, Smith-Doerr L. Interorganizational collaboration and the locus of innovation: networks of learning in biotechnology. *Administrative science quarterly*, 1996, 41(1): 116 - 145.

⑥ Baum J A, Calabrese C T, Silverman B. Don't go it alone: alliance network composition and startups' performance in Canadian biotechnology. *Strategic management journal*, 2000, 21, Special Issue: 267 - 294.

⑦ Pfeffer J, Salancik G R. *The external control of organizations: a resource dependence perspective*. New York: Harper & Row, 1978.

力,巩固自身地位,从而更趋于与其他组织形成联盟。[①] 资源视角的研究指出了社会网络的诱因,即社会网络可以带来各种益处,这些益处带给新企业生存和成长的先机,但是,这类研究忽略了一个重要问题:如果建立联系可以获得如此多的益处,那么为什么并不是所有的新企业都在运用社会关联提高绩效呢? 可能的解释之一就是:并不是所有的新企业都具有建立关联的机会。

社会结构视角即是以形成联系的机会为切入点。该视角从结构社会学的角度(structural sociological perspective)出发,认为企业间关联形成的模式折射出以前企业间联系的模式[②][③][④],企业建立新联系的能力取决于其在已有网络结构中所处位置所能提供的机会,现有联系通过影响形成新联系的机会而影响后续联系的形成,存在一定的路径依赖,对新企业来说,则与创业者个人网络结构密切相关。新企业作为新出现的组织,其所处的网络位置是多种因素共同作用的结果。例如,创业团队的属性,如规模、先前经验、社会地位等会直接影响新企业的社会位置。作为新企业的管理者、决策者和领导者,创业团队成员的个人网络与新企业网络存在较为明显的互动关系,因此创业团队的规模越大,意味着会给新企业带来更多的、可以建立联系的机会,同时,创业团队成员个人社会资本越丰裕,越有可能给新企业带来好的联盟机会。创业团队成员的先前经验,如行业内经验、先前雇主、先前职位都是直接影响其个人网络构成和内容的重要因素,因而也会对新企业网络的形成产生间接影响。[⑤]

尽管社会结构视角突破了传统视角,但依然存在两个局限:一方面,除了已有的社会网络及社会资本之外,可能还有其他影响企业间联系形成机会的因素;另一方面,该视角存在一个困惑之处——如果联系形成主要是依赖于网络中以前的联系,那么缺少这种联系和机会的新企业如何形成联系并且使之占据网络相对中心的位置? 基于各个视角的解释优势和局限,学者们将战略资源视角和社会结构视角、企业内外

---

① Eisenhardt Kathleen M, Schoonhoven Claudia B. Resource-based view of strategic alliance formation: strategic and social effects in entrepreneurial firms. *Organization science*, 1996, 7(2): 136 – 150.

② Gulati R. Network location and learning: the influence of network resources and firm capabilities on alliance formation. *Strategic management journal*, 1999, 20(5): 397 – 420.

③ Gulati R, Gargiulo M. Where do inter-organizational networks come from? *American journal of sociology*, 1999, 103(March): 177 – 231.

④ Walker G, Kogut B, Shan W. Social capital, structural holes and the formation of an industry network. *Organization science*, 1997, 8(2): 109 – 125.

⑤ Eisenhardt Kathleen M, Schoonhoven Claudia B. Resource-based view of strategic alliance formation: strategic and social effects in entrepreneurial Firms. *Organization science*, 1996, 7(2): 136 – 150.

部因素等结合起来,尝试用综合的视角更全面地剖析企业关系及网络的形成。[①②] Ahuja 在他的研究中明确指出,企业间联系的形成中存在动机(inducements)和机会(opportunity)互动的二元机制,即"企业间关联的形成不仅要求企业有形成关联的愿望,并且要对潜在合作者具有足够的吸引力"。[③] 二元视角及多视角的提出适用于创业网络,尤其是新企业网络构建活动,有力地充实了人们对创业网络形成原因的理解。

(二)创业网络形成的条件及影响因素

创业网络构建需要具备哪些基本条件?其形成受到哪些因素的影响?这是创业网络形成机制研究必须回答的核心问题。以往的研究从不同的视角挖掘出一些相对零散、缺乏系统性的影响因素,就其来源而言,创业网络的形成可以大致地分为内部因素和外部因素,其中外部因素又可以进一步分为:(1)宏观外部因素,包括创业活动所在地区的社会经济状况、文化环境及环境不确定性等[④];(2)中观外部因素,主要指的是产业增长率、产业竞争度等[⑤];(3)微观外部因素,包括新企业特定的不确定性、资源需要、企业属性(规模、成立年限、竞争地位、产品多样性等)等[⑥⑦]。内部因素主要指的是产业、企业或创业者个人社会网络内部因素,如创业者特征、创业机会特征、二元关系、创业者先前社会资本等。

弥勒·麦克弗森(Miller McPherson)、琳·史密斯·那菲(Lynn Smith-Lovin)

① Eisenhardt Kathleen M, Schoonhoven Claudia B. Resource-based view of strategic alliance formation: strategic and social effects in entrepreneurial Firms. *Organization science*, 1996,7(2):136-150.

② Katila Riitta, Rosenberger Jeff, Eisenhardt Kathleen M. Swimming with sharks: technology ventures, defense mechanisms and corporate relationships. *Administrative science quarterly*, 2008,53(2):295-332.

③ Ahuja Gautam. The duality of collaboration: inducements and opportunities in the formation of interfirm linkages. *Strategic management journal*, 2000,21(3):317-343.

④ Louis D, Marino Franz T, Lohrke John S, et al. Mark weaver and tulus tambunan. Formation intentions in an emerging economy: evidence from the Asian Financial Crisis in Indonesia. *Entrepreneurship: theory and practice*, 2008,2:157-183.

⑤ Haiyang Li, Atuahene-Gima Kwaku. The adoption of agency business activity, product innovation, and performance in Chinese technology ventures. *Strategic management journal*, 2002,23:469-490.

⑥ Ahuja Gautam, Polidoro Jr. Francisco, et al. Structural homophily or social asymmetry? The formation of alliances by poorly embedded firms. *Strategic management journal*, 2009,30:941-958.

⑦ Rothaerme Frank T, Boeker Warren. Old technology meets new technology: complementarities, similarities, and alliance formation. *Strategic management journal*, 2008,29:47-77.

和詹姆斯・M.库克(James M. Cook)引用类聚原则(homophily principle)指出"相似性产生联系"(similarity breeds connection),该原则具有较强的普适性,不仅符合个体间建立联系的情况,也适用于企业及其他组织层面的探讨,对于创业网络的形成同样适用。① 类聚原则概括性地描述了多种社会联系的结构,包括婚姻、友谊、工作、建议、支持、信息交换等,指出个人网络与行为、性格以及社会人口统计特征上的相似性趋于一致。保罗・F.拉扎斯菲尔德(Paul F. Lazarsfeld)和罗伯特・K.默顿(Robert K. Merton)区分了两种类聚:地位类聚(status homophily)和价值类聚(value homophily)。地位类聚指的是以正式、非正式或归因性地位(ascribed)为基础的相似性,包括社会人口统计指标上的相似性;价值类聚指的是以价值观、态度、信仰等为基础的相似性。② 类聚原则通过影响人们接受的信息、持有的态度以及互动经历进而影响其社交网络。他们在文章中对各种指标逐一进行分析,指出种族、民族上的类聚性最强,年龄、宗教、教育、职业以及性别依次递减。临近的地理位置、家庭、组织以及相同的位置都能产生聚类关系。与类聚性关联相比,相异个体之间的关联更容易解散,从而为社会空间内利基(localized positions)的形成创造机会。

如果说创业者个人层面的网络具有较强的先天决定性或非正式性,那么组织层面的创业网络则是在新企业创办之后逐渐形成的,并且正式的组织间关联占据主要地位,在西方发达国家情境下尤其如此,而联盟则是最为典型的组织正式关联。那么,组织间联盟的形成受到哪些因素的影响? 兰杰・古拉蒂(Ranjay Gulati)和马丁・嘉吉罗(Martin Gargiulo)③认为,信息是链接众多影响因素的关键,是组织层面社会网络形成的核心要素之一。他们在研究中着重探讨了两个问题:(1)组织在联盟形成过程中从何处获取信息? (2)所获取的信息如何塑造(shape)组织间网络? 他们以联盟生成(alliance formation)为因变量,以相互依赖性(interdependence)、嵌入性(embeddedness)及结构异质性(structural differentiation)为自变量,收集长时间序列数据实证探讨组织间网络的生成机制。相互依赖性主要考虑通过资源获取和不确定性削减双方组织间的依赖;嵌入性被分为关系嵌入(relational)、结构嵌入(structural)、位置嵌入(positional),分别强调行动者相互关系、网络结构及组织在网络中的位置

---

① McPherson M, Smith-Lovin L, Cook J M. Birds of a feather: homophily in social networks. *Annual review of sociology*, 2001, 27: 415 - 444.

② Lazarsfeld P F, Merton R K. Friendship as a social process: a substantive and methodological analysis. In: Berger M. (eds.) *Freedom and control in modern society*. New York: Van Nostrand, 1954: 18 - 66.

③ Gulati R, Gargiulo M. Where do interorganizational networks come from? *American journal of sociology*, 1999, 104(5): 1439 - 1493.

对组织间关联及网络形成的影响。研究结果表明,相互依赖性和嵌入性都对新联盟的形成具有重要影响,而网络异质性的提高使得网络本身成为潜在合作者的信息库,有利于新联系的形成。组织往往会通过信任和相对频繁的信息交换与特定的伙伴形成稳定、有利的关联,久而久之,这些"嵌入性"关系积累成社会网络。因此,"联盟网络的形成是同时受到网络外部依赖性和网络内部嵌入性机制驱使的动态过程,其中外部依赖性促使组织寻求合作,而内部嵌入性则帮助组织解决与谁合作的问题"①。

古拉蒂和嘉吉罗的研究指出内生因素驱动联盟网络的形成,并通过信息将内外部因素联合起来考虑企业"与谁联盟"的问题,但依然存在需要进一步探讨的地方。如该研究认为结构异质性与新关联的形成线性正相关,但当结构异质性达到某一顶点时,这一正相关关系可能逆转为负相关关系;此外,新涌现的组织间网络并不总会顺着特定的模式演进。这就启示后续研究从动态的角度考虑组织网络变化和演进的问题。

克里斯蒂·奥利弗(Christine Oliver)围绕组织在何种条件下建立联系的问题,整合、归纳了已有文献中提出的关联形成的六大决定性因素,包括必要性(necessity)、非对称性(asymmetry)、互惠性(reciprocity)、合法性(legitimacy)、效率性(efficiency)、稳定性(stability)。②

其中:(1)必要性是指法律法规等(如权威机构的指令)促进非自愿性组织间关联的形成;(2)非对称性是指一方试图控制关联的另一方及其资源,控制的欲望和不愿意放弃控制的欲望都会促使组织间关联的形成;(3)互惠性与非对称性中的主导、权力及控制不同,强调组织间的合作和协调;(4)合法性是指制度环境促使组织形成关联来提高自身的合法性以迎合现有的规范、条例及社会期望等;(5)效率性是指组织通过形成关联提高内部生产率;(6)稳定性是指组织间关联是组织适应内外部不确定性的重要方式。由此可见,后五个因素是组织自发性的互动因素,其中不对称性、互惠性和合法性是外部导向因素,而效率性和稳定性是内部导向因素。这六种因素的共同作用促使形成六种不同的组织间关联:贸易协会(trade associations)、代理联盟(agency federations)、合资企业(joint ventures)、合资公益项目(social service joint programs)、企业财务合作(corporate-financial interlocks)以及代理—资助关联(agency-sponsor linkages)。图2.5概括了Oliver

---

① Gulati R, Gargiulo M. Where do interorganizational networks come from? *American journal of sociology*, 1999, 104(5): 1439-1493.

② Oliver C. Determinants of interorganizational relationships integration and future directions. *Academy of management review*, 1990, 15(2): 241-265.

的主要观点,展现了企业间关系形成的主要条件及关系类型。

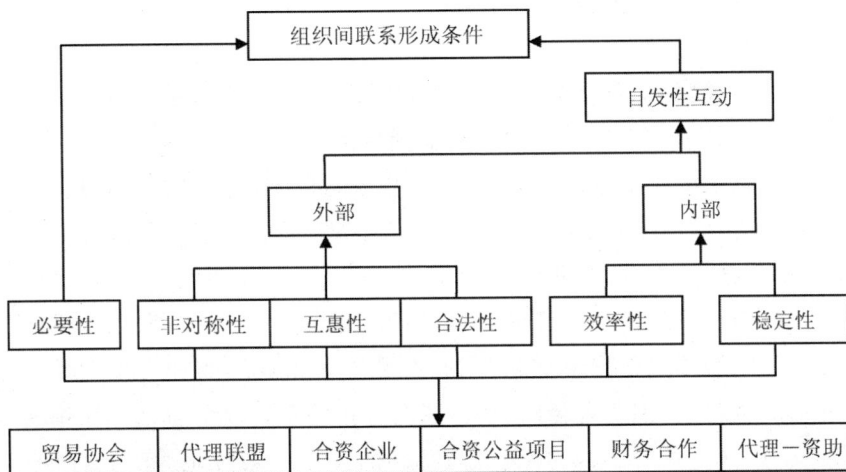

图 2.5 组织间关联的类型及形成条件

资料来源:Oliver C. Determinants of Interorganizational Relationships Integration and Future Directions. *Academy of management review*,1990,15(2):241 - 265.

古拉蒂和嘉吉罗以及奥利弗的研究尽管并非针对创业网络而展开,但他们所提出的研究发现和结论适用于创业网络中新企业与其他组织联盟的形成。必须指出的是,他们的观点只能帮我们静态地理解和阐释创业网络中组织关联的形成条件,而事实上,如同创业活动的进程和新企业成长的阶段性变化一样,创业网络同样处在动态发展过程中。本研究在引言中指出,已有研究大多关注创业者个人层面的创业网络,甚至将创业者个人社会网络等同于创业网络,这种对新企业组织层面社会网络的忽略较大程度上源于创业网络的原始存在形态,也与其变化、演进密切相关。

(三) 创业网络的变化与演进

有关创业网络变化和演进的研究以过程为导向,探讨创业网络如何随着创业过程的推进和新企业的成长发生变化。在探讨该问题的诸多研究中,Starr 与其合作者的研究成果最为显著,他们提出了一个相对完整的随新企业生成而演进的创业网络模型①②。Starr 等认为,在新企业生成的过程中,创业网络依次经历三个阶

---

① Starr J A, Macmillan I C. Resource cooptation via social contracting: resource acquisition strategies for new ventures. *Strategic management journal*,1990,11:79 - 92.

② Larson A, Starr J A. A network model of organization formation. *Entrepreneurship: theory and practice*,1993,17(2):5 - 15.

段的变化和演进,在每一个网络发展阶段,创业网络中关系的内容、治理机制、结构都会发生显著的变化,他们甚至提出,创业网络演进的过程就是新企业生成的过程,而组织层面基本网络形成是新企业生成的重要标志。

在第一个阶段,创业网络以创业者个人网络中的二元关系(dyads)为基础,其核心的网络活动是识别能够为创办新企业提供关键资源的外部关联,尤其是家人、朋友以及原本存在的生意伙伴。创业者首先对这些已有的二元关系进行维护、挖掘和运用,在维护已有关联的同时,他们也会花费大量的时间来拓展新的网络关联①,包括大量的"机会主义关联"(opportunistic ties)。机会主义关联可以以情感、社会为导向,也可以以经济交换、工具性为导向,其特点是关联双方围绕新企业的资源需求不断协调、试错,形成稳定的、有利于新企业形成和发展的关联。在拓展创业网络的过程中,创业者会向亲人、朋友等强关系获取信息、物质、销售和资金等方面的支持,这些以情感、社会交流为基础的关系随之转化为工具性的、具有经济目的的关联,这在第二阶段会进一步增强。

在第二个阶段,创业相关的交换关系越来越复杂,原本以社会、情感为基础的二元关系大量变成工具性(instrumental)关系,以实现刻意的经济目的。该阶段的重要特征是单维交换(one-dimensional exchange)逐步转化为二维交换(two-dimensional exchange)。简而言之,原来的朋友不仅是朋友,更可能变成了关键的投资人。随着网络关联及结构的变化,网络治理机制也会发生变化,交换基础由先前的对等补偿性行为(quid pro quo behavior)逐渐转化为信任、相互依赖、互惠、双赢投资或行动者对自身声誉的维护等。

进入第三个阶段后,新企业的运营活动更加复杂,可能会有新业务的拓展和延伸,因此,创业网络内容也随之进一步复杂化,网络中合作伙伴之间的信息交换更加频繁,所交换信息的质量不断提高,并且创业网络会随着组织功能、活动、业务的分层而相应地分层,这就促使新企业自身不断完善、规范,直至生成。该阶段最显著的特点是组织间关联的重要性日益突出。受到资源需求的驱使,新企业会与大量的其他组织,尤其是资源持有者建立起友好的关联,并且他们之间的互动逐渐常规化(routinized)。在该阶段,新企业的组织间关联逐渐在创业网络中占据主导地位,而创业者个人关联的作用逐渐淡化。

经过这三个阶段,创业网络的发展成为组织生成的催化剂(network

---

① Aldrich H, Reese P R. Does networking pay off? A panel study of entrepreneurs in the research triangle. In: Churchill N S. et al. (eds.) *Frontiers of entrepreneurship research*, 1993: 325 - 339.

crystallization)。Starr 等人在该系列研究中提出的创业网络三阶段演进模型清晰地描述了创业网络从个人层面向组织层面转化、从二元关系向更复杂的工具性经济社会交换关系转化的演进过程，为创业情境下的网络构建过程研究奠定了良好的基础。

三、创业网络效应机制研究

创业网络效应机制研究将不同层次的创业网络及其相关属性作为自变量，主要探讨创业网络对创业行为、过程及结果的影响作用。已有研究充分肯定了创业网络对新企业成长与发展的重要作用。大量的理论推演性和实证性研究都表明，新企业的社会网络能够帮助企业从不同的合作者那里获取可靠的信息[1]、开发或吸收技术[2]、抵挡环境动荡（Environmental Shocks）[3]、提高企业生存率和成长能力[4][5]、提高企业财务绩效[6][7][8]、获取所需的各种关键性资产或资源（Needed Assets）[9]、学习新的

[1] Gulati R，Gargiulo M. Where do interorganizational networks come from? *American journal of sociology*，1999，103（March）：177 – 231.

[2] Powell W W，Koput K W，Smith-Doerr L. Interorganizational collaboration and the locus of innovation：networks of learning in biotechnology. *Administrative science quarterly*，1996，41（1）：116 – 145.

[3] Miner A S，Amburgey T L，Stearns T M. Interorganizational linkages and population dynamics：buffering and transformational shields. *Administrative science quarterly*，1990，35（4）：689 – 713.

[4] Baum J A C，Oliver C. Institutional linkages and organizational mortality. *Administrative science quarterly*，1991，36（2）：187 – 218.

[5] Singh K，Mitchell W. Precarious collaboration：business survival after partners shut down or form new partnerships. *Strategic management journal*，1996，Summer Special Issue，17：99 – 115.

[6] Baum J A C，Calabrese T，Silverman B. Don't go it alone：alliance network composition and startups' performance in Canadian biotechnology. *Strategic management journal*，2000，Special Issue，21：267 – 294.

[7] Hagedoorn J，Schakenraad J. The effect of strategic technology alliances on company performance. *Strategic management journal*，1994，15（4）：291 – 309.

[8] Rowley T，Behrens D，Krackhardt D. Redundant governance structures：an analysis of structural and relational embeddedness in the steel and semiconductor industries. *Strategic management journal*，2000，Special Issue，21：369 – 386.

[9] Nohria N，Garcia-Pont C. Global strategic linkages and industry structure. *Strategic management journal*，1991，Summer Special Issue，12：105 – 124.

技术①②、处理其对其他企业的依赖性③、与竞争者保持地位对等(Parity)④。

根据因变量的不同类别,创业网络效应机制研究主要包括两大类主题:一类考察创业网络对创业或新企业经济绩效的影响,另一类考察创业网络对创业行为及新企业运营活动的影响,特别是对创新行为及融资行为的影响。

如图 2.6 所示,创业网络作为效应机制的自变量,具体体现在多个方面,包括特定关联(如是否持有政治关联等)、网络内容(如网络资源、交换内容)、网络结构(如企业所处的位置、网络中心度、网络密度、网络规模)、网络治理(如信任)等;相对应的,创业绩效也有多种表现形式,其中最基本的包括生存绩效(成活率与死亡率)和成长绩效(如规模增长、市场占有率增长)等。在这个基本框架下,学者们根据不同的研究问题和研究情境展开了细致、深入的探讨,在梳理这些针对创业网络的研究之前,本研究将介绍格兰诺维特的嵌入性观点(embeddedness),这是因为该

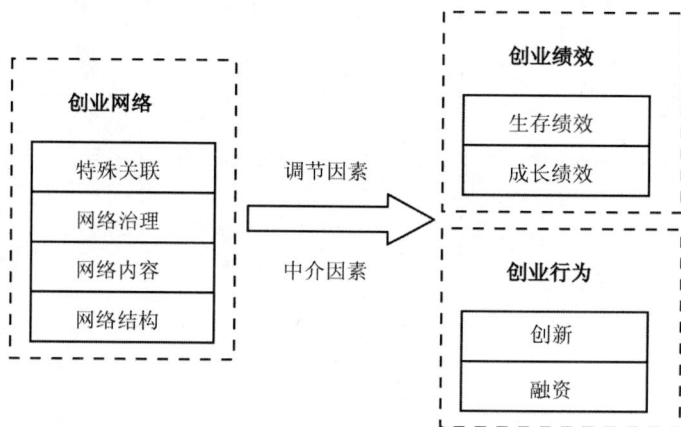

图 2.6 创业网络效应机制研究

① Baum J A C, Calabrese T, Silverman B. Don't go it alone: alliance network composition and startups' performance in Canadian biotechnology. *Strategic management journal*, 2000, Special Issue, 21: 267-294.

② Powell W W, Koput K W, Smith-Doerr L. Interorganizational collaboration and the locus of innovation: networks of learning in biotechnology. *Administrative science quarterly*, 1996, 41(1): 116-145.

③ Pfeffer J, Salancik G R. *The external control of organizations: a resource dependence perspective*. New York: Harper & Row, 1978.

④ Garcia-Pont C, Nohria N. Local versus global mimetism: the dynamics of alliance formation in the automobile industry. Paper presented at the SMJ Special Issue Conference on Strategic Net works, 1999.

观点在阐释创业网络效应机制研究中占有基础性地位。

（一）格兰诺维特嵌入性观点对创业网络效应机制研究的启示

社会关联及网络如何影响经济行为及绩效是社会学、经济学和管理学共同关注的重要问题，在已有的丰富的文献中，格兰诺维特1985年发表的"经济行为与社会结构：嵌入性问题"（Economic Action and Social Structure：The Problem of Embeddedness）一文是该研究方向中最为经典的探讨之一。正是在这篇文章中，格兰诺维特提出了对后来网络学者们影响极其深远的嵌入性问题，成为很多后续研究的理论基础。[①]

格兰诺维特着力探讨了现代工业社会中经济行为嵌入社会关系结构中的程度问题。针对该问题，社会学家、人类学家、历史学家以及政治学家持有过度社会化（over-socialized conception）的观点，认为前市场社会（premarket societies）中的经济行为深度嵌入在社会关系中，但随着现代化的深入变得逐渐自主化，而经济学家和形式主义者（formalist）持有低度社会化（under-socialized conception）的观点，认为即使在部族社会，经济行为与社会关系保持足够的独立，这是保证新古典经济分析有用性的前提之一。这两种对立的观点均忽视了社会关系不断变化的结构，而对经济行为的成熟观点应当考虑其在这种结构中的嵌入性。因此，格兰诺维特认为，非市场社会中的经济行为嵌入社会关系的程度不如前者描述的深刻，随着现代化所作出的改变也相对较小，但这种嵌入程度一直都比形式主义者和经济学家认为的要深。他通过对奥利佛·威廉姆森（Oliver Williamson）著作《市场与等级》（*Markets and Hierarchies*）中的观点提出批评来进一步论证这一嵌入性观点。威廉姆森假设经济体不仅追求自身利益，而且是机会主义者（opportunist）。[②] 根据这一假设，原子化的行动者（atomized actors）为了追逐自身利益，同时避免欺骗（fraud），会将各种行动标准内部化以保证有序的交易。格兰诺维特提出嵌入的观点，强调具体的人际关系和社会关系结构产生信任（trust）和避免不正当行为（malfeasance）的作用，具体来说，可信任者或者过往合作交易者提供的信息更多、更好、更可靠，因为：（1）这类消息成本更低；（2）人们最相信属于自己或来自于自己人的信息；（3）具有持续性关系的经济利益个体为了保持后续交易会更为可信；（4）除了经济原因外，持续的经济关系往往具有特殊的社会内涵（social content），包括较高的信任期望值，可以杜绝机会主义行为。经济生活中的信任源于社会关

---

① Granovetter M. Economic-action and social-structure—the problem of embeddedness. *American journal of sociology*，1985. 91(3)：481 – 510.

② Williamson Oliver. *Markets and hierarchies*. New York：Free Press，1975.

系,而不是制度安排或者一般性的道德规范,社会关系实现了维持经济持续性的功能。然而必须指出的是,尽管社会关系是信任和可信行为的必要条件,但却不足以保证信任,有时候甚至会产生更大的不正当行为或者冲突。也就是说,充分的信任和严重的不正当行为都有可能源于社会关系,并且在社会关系缺乏时也有可能发生。

威廉姆森认为,在任何情况下,组织都是处理交易成本最有效的形式。由于有限理性和机会主义的存在,结果不确定、重复发生并且需要较大"交易特定投入"(transaction-specific investment)的交易在等级制组织形式中更容易发生。霍布斯赞同这一观点,他认为复杂、重复的交易需要个体间的持续性关系,但机会主义往往会危害这些关系。格兰诺维特则认为,新古典经济模型中的匿名市场在现实经济生活中并不存在,各种交易都充满了社会关联。个人关系网络不仅存在于企业高层,而且存在于任何有交易发生的层次,如友谊、长久的个人联系以及许多产业中盛行的分包行为(subcontracting)。无论存在于哪一层次,社会关系较好地解释了"市场 vs 等级"的问题。因此,威廉姆森大大高估了组织内部等级权力的效力。组织间的社会关系在维持经济生活秩序中往往比企业内部权威更加重要,比"市场与等级"思路中设想的也更为重要。

总结起来,威廉姆森的"市场与等级"观点与格兰诺维特的嵌入性观点主要的区别在于:威廉姆森以层级式综合企业(hierarchically integrated firms)中的复杂经济活动为前提假设,解释了经济生活中机会主义和不正当行为的阻碍作用以及合作和秩序的普遍存在。而格兰诺维特认为,即便是在复杂的交易环境中,市场(即企业之间)存在较好的秩序,而企业内部相应地存有较为严重的混乱。而这种情况是否发生在很大程度上依赖于企业之间及其内部人际关系、关系网络的性质。无论有序或者无序,无论忠诚或者欺骗,与此类关系的联系比组织形式更为密切,这与威廉姆森的观点相悖。格兰诺维特认为大多数行为都嵌入在人际关系网络中,他的观点避免了"过度"或者"低度"社会化观点的极端思想。他集中探讨经济行为与社会网络的关系,以信任和欺骗为例,阐释了人际关系及其他社会关联对经济结果或绩效的影响。

格兰诺维特的嵌入性观点引发了后来学者关于社会结构与经济行为关系的持续、深入的探讨。乌兹聚焦企业融资行为,探讨了社会嵌入性(social embeddedness)如何影响组织从中间市场融资机构获取金融资本及其成本。中间市场融资是一个利润丰厚但是较少被研究者涉足的金融领域。他对该领域进行了一手田野调查,对多个公司的融资经理进行访谈,并结合已有理论设计了专门的研究框架以探讨嵌入性的影响,具体来说分为两个相关问题:哪些企业能够获得融资?融资成本如何?他运用小企业借贷数据进行实证检验,提出三个重要发现:(1)企业与银行的市场交易社会连带(social attachments)嵌入越多,企业获取融资的成本越低;(2)当企业的网络由嵌入关系(embedded ties)和间距关系(arm's-length ties)综合构成时,企业获取融资的概率增加,而当网络构成单一时,概率下降;(3)当企业的网络由嵌入关系和间距关系综合构成时,企业获取融资的成本降低,而当网络构成单一时,成本增加。在二元关系(dyadic ties)层面,将市场交易嵌入债权人社会连带的企业借贷利率较低;在网络层面,综合性网络中的企业比单一结构网络中的企业更加容易获取融资,并且利率更低。紧密的嵌入性联系促使网络伙伴分享私有资源,而较为疏远的间距关系能够使企业获取有关市场价格和信贷机会的公共信息,这两类关系能够将私有资源和公共资源桥接起来,具有特殊的价值和意义,因此由各具优势的不同类型关系构成的网络是最优的。总而言之,社会结构通过影响"谁获取借贷"以及"借贷成本"作用于市场绩效;推广开来,企业满足融资的能力不仅源于其固有的特征和性质,而且依赖于其所处社会网络提供的机会。

(二)创业网络与创业生存绩效

创业漏斗中显示的残酷的高死亡率表明,对于大多数创业者来说,让所创办的企业生存下来、免于死亡是成功的第一步,也是最关键的一步,如何渡过生死难关是所有创业者都必须竭尽全力解决的首要问题。因此,在创业网络的效应机制研究中,生存绩效是学者们考虑的重要因变量,他们从不同的视角分析了创业网络对新企业生存的影响。

约珥·AC.鲍姆(Joel AC. Baum)和克里斯蒂·奥利弗的研究针对组织社会关系中较为特殊的制度关联(institutional linkage),以1971—1987年间加拿大多伦多市的幼儿服务机构数据为样本,检验了制度关联与组织死亡率(organizational mortality)之间的关系。[①] 制度关联被定义为组织与政府及其相关部门(如社区监管机构)的正式联系。该研究从种群生态学的角度,以长时间序列数据为实证检验基础,通过动态分析证明了具有制度关联的组织具有明显的生存优势,并且这一优势随着竞争的加剧而增加。制度关联的有效性部分依赖于组织特点及关联的合法性,即制度关联更能减少新建组织、小规模组织以及专业化组织(specialist)的死亡率,而合法的制度关联更能减少组织死亡率。此外,制度关联可以调节组织转型与失败风险之间的关系,显著减少由于组织转型所带来的风险。该研究是探讨制度

---

① Baum J A C, Oliver C. Institutional linkages and organizational mortality. *Administrative science quarterly*, 1991, 36(2): 187 – 218.

关联及特定网络关系的典范,不仅巧妙地采用融入社会学、种群生态学与组织管理经典理论的跨学科研究思路,而且以序列数据为基础进行具有较高信度和效度的动态分析,代表了现今社会网络研究的主流范式。[①]

约珥·AC.鲍姆和另外两位研究者同样关注组织的生存/死亡率问题。他们认为,新创企业往往面临资源匮乏、高死亡率的问题,而社会网络能够给组织带来组织之外的宝贵资源,因此,构建联盟网络可能对新创企业十分有益。基于此,该研究将联盟网络和新创企业的相关理论结合起来,以加拿大生物技术产业为研究对象,探讨了新创企业联盟网络构成对其早期绩效的影响。[②]

以已有研究为基础,他们提出并用实证数据检验了一系列重要发现:第一,新创企业的初始绩效随着其联盟网络规模的扩大而提高,这是因为组织间的战略联盟能够促进信息的流动,为组织带来互补性资产、合法性甚至地位,对于小企业而言,既有组织的联盟能够弥补其"小"和"新"带来的缺陷。第二,新创企业的初始绩效随着其建立时联盟网络效率的提高而增加,联盟网络的效率对于小型新创企业成长至关重要,组织间网络潜在的冗余性(redundancy:带来相同的信息,导致信息冗余)、冲突性(conflict:重复联盟可能引起合作者之间的冲突)以及复杂性(complexity:联盟众多的企业往往分散不聚焦)会给企业绩效带来负面影响,因而具有多样化信息、资源和能力的企业是最优的联盟网络,对小企业绩效最为有益。第三,新创企业在建立之初与潜在的竞争对手联盟将降低其初始绩效,这与战略联盟的潜在风险相关,联盟在本质上是不完善的契约形式,合作者的机会主义行为更会增加联盟的风险。特别是与潜在竞争对手结成联盟时,有的合作者会尽其所能一味获取而不奉献有用信息,形成恶性"学习竞争"(learning race),当竞争激烈时,联盟甚至被当作"零和博弈"(zero-sum games),阻碍联盟关系的真正发展。而在这样的博弈中,新创企业往往处于劣势。因此,新创企业与潜在对手联盟时应当尤为注意。第四,新创企业在建立之初与潜在竞争者结盟,其初始绩效与竞争者的创新能力成正比,并且新创企业从联盟中的获益程度与合作伙伴的技术能力密切相关。与创新能力强的潜在对手合作,新创企业有较好的机会学习新的范式(routine)和先进的技术。与优秀的潜在对手结盟所获取的隐性地位转移以及显性

---

① Baum J A C, Oliver C. Institutional linkages and organizational mortality. *Administrative science quarterly*, 1991, 36(2): 187-218.

② Baum J A C, Calabrese T, Silverman B. Don't go it alone: Alliance network composition and startups' performance in Canadian biotechnology. *Strategic management journal*, 2000, Special Issue, 21: 267-294.

资源转移优势均能降低不确定性,有利于初始绩效的提高。

鲍姆等人的研究发现,新创企业可以通过以下三个方面提高初始绩效(特别是创新绩效):(1)构建联盟;(2)将联盟融入高效的可以提供多样化信息、能力和资源并降低成本和风险的联盟网络中;(3)与可以提供较多学习机会、联盟内部竞争较弱的潜在对手结成联盟。总而言之,新创企业在建立之初的联盟网络构成对其初始绩效具有重要的影响,从而也从另一个角度说明了企业年龄、规模为什么以及如何影响新企业初始绩效。

鲍姆等人在研究中关注企业与潜在对手的联盟,这是组织间关系探讨中十分有趣的研究主题。事实上,即便互为竞争者,潜在的利益共享有时候会超越潜在的利益冲突,促使竞争企业及其管理者之间形成信任和友谊,而这对推动组织绩效有特殊意义。保罗·英格拉姆(Paul Ingram)和皮特·W.罗伯茨(Peter W. Roberts)针对悉尼酒店行业的研究发现:(1)经理们与竞争者的友谊可以提高他们各自组织的绩效;(2)经理友谊网络的凝聚度(cohesiveness)越高,其所在企业的绩效越高;(3)某一组织的竞争者之间友谊凝聚度越高,它的绩效越高;(4)组织之间的竞争程度越高,其建立友谊的可能性越高。[1]

具体而言,竞争企业管理者个人之间的友谊对绩效的推动作用主要通过三个方面实现:第一,加强合作——提高组织间的相互反馈因而也能提高他们的竞争能力[2],解决搭便车的问题[3],在囚徒博弈中朋友会比商人更加趋于合作[4];第二,缓和竞争——竞争者之间的友谊是达成定价协议(pice-fixing agreement)的基础[5],有效地促进共同利益行动规范的执行[6],甚至可以通过达成非法定价阴谋获取超额利润[7],;第三,促进信息交换——建有联合董事会关系的企业往往有相似

① Ingram P, Roberts P W. Friendships among competitors in the Sydney hotel industry. *American journal of sociology*, 2000, 106(2): 387 - 423.

② Uzzi B. The sources and consequences of embeddedness for the economic performance of organizations: the network effect. *American sociological review*, 1996, 61: 674 - 698.

③ Hardin Russell. *Collective action*. Baltimore: Johns Hopkins University Press, 1982.

④ Montgomery James D. Toward a role-theoretic conception of embeddedness. *American journal of sociology*, 1998, 104: 92 - 125.

⑤ Dobbin Frank, Timothy J Dowd. How policy shapes competition: early railroad foundings in Massachusetts. *Administrative science quarterly*, 1997, 42: 501 - 529.

⑥ Coleman James S. *Foundations of social theory*. Cambridge, Mass.: Belknap, 1990.

⑦ Baker Wayne E, Robert R Faulkner. The social organization of conspiracy: illegal networks in the heavy electrical equipment industry. *American sociological review*, 1993, 58: 837 - 860.

的行为表现[1]，在行业内获取的信息可以掌握行业动态、了解运营管理，而向朋友征询信息是最便捷、可靠的方式。

因此，行业内竞争者之间的友谊通过增进合作、缓和竞争和信息交换提高企业绩效。而且，当行业内各企业的经理或者高官同处于紧密的友谊网络（cohesive network of friendships）时，这些期望中的益处能够更好地实现，因为紧密的联系（cohesion）可以促进所获取信息的验证，消除顾客们面临的结构洞，从而加强对竞争者的规范性控制。

（三）创业网络与创业成长绩效及网络成功假设

创业过程可以简单地看作是创业者创办企业组织把握市场机会[2]，但是一般而言，与既有企业相比，新创企业至少面临"新进入缺陷"和"小企业缺陷"这两方面的劣势。尽管如此，依然会有部分新创企业能够在激烈的竞争环境中存活下来并且得到长足的发展。为什么这小部分新企业能够获得成功？这是创业研究一直期望解释的困惑性问题，也是网络视角引入创业研究的初衷。已有的创业网络研究提出了重要的"网络成功假设"（network success hypothesis）[3]，指出有的创业者可以通过社会网络以低于市场交易的价格获得资源，甚至能够获取市场交易无法实现的宝贵资源，扩大其行为范围，从而获得更大的成功机会[4]。

已有相关研究在社会网络外部资源获取功能上达成了一定的共识，认为与市场机制获取资源相比，通过网络获取、利用资源会给创业者和新企业带来优势。[5]事实上，网络的这一优势并不只限于新创企业，成熟的既有大公司也可以从中受益，一项针对 1902 家美国上市公司的研究表明，广泛利用外部网络资源的企业比主要使用内部资源的企业成长得更好。[6] 但是，这一作用机制显然在资源稀缺的

① Palmer Donald, Jennings P Devereaux, Zhou Xueguang. Late adoption of the multidivisional form by large U. S. corporations: institutional, political and economic accounts. *Administrative science quarterly*, 1993, 38: 100-131.

② Larson A, Starr J A. A network model of organization formation. *Entrepreneurship: theory and practice*, 1993, 17(2): 5-15.

③ Bruderl J, Preisendorfer P. Network support and the success of newly founded businesses. *Small business economics*, 1998, 10: 213-225.

④ Dubini P, Aldrich H. Personal and extended networks are central to the entrepreneurial process. *Journal of business venturing*, 1991, 6(5): 305-313

⑤ Witt Peter. Entrepreneurs' networks and the success of start-ups. *Entrepreneurship & regional development*, 2004, 16: 391-412.

⑥ Jarillo C J. On strategic networks. *Strategic management journal*, 1989, 9: 31-41.

新创企业中更加显著。

创业者首先想到的网络资源获取方式是通过最近的关联实现，如家人、朋友或以往有过施惠行为的合作者。他们通常会无偿地给创业者提供各种帮助，有时候可能是为了回报创业者先前对他们的帮助。在现实中，创业者的配偶经常会同他们一起工作，但不需要任何报酬，而他们的朋友可能会免费给他们提供设备、场地等，有的具有特殊专业技能的朋友，如律师、咨询师、会计师等也会无偿地提供义务性的服务。这些都是与成功创业密切相关的因素。因此，创业者个人网络中有用的资源越丰富，运用频率越高，他们就越能在创业中获得成本优势。[①] 倘若创业者个人网络中有经验丰富的经理朋友愿意担任新企业的顾问，或者愿意为其带来大笔订单，或者提供其他关键的商业机会，那么，创业者能从个人网络中获取声誉、机会、市场份额等无法从市场获取的宝贵资源，则更容易获得初步成功。[②]

网络成功假设肯定了创业网络对创业成功的积极推动作用，但并不是所有的学者都认同该观点，他们或从不同的角度、不同的情景对该观点进行实证检验，或围绕该观点展开了更深入的研究，以更清晰地剖析其中的作用机理，带动了一系列研究的产生。

早在 1987 年，霍华德·奥德里奇（Howard Aldrich）与两位研究同行就此展开了一项包括两轮跟踪性调研的实证研究。他们于 1986 年在美国北卡罗来纳州（North Carolina）调查了 285 位创业者（包括部分潜在创业者），并于 10 个月后，又成功回访了其中的 212 位，最终获得 165 位创业者的完整数据。他们以创业者个人网络的规模、网络多样性、网络资源获取容易程度作为自变量，以商业想法实现及盈利作为因变量，实证证明了网络资源的可获得性与创业想法的实现强烈正相关。实证研究表明，对于三年以下的新企业来说，网络多样性负向影响其营利性，而网络资源的可获得性正向影响其盈利；对于三年以上的新企业来说，网络规模与盈利正相关。[③]

Hansen 于 1995 年开展的研究检验了创业前一年的社会网络结构对新企业第一年成长状况的影响。该研究的样本为 44 位来自美国田纳西州（Tennessee）的创业者。他以创业前网络作为自变量，采用了三个结构性指标对其进行描述，即活跃网络规模（size of active network，即：与新企业创建相关网络的联系者人数），创业者个人

---

① Starr J A, Macmillan I C. Resource cooptation via social contracting: resource acquisition strategies for new ventures. *Strategic management journal*, 1990, 11: 79 - 92.

② Witt Peter. Entrepreneurs' networks and the success of start-ups. *Entrepreneurship & regional development*, 2004, 16: 391 - 412.

③ Aldrich H, Rosen B, Woodward W. The impact of social networks on business foundings and profit: a longitudinal study. In: Churchill N S. et al. (eds.) *Frontiers of entrepreneurship research*, 1987: 154 - 168.

网络的密度以及该网络中行动者交往的频率。因变量选择上，采用了新创企业每个月的工资单作为初期绩效的衡量指标，该指标既能反映人数规模的变化，也能在一定程度上通过工资高低衡量员工的技能水平。他的研究表明，活跃网络规模和网络密度均显著正向影响新创企业的初期绩效，从这两个角度上证实了网络成功假设。①

与主要关注北美研究情境的学者们不同，托恩·A.厄斯特（Tone A. Ostgaard）和苏·波利（Sue Birley）以欧洲为情境实证证明了网络成功假设。他们在英国剑桥郡（Cambridgeshire）和埃文（Avon）收集了 159 位创业者填写的调查问卷。他们采用了四种不同的指标来描述创业网络及创业网络构建行为：网络规模、用于维护和扩大网络的时间、网络多样性和网络使用强度，并以此作为自变量。他们以三年内新企业销售额、雇佣人数及利润的增长率作为新企业初期绩效的代理变量。他们的研究表明，网络规模、花费在网络构建上的时间显著正向影响员工人数的增长率，但对另外两个绩效指标的影响并不显著。②

尽管多个实证研究的结果支持或部分支持网络成功假设，但已有研究中也有不同的发现。Cooper 等对更大样本的新企业进行了相隔时间更长的两轮问卷调查，更加有力、更清晰地证明了创业网络的作用。他们以成立于 1984 年或 1985 年的 2246 家美国新企业为样本，于 1985 年进行了第一次、1986 年和 1987 年进行了第二次问卷调研，并尝试区分三种不同信息来源对创业的作用，包括公共来源，如书籍、各类社会组织等；个人来源，如朋友、亲戚、熟人等；以及专业来源，如银行、税务顾问、律师等。其中个人来源指的是通过创业者个人网络获取资源。他们以创业者运用个人信息资源的强度作为自变量，以新企业 2—3 年后的生存率作为因变量。他们的实证分析结果并未发现二者之间存在显著关联，这就对网络成功假设提出了严峻的质疑。

从对先前研究的梳理可以总结发现，创业网络对创业行为、过程及绩效的影响具有以下特点：（1）很多方面的影响是间接而非直接的，如通过提供信息或者其他资源来帮助企业提高绩效；（2）创业网络影响作用于经济绩效的多个指标，而不仅仅是财务绩效，包括社会表现、创新能力等；（3）这些影响往往具有路径依赖性，这与社会网络发展的路径依赖性密切相关；（4）很多影响处于动态变化中，会随着内外部因素的变化而发生度的变化甚至质的变化，如企业联盟的数量并不是越多就越有利于绩效的提高，而是要与企业的资源、所需社会资本类型相匹配。

---

① Hansen E L. Entrepreneurial networks and new organization growth. *Entrepreneurship：theory and practice*，1995，19（4）：7 - 19.

② Ostgaard T A，Birley S. New venture growth and personal networks. *Journal of business research*，1996，36：37 - 50.

第三节　组织管理中有关效率和效果的探讨

有关"效率"和"效果"的探讨往往从这两个词的一般意义出发。韦氏词典给出了效率（efficiency）的两个含义：（1）通过比较产出与成本（能量、时间和金钱等）来衡量系统运作；（2）动态系统产生的能量与投入其中能量的比例。可见它是一个相对的概念，强调过程及方式。该词典把效果（effectiveness）解释为形容词 effective 的程度性（quality or degree）名词，指的是达到预期作用、结果和影响（effect）的程度，是一个绝对的概念，更强调状态或结果。这两个词被广泛地运用到各种情景中，被赋予了更具体、更细致的意义和内涵，但均与其最基本的词义密切相关。

一、组织管理学中效率与效果研究脉络

效率和效果是组织管理领域中十分基础而核心的问题。[①] 德鲁克（1966）在其著作《卓有成效的管理者》（*The Effective Executive*）中指出：卓有成效的管理者需要区分效率和效果；效果是成功的基础，效率则是在已经成功以后维持成功的最低条件。在强调效率和效果重要性的基础上，德鲁克特别强调：效率涉及如何正确地做事情，而效果则涉及做正确的事情，这个精辟的观点不仅相对明确地指出了二者的异同，而且扼要地辨析了二者的关系，对后续研究有重要的影响。[②]

有关组织管理中效率和效果的专门性探讨主要集中于 20 世纪 60 至 80 年代间，在 20 世纪 90 年代早期依然有一些与效率和效果相关的讨论，但不再是针对二者本身做专题分析，而是作为其他研究的基础被提及。从定义上来看，这两个概念，特别是效率，是用来衡量生产、工程或项目的指标，用于解决各种实用性的（pragmatic）问题，因此首先被运用到工程管理、信息系统管理中，以寻求提高、优化工作质量的方式。[③] 之后，相关的探讨逐渐拓展到公共组织管理和企业组织管理等其他领域。总体来说，组织管理中有关效率和效果的研究轨迹具有四个主要特征。首先，同时探讨效率和效果的研究多集中于信息管理或工程管理学科中，偏

[①] Pfeffer Jeffrey. Usefulness of the concept. In: Goodman Paul S, Pennings Johannes M. (eds.) *New perspectives on organizational effectiveness*. San Francisco: Jossey-Bass, Inc., 1977.

[②] Drucker Peter. *The effective executive*. NY: Harper & Row Publishers, 1966.

[③] Katz Danie, Kahn Robert L. *The social psychology of organizations*. New York: Wiley, 1966.

重解决工程和项目管理中的实践性问题,通过纵向或横向的比较来衡量生产能力、工程项目的优化情况。第二,公共组织或企业等其他组织情境中的探讨集中于组织层面,往往偏重组织效果(organizational effectiveness)的讨论①②③,较少的研究中会提及组织效率(organizational efficiency)并比较二者的异同④。第三,在有关组织效果的研究中,学者们就组织效果的定义、边界、性质等概念性问题展开了深入、广泛的探讨,但是很难达成一致,这与研究所选择的组织情境、聚焦主体密切相关。第四,由于相关概念性探讨未能达成相对一致的结论,有关组织效果的实证性研究陷入困境,为数不多的实证探讨往往是方便性研究,不利于理论的拓展。⑤⑥⑦

从研究内容上看,先前研究可以分为三大类。第一类是围绕组织效率和组织效果而展开的基础性探讨,包括二者的定义、边界、测量、前置因素分析以及研究方法探讨等。这类研究在 20 世纪 60—70 年代占据主要地位,但逐渐陷入困境,因为学者们从不同的角度提出了各种各样的定义,在测量问题上更是出现了不同的标准或指标,很难达成一致或形成共识。这种停滞不前的状况促使 20 世纪 70 年代后期的学者们尝试放弃难有定论的纯概念性探讨,以先前研究为基础提出了一些有助于拓展研究视野和思路的理论框架,形成第二类承前启后的研究。Campbell 在回顾组织效果目标模型(goal model of organizational effectiveness)和系统模型(systems model of organizational effectiveness)相关研究的基础上提出了进一步

① Scott Richard W. Effectiveness of organizational effectiveness studies. In: Goodman Paul S, Pennings Johannes M. (eds.) *New perspectives on organizational effectiveness*. San Francisco: Jossey-Bass, Inc., 1977.

② Ostroff Cheri, Schmitt Neal. Configurations of organizational effectiveness and efficiency. *The academy of management journal*, 1993, 36(6): 1345 - 1361.

③ Pennings Johannes M, Goodman Paul S. Toward a workable framework. In: Goodman Paul S, Pennings Johannes M. (eds.) *New perspectives on organizational effectiveness*. San Francisco: Jossey-Bass, Inc., 1977.

④ Campbell John P. On the nature of organizational effectiveness. In: Goodman Paul S, Pennings Johannes M. (eds.) *New perspectives on organizational effectiveness*. San Francisco: Jossey-Bass, Inc., 1977.

⑤ Seashore S E, Yuchtman E. Factorial analysis of organizational performance. *Administrative science quarterly*, 1967, 12: 377 - 395.

⑥ Yuchtman E, Seashore S E. A system resource approach to organizational effectiveness. *American sociological review*, 1967, 32: 891 - 903.

⑦ Campbell J P, and others. *The measurement of organizational effectiveness: a review of relevant research and opinion*. Final Report, 1974, Navy personnel research and development center contract N00022-73-C-0023. Minneapolis: Personnel Decisions, 1974.

开展相关研究的步骤和策略①；里查德·W. 斯科特（Richard W. Scott）从三个宽泛概念的角度提出了由理性（rational）、自然（natural）和开放（open-system）模型构成的研究框架②；查尔斯·佩罗（Charles Perrow）认为斯科特和其他一些学者的研究均属于变量分析（variable analysis）类型，他以此为基础，提出了两种新颖可行的研究类型——重大故障分析（gross malfunctioning analysis）和启示性分析（revelatory analysis），前者强调关注失败的组织运营或行为，而后者要求将组织的服务对象纳入效果考虑范畴，回答"对谁有效果"（effectiveness for whom）的问题③。这类研究战略式的探讨对后续研究影响深远，第三类研究随之出现。进入 20 世纪 80 年代，来自管理组织学科不同专业领域的研究者们将效率和效果看作组织管理中的两个基础性概念，将其置于不同的组织情境以解决不同专业领域中的特殊问题，如人力资源管理④⑤、教育机构或组织的绩效管理⑥⑦⑧⑨⑩等。事实上，这三类研究具有相辅相成的关系：首先，第一类研究是后两类研究的基础，无论是理论框架的提出，还是不同情境下实证研究的推进，都离不开最初的概念引入及探讨；其次，第二

① Campbell John P. On the nature of organizational effectiveness. In: Goodman Paul S, Pennings Johannes M. （eds.） *New perspectives on organizational effectiveness*. San Francisco: Jossey-Bass, Inc., 1977.

② Scott Richard W. Effectiveness of organizational effectiveness studies. In: Goodman Paul S, Pennings Johannes M. （eds.） *New perspectives on organizational effectiveness*. San Francisco: Jossey-Bass, Inc., 1977.

③ Perrow C. Three types of effectiveness studies. In: Goodman Paul S, Pennings Johannes M. （eds.） *New perspectives on organizational effectiveness*. San Francisco: Jossey-Bass, Inc., 1977.

④ Gist M E. Self-efficacy: implications for organizational behavior and human resource management. *Academy of management review*, 1987, 12: 472 – 485.

⑤ Tsui A S. A multiple-constituency model of effectiveness: an empirical examination at the human resource subunit level. *Administrative science quarterly*, 1990, 35: 458 – 483.

⑥ Cameron K. Measuring organizational effectiveness in institutes of higher education. *Administrative science quarterly*, 1978, 23: 604 – 632.

⑦ Cameron K S. Domains of organizational effectiveness in colleges and universities. *Academy of management journal*, 1981, 24: 25 – 47.

⑧ Cameron K. Effectiveness as paradox: consensus and conflict in conceptions of organizational effectiveness. *Management science*, 1986, 32: 539 – 553.

⑨ Bessent A, Bessent W, Elam J, et al. Educational productivity council employs management science methods to improve educational quality. *Interfaces*, 1984, 14(6): 1 – 8.

⑩ Schmitt N, Ostroff C. *Pilot study of measurement and model linkages for the comprehensive assessment of school environments*. Reston, VA: National Association of Secondary School Principals, 1987.

类起到了承前启后的作用,不仅通过打破僵局、开辟新的视野补充了先前的概念性探讨,而且为第三类研究的出现铺垫了更切合研究需求的理论基础;最后,第三类研究不仅继承、延续并运用了前两类研究的成果,而且通过融入情境因素丰富、完善了一般性理论探讨,赋予抽象概念具体内容,使得各种测量方式更加切实可行。

上述三类循序渐进的研究使得组织领域下的效率和效果概念的边界逐渐清晰起来。学者们选择不同类别的情境(如营利性组织和非营利性组织)①、从不同的角度对组织效果进行界定。其中,巴兹尔·S.乔格普洛斯(Basit S. Georgopoulos)和阿诺德·S.坦南鲍姆(Arnold S. Tannenbaum)从组织目标的角度出发,认为组织效果的定义至少要考虑两方面,一是组织的目标,二是维持组织、达到目标的方式②;克里斯·阿吉里斯(Chris Argyris)从投入和产出动态变化的角度进行定义,认为组织效果是组织在投入恒定的条件下增加产出或在投入递减的条件下获取同等甚至更多的产出③;斯坦利·E.西肖尔(Stanley E. Seashore)和以法莲·雅特曼(Ephraim Yuchtman)从资源获取的角度进行界定,认为组织效果是组织从环境中挖掘稀有、宝贵资源以维持运营的能力④;还有一些学者从组织和环境匹配的角度展开探讨,强调组织和环境某些方面的匹配程度。而有关组织效率的研究往往会将其与组织效果相提并论。组织效率被定义为组织生产或获取的单位(Units)与生产或获取这些单位所投入的资源及成本的比例⑤⑥。有的研究甚至将组织效率当作是衡量组织效果的重要指标之一。⑦ 综合考虑所设定的情境和这些定义,不

① Katz Daniel, Kahn Robert L. *The social psychology of organizations*. New York: Wiley, 1966.

② Georgopoulos B S, Tannenbaum A S. A study of organizational effectiveness. *American sociological review*, 1957, 22: 534 - 540.

③ Argyris. *Interpersonal competence and organizational effectiveness*. Homewood, Ill: Dorsey Press, 1962.

④ Seashore S E, Yuchtman E. Factorial analysis of organizational performance. *Administrative science quarterly*, 1967, 12: 377 - 395.

⑤ Pennings Johannes M, Goodman Paul S. Toward a workable framework. In: Goodman Paul S, Pennings Johannes M. (eds.) *New perspectives on organizational effectiveness*. San Francisco: Jossey-Bass, Inc., 1977.

⑥ Ostroff Cheri, Schmitt Neal. Configurations of organizational effectiveness and efficiency. *The academy of management journal*, 1993, 36(6): 1345 - 1361.

⑦ Campbell John P. On the nature of organizational effectiveness. In: Goodman Paul S, Pennings Johannes M. (eds.) *New perspectives on organizational effectiveness*. San Francisco: Jossey-Bass, Inc., 1977.

难发现，从本质上来说，组织效率关注组织从事生产或运营活动的过程，而组织效果则更侧重于过程之后的状态，归根结底可以分别与德鲁克所说的"正确地做事情"和"做正确的事情"相对应。

二、组织管理学中效率与效果的比较

尽管有关组织效率和效果的探讨理论上仍然未能就定义、边界等问题达成一致，但这些探讨在本质上存在共通之处，这些共通之处对于我们定义、理解、测量企业社会网络效率和效果具有重要借鉴意义。事实上，组织效率和组织效果的差异与"效率"和"效果"一般含义上的差异相仿。二者是衡量组织状况、特征或绩效的两个维度，相互影响，但具有不同的侧重点。组织效率是指组织在将投入转化为预期产出过程中最小化成本的技术能力，强调组织运营的过程和方式（means）；而组织效果是指组织用各种方式实现回报最大化的能力，不仅包括技术性效率，而且包括用政治或其他方式对投入和产出进行管理。组织效果指的是生产或运营活动的产出（outcomes）状态，强调组织运营的结果（ends）。[①] 这也就与德鲁克对效率和效果差异概括相一致，即：组织效率强调组织在运营过程中如何正确地做事情，而组织效果强调组织在运营中是否做了正确的事情。

斯科特在回顾先前文献的基础上提出了可以从三个方面界定组织效果并设计测量的指标，即：产出（outcomes）、过程（process）和结构（structure）。[②] 产出是指组织运作对象某些特征，如企业的生产量、学校的学生成绩、医院的死亡率等；过程指的是组织参与者实施的、可以用某些标准来衡量的各种活动，如医院的医疗人员是否对特定病人进行了完整的检查、企业员工的行为是否符合国家规定的安全标准等；结构指的是组织或组织参与者的构成特征，如医院医疗人员的任职资格分布、企业高管团队的年龄分布等。他的观点较为全面地概括了组织效率和效果涉及的观察点，有助于启发我们界定新企业社会网络构建中的效率和效果视角并从这两个视角分析这一个关键性创业活动。

① Katz Daniel, Kahn Robert L. *The social psychology of organizations*. New York: Wiley, 1966.

② Scott Richard W. Effectiveness of organizational effectiveness studies. In: Goodman Paul S, Pennings Johannes M. (eds.) *New perspectives on organizational effectiveness*. San Francisco: Jossey-Bass, Inc., 1977.

第四节　效率、效果对创业网络研究的启示

本研究分别回顾了社会网络研究的发展脉络、创业网络研究的主要发现以及组织管理中有关效率和效果的探讨,这构成本研究推导假设、进行研究设计和深入分析的理论基础。

本研究关注新企业组织层面的社会网络构建,是社会网络范畴下与经济活动、创业活动密切相关的问题,代表了创业研究,尤其是创业网络研究最前沿的方向,同时,也是为社会网络理论不断发展、逐步渗透到不同学科领域、成为跨学科研究主流思路的大研究趋势所趋。随着社会网络研究的系统化发展,体系中的相关理论被广泛地运用到多个学科,通过横向拓展在多个学科占据重要的学术地位,但从研究趋势来看,纵向深入探讨各学科深层次、尚未充分探讨的问题是主流方向。本研究顺应该趋势,从商业网络到创业网络的潮流,聚焦新企业组织层面的网络构建问题,理论和实践意义突出。研究问题的跨学科性要求将创业研究与社会网络研究紧密、有机地结合,从独特的角度深入地分析新企业社会网络构建活动的效应机制及其边界条件,而强弱关系理论、社会资本理论等主流的社会网络研究观点正是本研究进行深入剖析的理论基础所在。与此同时,社会网络作为重要的研究方法,构成了本研究进行研究设计、对主要变量进行操作化以实现量化统计分析的基础,为检验、论证本研究的主要观点提供了方法论上的条件。

更深一层看,本研究关注成长初期新创企业的社会网络构建活动,与创业网络研究密切相关。创业网络研究三大要素中的网络结构和网络内容不仅为本研究情境化界定、测度网络构建效率和效果奠定了最直接的理论基础,而且是后续研究假设推导、解释研究发现、剖析主要观点的核心关注要素。创业网络形成研究从单一角度、零散地描述网络形成过程,促使本研究尝试找到具有综合性、新颖性的系列视角更加系统、全面地描述新企业网络构建过程,而先前研究中所涉及的多个零散指标则通过效率和效果视角融入本书的描述和分析中。创业网络形成机制研究的最新趋势中突出对动态过程的关注,启示本研究描述并关注网络构建这一动态过程。

本研究直接聚焦新企业网络构建的效应机制,因此与创业网络中效应机制的关系最为紧密。一方面,已有研究对创业网络效应的相对充分关注促使本研究做出大胆的基本判断,即新企业组织层面的社会网络构建将对其初期绩效及成长产生重要影响,而已有文献中的主要发现构成本研究提出理论模型及基本假设的基

础;另一方面,已有创业网络效应机制研究反复强调了创业网络对创业行为、过程及绩效的重要作用,要求后续研究必须避免过多的重复性研究,应当转换研究思路,注重纵向、深层次上的机制挖掘,启示本研究引入新的视角深入剖析效应机制,而将研究层次定位于组织层面而非相对直观的创业者个人层面,则是受到已有研究过分关注后者、忽略前者的启示。已有创业网络效应机制研究逐渐表现出对过程视角的重视,指引本研究聚焦网络构建过程,更进一步推动了本研究的创新性和深入性。

如果说社会网络和创业网络的发展启示本研究寻找新的研究视角丰富、深化已有的文献,那么组织管理中有关效率和效果的探讨则满足了本研究对新视角的迫切需求。效率和效果概念由来已久,在经济学、管理学等领域中多有运用,而情境化的过程赋予了二者不同的定义和内涵。尽管效率和效果最初的定义以及其在工程管理等研究中的运用强调数量上的精确性,但当其被运用到管理学,尤其是组织管理中时,数量概念逐渐被弱化,成为实践者及学者衡量个人或组织绩效的重要视角,甚至被进一步抽象为是对过程(或方式)、结果的考量。正是基于此,本研究结合新企业社会网络构建的理论基础和实践基础,借用效率和效果的抽象意义来更系统、充分地描述该过程的主要特征,并分析其效应机制,通过挖掘本书聚焦的主要研究问题丰富、深化已有理论。

总而言之,社会网络理论及方法的发展、创业网络研究的丰富化以及效率和效果的相关探讨不仅启示本研究从新的研究视角剖析具有前瞻性的研究问题,并为本研究的实证设计、检验及讨论提供了充分的理论支持。

第三章 新企业社会网络构建的
效应机制模型

第二章围绕本研究选题相关的内容对社会网络理论与方法、创业网络研究的相关文献进行了梳理和评述,并对组织管理领域中与效率和效果相关的研究进行了综述,较为系统、深入地阐明了本研究的理论背景,为进一步推导本研究的理论模型、开展研究设计和分析打下了较好的理论基础和知识基础。基于此,本章首先将对本研究的核心视角——新企业社会网络效率和效果——进行情境化界定,之后将通过探讨本研究中的其他核心概念为理论模型的推导做更细致的铺垫。本章重点采用了社会网络、社会资本等理论来阐述关键概念之间的内在联系,进而逐步推导、构建出本研究所依托的基本理论模型。在此基础上,本章从效率和效果视角就新企业社会网络构建的效应机制及其边界条件提出系列假设,以备后续实证检验。

第一节 新企业社会网络构建效率和效果视角
的界定及测度[①]

一、新企业社会网络构建效率和效果的界定

组织管理领域有关效率和效果的探讨是提出本研究核心视角——企业社会网络构建效率和效果的理论基础,而这两个视角的情境化基础则来源于已有的企业社会网络研究。

纵向上看网络的变化和演进,已有研究指出网络过程既是创业过程的一个重要部分,伴随创业活动的不断推进,但又具有相当的独立性,并且呈现出自身独特

---

① 本章的内容已经作为阶段性成果发表。详见:张慧玉,杨俊. 新企业社会网络特征界定与测度问题探讨——基于效率和效果视角. 外国经济与管理,2011,33(11):11-20.

的演进轨迹。①② 创业者个人社会网络不仅在创业构想和孕育阶段发挥着重要作用，而且是新企业初始网络的基础和雏形，在新企业建立后相对较长的一段时间内依然发挥着主导作用。因此，处于初创期的新企业社会网络是主要由创业者已有的二元强连带构成的身份基础网络（Identity-based Network）。③ 但是，随着新企业的不断发展，这些网络存量并不能满足企业日益增长的资源获取需求，必须将原有的个人二元关系转化为社会经济关系或发展为以企业为核心的新关系。而关系的转化以及新关系的建立和维护均存在一定的成本，包括时间、人力和资金的投入等，这促使资源有限的新企业必须考虑效率问题。更重要的是，作为创业和新企业运营的关键活动，社会网络构建过程包含创业者及其管理团队的一系列重要行为决策：如何构建以新企业为核心的社会网络？如何通过运用现有的有限资源以较低的成本迅速建立起有利于新企业生存和成长的关系网络？换而言之，如何用正确地方式推动新企业社会网络构建进程？这里所探讨的方式和过程正是组织管理领域基础性效率问题的核心。因此，从效率视角来看新企业社会网络构建过程不仅符合这一特殊情境，而且具有重要意义。

横向上看网络的特征和属性，已有创业领域的网络研究往往围绕三类要素展开，即：网络内容（network content）、网络结构（network structure）与网络治理（network governance）。④ 其中：网络内容指的是网络行动者（actors）之间进行社会经济交换的内容及其性质，具体是指网络所能带来的有形资源⑤⑥及无形资源⑦⑧；

---

① Larson Andrea, Starr Jennifer A. A network model of organization formation. *Entrepreneurship*: *theory* & *practice*, 1993, winter: 5－15.

② Greve A, Salaff J W. Social networks and entrepreneurship. *Entrepreneurship theory and practice*, 2003, 27(3): 1－22.

③ Hite Julie M, Hesterly William S. The evolution of firm networks: from emergence to early growth of the firm. *Strategic management journal*, 2001, 22(3): 275－286.

④ Hoang Ha, Antoncic Bostjan. Network-based research in entrepreneurship: a critical review. *Journal of business venturing*, 2003, 18(2): 165－187.

⑤ Zimmer C, Aldrich H. Resource mobilization through ethnic networks: kinship and friendship ties of shopkeepers in England. *Sociological perspectives*, 1987, 30: 422－445.

⑥ Bates T. *Race, self-employment, and upward mobility*. Washington, DC: Woodrow Wilson Center Press, 1997.

⑦ Gimeno J, Folta T B, Cooper A C, et al. Survival of the fittest? Entrepreneurial human capital and the persistence of underperforming firms. *Administrative science quarterly*, 1997, 42: 750－783.

⑧ Bruderl J, Preisendorfer P. Network support and the success of newly founded businesses. *Small business economics*, 1998, 10: 213－225.

网络结构由网络行动者之间相互交叉的关系决定,通过网络规模、强度、密度、结构洞等多种结构性指标来衡量[1][2][3][4]。尽管已有研究对这两个元素的探讨大多是围绕创业者个人网络展开,但从二者的内涵不难判断,企业网络中同样存在这两类主要元素,尽管其表现形式和衡量指标会因为网络层次的变化而不同,但它们共同反映了网络的主要特征、状态和性质。所构建的新企业社会网络具有哪些结构特征? 新建的网络中包含了哪些可利用的资源? 这些问题反映出新企业社会网络构建活动的结果性状态。如果说网络构建活动过程中创业者及新企业管理者行为决策体现出效率概念的核心,那么所建立网络的属性和特征正是新企业社会网络构建活动效果的体现。因此,情境化地引入效果视角不仅能够对各种网络特征和属性进行系统的梳理,而且能够相对准确地对新企业社会网络构建活动进行评估。

基于此,本研究借鉴组织管理领域对效率和效果的探讨,尝试对新企业社会网络构建的效率和效果进行情境化界定:效率视角关注新企业社会网络构建的过程,反映新企业能否以及如何正确地构建以其为核心的社会网络,具体而言可以体现在新企业网络构建投入成本(包括时间、人力、资金等成本的投入)和活动完成速度上;效果视角关注新企业社会网络构建的产出性状态,反映是否建立起正确的网络以及建立起怎样的网络,具体而言体现于所建立的新企业社会网络的资源产出结果(outcomes),如网络的内容、质量及所包含的可用资源等。显然,由此界定的效率立足于新企业社会网络构建的过程,而效果立足于所构建的新企业社会网络的利用过程,因此,这两个视角的提出使得本书得以关注现有网络效应机制研究中忽略的网络过程,并且丰富、推进了现有网络形成机制研究中的单维度思考。同时,网络效果概念较好地融汇、整合了网络内容与网络结构这两个重要元素。[5]

---

① Uzzi B. The source and consequences of embeddedness for the economic performance of organizations: the network effect. *American sociological review*, 1996, 61(4): 674-698.

② Uzzi B. Social structure and competition in interfirm networks: the paradox of embeddedness. *Administrative science quarterly*, 1997, 42(1): 35-67.

③ Baum J C, Calabrese T, Silverman B S. Don't go it alone: alliance network composition and startups' performance in Canadian biotechnology. *Strategic management journal*, 2000, 21(3): 267-294.

④ Burt R S. The network structure of social capital. In: Sutton R I, Staw B M. (eds.) *Research in organizational behavior*. JAI Press, Greenwich, CT, 2000.

⑤ 张慧玉,杨俊. 新企业社会网络特征界定与测度问题探讨——基于效率和效果视角. 外国经济与管理, 2011, 33(11): 11-20.

二、新企业社会网络构建效率和效果的内涵

从定义及内涵判断,以上界定的效率和效果是描述、刻画新企业社会网络及其构建过程的两个重要视角。比较而言,二者既有不可忽略的联系,又有重要的区别。本研究将从两个不同的角度来辨析二者的关系。

首先,从经济层面来看,效率和效果的关系类似于相对成本与绝对产出的关系。在生产或工程管理中,效率指的是投入与产出的相对比例,效果指的是产出的绝对结果或影响。在新企业社会网络构建情境中,成本主要指的是网络构建过程中投入的时间、资金、人力等,而产出包含两层意义:第一层是指是否建立起以新企业为核心的社会网络;第二层指的是所建立起的新企业社会网络呈现的结构、内容状态。这分别与网络构建的两个步骤——"网络建立"和"网络利用"相对应。依据以前的情境化定义,效率视角侧重网络构建过程,其产出可以锁定在第一层次,即看新企业是否建立起相对完善的、以自身为核心的关系网络,在第一层次中,新企业社会网络构建效率主要取决于企业在创建网络时投入的成本,同时体现于构建速度;与此不同的是,效果视角侧重网络构建的结果性状态,直接关注第二层产出及"网络利用"情况,主要是指所建立的网络对企业获取资源以及后续发展的影响程度。

其次,从行为层面来看,新企业社会网络构建效率和效果的关系是行为方式与行为结果的关系。从效率视角看新企业社会网络构建过程,考虑"是否正确地构建网络"的问题,涉及该过程中采用的方式以及因此而产生的构建速度和成本等,而这些因素在很大程度上决定了所创建网络的产出和结果——即从效果视角看新企业社会网络构建的主要考察点,此为二者的联系;二者在行为层面的差别在于:效率视角强调的是企业行为过程中采取的方式、速度及成本等,而效果视角更强调企业行为过程的实际后续影响,即新企业通过新建的社会网络获取资源的情况或潜力。

总而言之,作为衡量企业社会网络的两个重要视角,效率和效果能更加清晰、准确地描述新企业社会网络构建活动。尽管二者难以同时兼顾,在特定情境下看起来似乎是矛盾的,如有的创业者和新企业不得不面临是偏重效率还是效果的艰难选择,但事实上,二者存在密切的联系,其主要区别在于其关注点和侧重点不同。

必须指出,尽管既有企业建立新的社会关系或维持已有的社会网络同样存在组织管理领域中所说的"效率"和"效果"问题,但本研究在此引入的"效率"和"效果"视角仅限于新企业社会网络构建情境。

　　首先,本研究从组织管理领域引入"效率"和"效果"概念时,尽管紧扣这两个概念的意义和内涵,但已经逐渐摆脱了概念上的束缚,而是将二者作为研究和探讨的切入点及主要视角,更不再遵循生产或工程管理相关研究中严格的数学度量和计算,而是借这两个视角描述新企业构建以自身为中心的社会网络的过程,因此,不能把本研究中引入的效率和效果视角简单等同于一般意义上或以前工程管理、组织管理中探讨的"效率"和"效果"概念而拓展到既有企业或组织中。更重要的是,无论用一般意义上的概念性"效率"和"效果",还是本研究情境化后的"效率"和"效果"视角来描述或探讨既有企业的社会网络管理,都会逐渐陷入不可知论的境地。一方面,对于既有企业来说,特别是成熟的大企业而言,社会网络的复杂性极高,从构建到维护往往经历了长且复杂的过程,而且该过程中涉及多且复杂的人际或组织间关系,很难用数量意义上的"效率"和"效果"来简单衡量;另一方面,对于既有成熟企业而言,基本的社会网络在建立之后尽管依然会经历各种各样的变化,但总体来说趋于稳定,并且此时企业关注的焦点已经不再是"如何构建网络",而是更为重要的"如何利用网络"的问题。因此,即便能够找到合适的方法来衡量既有成熟企业网络构建的"效率"和"效果",也不具有显著意义。

　　而对于新企业来说,社会网络构建的过程相对明确,并且复杂度较低,从效率和效果视角来研究这个过程是可行的。尽管在新企业创立之前的创业者个人社会网络会成为新企业社会网络的基础,但由于个人二元关系转化为以新企业为中心的社会经济关系必须依托新企业的存在而进行,我们依然可以相对明确地将新企业的建立作为其网络构建活动的起点。同样,尽管社会网络的扩展和维护会伴随企业运营的始终,但新企业何时构建起适应组织运营、发展需要的基本社会网络也是相对明确的,这就使得从效率和效果视角来看这个相对明确的过程具有可行性。从行动主体来看,创业者或创业团队是网络构建活动的主要执行者,他们有限的规模和活动范围使得该过程相对简单、较容易把握。正因为如此,在这种资金人力等资源十分有限、新企业生存尚无保障、发展迫在眉睫的情况下,创业者如何引导新企业以正确地方式迅速建立起正确的网络,对于他们获取资源至关重要。换而言之,在新企业社会网络构建情境下,从效率和效果视角来探讨这个过程,不仅是可行的,而且是必要的,具有重要价值和意义。①

---

　　① 张慧玉,杨俊. 新企业社会网络特征界定与测度问题探讨——基于效率和效果视角. 外国经济与管理,2011,33(11):11-20.

三、效率和效果视角下新企业社会网络构建的分类

根据网络效率和效果的不同侧重点,我们可以对企业社会网络构建进行分类。如图 3.1 所示,从效率和效果维度,我们可以将企业社会网络构建行为分为四类:双高效网络构建、双低效网络构建、效率型网络构建和效果型网络构建。

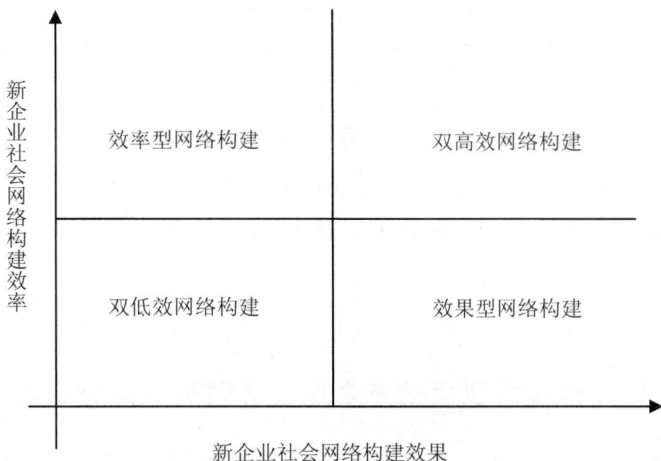

图 3.1　新企业社会网络的分类

我们可以从静态和动态两个角度来看这四种类型的网络。从静态的角度来看,这四种分类分别代表了某个时点上新企业网络构建活动的不同状态。双高效网络构建是新企业社会网络构建的理想状态,即在效率和效果两个维度上都达到了较高的水平,不仅能够满足企业的短期网络需求,同时也有利于企业的长远发展;双低效网络构建则相反,显示了新企业社会网络的不佳状态,即新企业尽管投入了较多的成本,但所建立的网络在内容和质量上却难以满足企业的需求。显然,这是两种较为极端的网络构建状态,在现实中更常见的网络构建分别属于效率型或效果型。效率型网络构建成本较低,新企业以较少的投入较快地建立起社会网络,大多是为了满足短期内的资源需求;而效果型网络构建尽管投入的成本较高,但网络内容和质量较为理想,可以较好地满足企业的长短期需求。

从动态的角度来看,四种类别分别体现了新企业不同的网络构建行为和网络构建决策。如果说企业网络构建是一种选择,所有的新企业在主观上都会选择双高效的网络构建方式,即以低成本的方式迅速建立起效果优良的网络,而双低效的选择在主观上不会出现;但在客观现实中,尽管较少的企业会陷入双低效的网络行

为困境,但效率和效果往往难以两全[1],这就需要企业进行取舍。一般而言,自身资源十分有限、迫切需要通过社会网络获取资源以缓解生存压力的企业更关注如何以较低的成本、较快的速度解决眼前面临的问题或困境,他们更加关注网络构建效率,趋于形成效率型网络构建行为;而有的新企业资源及生存压力相对较小,他们期望通过社会网络获取有利于新企业发展的特定资源,因而会更加关注企业社会网络构建的效果,特别是长远效果,因而会不惜以较高的成本逐步建立起有利于企业长远发展的社会网络。事实上,即便是同一个新企业,在不同的发展阶段,也很可能会根据企业发展的具体情况采取不同的、适合企业自身的网络构建行为和策略。

因此,从相对静态的网络构建状态来看,不同的网络构建风格有不同的特点和结果,而从动态行为和决策上来看,新企业应该根据自身的条件状况来选择合适的网络行为和战略。那么,从效率和效果视角来看,不同类别的网络构建方式如何影响新企业的成长和绩效?新企业具体如何选择、调整其网络构建行为及决策以推动自身的发展?这正是本研究要回答的重要问题。[2]

四、基于效率和效果视角的新企业社会网络构建特征测度

围绕效率和效果这两个核心视角对新企业社会网络构建的主要特征进行测度,是我们开展进一步研究特别是实证研究的操作化基础。尽管前文已经对新企业的社会网络构建效率和效果进行了清晰的情境化界定,并且从不同的角度讨论和比较了两者之间的联系和区别,但要从效率和效果视角出发,对新企业社会网络构建过程及其特征进行操作化处理并非易事。在有关组织效率和效果的讨论中,学者们在测量问题上存在的争议甚至比在定义上的争议还要多。约翰·P.坎贝尔(John P. Campbell)(1977)回顾了关于组织效果衡量指标的既有实证文献,梳理出了30种使用频率较高的测量指标。[3]尽管这些指标在提炼方式、普适性、准确性等方面各有千秋,但内容上的交叉重叠较为严重。罗伯特·E.奎恩(Robert E. Quinn)和约翰·罗赫伯(John Rohrbaugh)在此基础上,邀请了多位专家和学者根据

---

[1] Mahoney T A. Productivity defined: the relativity of efficiency, effectiveness and change. In: Campbell J P, Campbell J R. (eds.) *Associates, productivity in organizations: new perspectives from industrial and organizational psychology*. San Francisco: Jossey-Bass, 1988: 230 - 261.

[2] 张慧玉, 杨俊. 新企业社会网络特征界定与测度问题探讨——基于效率和效果视角. 外国经济与管理, 2011, 33(11): 11 - 20.

[3] Campbell John P. On the nature of organizational effectiveness. In: Goodman Paul S, Pennings Johannes M. (eds.) *New perspectives on organizational effectiveness*. San Francisco: Jossey-Bass, Inc., 1977.

客观标准对坎贝尔梳理的 30 个指标进行了评选,最终提炼出了三个衡量组织效果的维度:控制—灵活性(control-flexibility)维度、内部—外部(internal-external)维度及手段—目标(means-ends)维度。[①] 他们的研究表明,对效果的测量,必须根据研究设计的需要选择较为合适的角度,而这一思路同样适用于效率的测度。

在创业研究领域,已有的社会网络研究主要从经济学、关系、结构和内容等视角刻画新企业的社会网络特征[②][③][④],这些各具特色的视角启发我们从不同的角度来考虑效率和效果视角下的可操作化网络构建特征。从定义和内涵来看,新企业网络构建效率强调是否正确地进行网络构建活动,主要体现在构建速度和成本控制等方面,即网络构建的速度以及构建和维护过程中投入的成本是其主要的衡量因素,这就启发我们从经济角度来考虑对新企业社会网络构建效率的测度;网络构建效果强调新企业是否构建起正确的关系网络,主要体现在企业通过该网络能获取的各种资源中。在既有研究所论及的三大网络要素中,网络内容和网络结构均与资源获取密切相关,这就启发我们综合结构和内容视角来考虑对新企业社会网络效果的测度。

(一)经济学视角下的新企业社会网络构建效率测度

经济学视角下的社会网络研究以交易成本理论[⑤]为理论基础。一方面,大量研究证明,基于信任、依赖甚至依存关系的社会网络可以有效地避免交易中的机会主义行为[⑥],简化烦琐的交易过程,从而降低交易成本[⑦],与市场交易方式相比具有

① Quinn Robert E, John Rohrbaugh. A spatial model of effectiveness criteria: towards a competing values approach to organizational analysis. *Management science*, 1983, 29(3): 363 – 377.

② Hoang Ha, Antoncic Bostjan. Network-based research in entrepreneurship: a critical review. *Journal of business venturing*, 2003, 18(2): 165 – 187.

③ Slotte-Kock Susanna, Coviello Nicole. Entrepreneurship research on network processes: a review and ways forward. *Entrepreneurship theory & practice*, 2010, 34(1): 31 – 57.

④ Jack Sarah L. Approaches to studying networks: implications and outcomes. *Journal of business venturing*, 2010, 25(1): 120 – 137.

⑤ Williamson Oliver E. *The economic institutions of capitalism*. New York: Free Press, 1985.

⑥ Granovetter M. Economic action and social structure: the problem of embeddedness. *The american journal of sociology*, 1985, 91(3): 481 – 510.

⑦ Beckman C M, Haunschild P R, Phillips D J. Friends or strangers? Firm-specific uncertainty, market uncertainty, and network partner selection. *Organization science*, 2004, 15(3): 259 – 275.

难以替代的优势①。另一方面,社会网络的构建和维护本身会产生较高的交易成本,包括时间、人力和资金投入等②,是该视角下网络构建效率的主要决定因素。同时,如上文所述,网络构建的速度也是效率的重要衡量指标,主要体现在该过程所花费的时间上。因此,对新企业社会网络构建效率的测量就转化为对所投入时间、人力和资金等成本的测量,而经济学视角下的部分研究可以为成本测量提供直接或间接的参考。我们以时间、资金、人力成本作为基本考察指标。

首先,时间成本可以从网络构建时间投入和网络构建速度两个方面来理解。格兰诺维特(1973)建议用互动频率(即个体花费在关系建立、维护上的时间)来衡量关系强度。③ 诸多后续创业网络研究采用个体交往频率④及主体建立和维持联系人所花费的时间⑤⑥等变量来描述网络活动特征,这种思路在本质上涉及个人在网络构建及维护方面所投入的时间成本。对于新企业来说,创业者构建和维护个人网络所花费的时间是网络时间成本的重要考察指标。⑦ 网络构建速度可以通过计算从新企业创立到新企业社会网络基本形成的时间间隔来度量,这是从时间上衡量新企业网络效率的一个重要指标。其次,资金成本主要指的是网络构建、维护过程中直接或间接产生的费用。张玉利等(2008)、杨俊等(2009)在研究中国情境下创业者个人网络时将主体的资金投入额作为衡量社会资本利用方式的指标⑧,这就启示我们可以使用李克特量表来设计调查问题,要求被调查者对新企业在社

① Venkataraman S. The distinctive domain of entrepreneurship research: an editor's perspective. In: Katz J, Brockhaus R. (eds.) *Advances in entrepreneurship*. Greenwich, JAI Press, 1997, 3: 119 - 138.

② Greve A, Salaff J W. Social networks and entrepreneurship. *Entrepreneurship theory and practice*, 2003, 27(3): 1 - 22.

③ Granovetter M. The strength of weak ties. *American journal of sociology*, 1973, 78: 1360 - 1380.

④ Ostgaard T A, Birley S. Social capital, intellectual capital, and the organizational advantage. *Academy of management review*, 1998, 36 (1): 37 - 50.

⑤ Aldrich H, Reese P R. Does networking pay off? A panel study of entrepreneurs in the research triangle. In: Churchill, N. S., et al. (eds.) *Frontiers of entrepreneurship research*, 1993: 325 - 339.

⑥ Hansen E L. Entrepreneurial network and new organization growth. *Entrepreneurship theory and practice*, 1995, 19(4): 7 - 19.

⑦ Greve A, Salaff J W. Social networks and entrepreneurship. *Entrepreneurship theory and practice*, 2003, 27(3): 1 - 22.

⑧ 张玉利,杨俊,任兵. 社会资本、先前经验与创业机会——一个交互效应模型及其启示. 管理世界, 2008(7): 91 - 102.

会网络方面的资金投入作对比性程度估算,作为新企业社会网络资金成本的代理变量①。主观估算数据在准确性上不如企业公关费用、企业网络资金投入度等客观数据,但后者较为敏感,不仅难以获取,而且真实性也同样难以保证。最后,新企业社会网络的人力成本同样可以采取客观和主观两种指标来测度。一方面,受有关企业特定活动人力投入的既有研究的启示②③④,我们认为可以用新企业是否设立专门部门或职位管理社会网络关系以及为此投入的专职人员数量作为测量新企业社会网络的人力成本;另一方面,我们认为可以要求被调查者就网络人力投入或成本做主观估算。

（二）内容视角下的新企业社会网络构建效果测度

网络内容是指网络关系各方之间交换的内容,主要包括所包含的资源,因此,内容视角下的新社会网络研究以资源基础观⑤⑥、资源依赖观⑦⑧为基础,将资源作为网络的核心元素。在个人网络层面,林南等学者提出了社会资源和社会资本的概念⑨⑩⑪,直接把社会网络与资源联系了起来,其中社会资源是指关系网络中嵌

① 杨俊,张玉利,杨晓非,等. 关系强度、关系资源与新企业绩效——基于行为视角的实证研究. 南开管理评论,2009,12(4):44 - 54.

② Cowton Christopher J. Corporate philanthropy in the United Kingdom. *Journal of business ethics*, 1987, 6:553 - 558.

③ Brammer S J, Millington A I. The evolution of corporate charitable contributions in the UK between 1989 and 1999:industry structure and stakeholder influences. *Business ethics:a european review*, 2003, 12 (3):216 - 228.

④ Saiia D H, Carroll A B, Buchholtz A K. Philanthropy as strategy:when corporate charity begins at home. *Business and society*, 2003, 42(2):169 - 201.

⑤ Wernerfelt B. A resource-based view of the firm. *Strategic management journal*, 1984, 5:272 - 280.

⑥ Barney J B. Firm resources and sustained competitive advantage. *Journal of management*, 1991, 17:99 - 120.

⑦ Thompson J D. *Organizations in action*. New York:McGraw-Hill, 1967.

⑧ Pfeffer Jeffrey. Usefulness of the concept. In:Goodman Paul S, Pennings Johannes M. (eds.) *New perspectives on organizational effectiveness*. San Francisco:Jossey-Bass, Inc., 1977.

⑨ Lin N, Ensel W M, Vaughn J C. Social resources and strength of ties:structural factors in occupational status attainment. *American journal of sociological review*, 1981, 46(4):393 - 405.

⑩ Lin Nan. *Social capital:a theory of social structure and action*. Cambridge:Cambridge University Press, 2001.

⑪ Alder P S, Kwon S. Social capital:prospects for a new concept. *Academy of management review*, 2002, 27(1):17 - 40.

入的各种物质、精神资源的集合,而社会资本是指网络中能够被主体调动和利用的嵌入性社会资源①。这两个概念在企业网络层面同样适用。企业层面的相关研究表明,资源需求是促使企业建立关系、构建社会网络的重要动机②③,而二元层面的资源依赖是组织间建立关系、缔结联盟的决定性因素,也是影响企业社会关系及网络构建的重要因素④⑤⑥。同时,在有关企业社会网络效应机制的探讨中,有学者指出,企业社会网络通过传递、分享、调动各种有形和无形资源对企业行为及绩效产生影响。⑦ 基于此,我们认为,新企业社会网络中的资源是衡量新企业网络效果的最基础、核心的指标。

那么,如何从内容视角来测度新企业社会网络构建效果呢?既有研究表明,可以通过考察网络主体联系人的财富、社会地位和权力等特征衡量网络主体个人网络资源的丰裕程度⑧⑨,因为这些特征能够比较准确地反映联系人自身所拥有的资源及其获取资源的能力;而在个体参与的社会活动中,最能普遍体现这些社会特征的是其所从事的职业,因此,有的学者已经尝试从联系人职业的角度测度网络主体个人的网络资源⑩。国内的相关研究借鉴并综合了他们所提出的测量方法,把创

① 张广利,陈仕中. 社会资本理论发展的瓶颈:定义及测量问题探讨. 社会科学研究,2006,2:102-106.

② Eisenhardt Kathleen M,Schoonhoven Claudia B. Resource-based view of strategic alliance formation:strategic and social effects in entrepreneurial firms. *Organization science*,1996,7(2):136-150.

③ Ahuja Gautam. The duality of collaboration:inducements and opportunities in the formation of interfirm linkages. *Strategic management journal*,2000,21(3):317-343.

④ Gulati Ranjay. Social structure and alliance formation patterns:a longitudinal analysis. *Administrative science quarterly*,1995,40(4):619-652.

⑤ Greve A,Salaff J W. Social networks and entrepreneurship. *Entrepreneurship theory and practice*,2003,27(3):1-22.

⑥ Greve Henrich,Baum Joel A,Mitsuhashi Hitoshi,et al. Built to last but falling apart:cohesion,friction,and withdrawal from interfirm alliances. *Academy of management journal*,2010,53(2):302-322.

⑦ Baum J A C,Oliver C. Institutional linkages and organizational mortality. *Administrative science quarterly*,1991,36(2):187-218.

⑧ Lin Nan. Social resources and instrumental action. In:Marsden P,Lin N. (eds.) *Social structure and network analysis*. Sage Publications,1982:131-147.

⑨ 边燕杰. 城市居民社会资本的来源及作用:网络观点与调查发现. 中国社会科学,2004,3:136-146.

⑩ Lin Nan. Social resources and instrumental action. In:Marsden P,Lin N. (eds.) *Social structure and network analysis*. Sage Publications,1982:131-147.

业者拜年网中联系人的职业划分为 20 类,用职业、职业声望、单位和单位地位来测量创业者拥有的网络资源①。我们认为,可以借鉴测量个人网络资源的思路来测量新企业的社会网络资源和效果。但是,情境化的困难在于:新企业网络中的关系伙伴不再是可以通过职业特征来描述的个体,而是其他企业或组织,尽管它们的资源也可以体现在其相对应的"财富""地位"和"权力"等社会特征上,但具体如何表示确实是一个必须解决的实际问题。我们认为,规模和性质可以作为组织社会特征进而作为其资源持有或获取能力的代理指标。其中,这里的"规模"是指组织所持有的资产、员工等②③④,这一指标尤其适用于企业这样的营利性组织。一般来说,组织的规模越大,财富就越多,地位和影响力等也就越高。这里的"性质"是指相关组织的性质,如企业这样的营利性组织、政府机构、事业单位等,并可以根据所有制进一步把企业分为国有企业、集体企业、私营企业等更细的类别。在具体测量中,组织规模既可以通过客观数据来度量,也可以要求被调查者按照一定的参照标准进行比较性主观判断,而组织性质则可以用较为明确的客观标准进行逐层分类。

(三)结构视角下的新企业网络效果测度

结构视角下的新社会网络研究主要聚焦于网络结构,关注网络规模、密度、多样性、结构洞、中心度等结构性因素。⑤⑥ 结构性因素不同的网络会对资源和信息的获取产生不同的影响,因此,可以用部分结构性因素作为测量新企业社会网络效果的代理变量。

首先,有关创业者个人网络的研究表明,网络规模(network size)直接影响知

① 杨俊,张玉利,杨晓非,等. 关系强度、关系资源与新企业绩效——基于行为视角的实证研究. 南开管理评论,2009,12(4):44-54.

② Li Haiyang, Kwaku Atuahene-Gima. The adoption of agency business activity, product innovation, and performance in Chinese technology ventures. *Strategic management journal*, 2002, 23(6): 469-490.

③ Beckman C M, Haunschild P R, Phillips D J. Friends or strangers? Firm-specific uncertainty, market uncertainty, and network partner selection. *Organization science*, 2004, 15(3): 259-275.

④ Podolny J M. Market uncertainty and the social character of economic exchange. *Administrative science quarterly*, 1994, 39(3): 458-483.

⑤ Baum J C, Calabrese T, Silverman B S. Don't go it alone: alliance network composition and startups' performance in Canadian biotechnology. *Strategic management journal*, 2000, 21(3): 267-294.

⑥ McEvily B, Zaheer A. Bridging ties: a source of firm heterogeneity in competitive capabilities. *Strategic management journal*, 1999, 20 (12): 1133-1156.

识信息的丰裕程度[①]、创业资源的获取[②][③]以及创业机会的识别[④][⑤]。一般而言,网络规模越大,意味着创业者可以通过网络获取更多的稀缺信息和资源,并且越能把握较好的创业或商业机会。拓展到企业层面,以企业为核心的社会网络规模越大,意味着企业获取有用资源和信息的途径更多、可能性越大,有利于企业把握机会获得更好的发展。因此,网络规模可以作为测量新企业社会网络效果的指标之一。在测度方面,个人网络规模可以直接通过个体所接触的联系人数量来衡量[⑥][⑦];拓展到新企业层面,我们也可以通过直接计算与新企业建立关系的企业或其他组织的数量来衡量企业网络规模。一般来说,与之建立关系的企业和组织越多,新企业社会网络的规模就越大。

其次,网络多样性(network diversity)会影响网络主体获取资源和信息的能力。[⑧] 网络多样性是指网络参与者或主体的异质性[⑨],具体可以用网络主体特征及其所建立的关系的异质性来表示。单一或高同质性的个人中心网络会造成信息或资源的冗余,而异质性主体可带来有价值、非冗余的信息和资源,并且可以有效提高信息流动的速度和广度,这也能体现弱联系的力量[⑩]和结构洞的作用[⑪]。企业网络的多样性同样重要。乌兹在研究企业与银行的关系时,将网络关系分为较为紧

---

① Coleman J S. *Foundation of social theory*. Cambridge, MA: Harvard University Press, 1990.

② Aldrich H, Reese P R. Does networking pay off? A panel study of entrepreneurs in the research triangle. In: Churchill, N. S., et al. (eds.) *Frontiers of entrepreneurship research*, 1993: 325 – 339.

③ Hansen E L. Entrepreneurial network and new organization growth. *Entrepreneurship: theory and practice*, 1995, 19(4): 7 – 19.

④ 张玉利,杨俊,任兵. 社会资本、先前经验与创业机会——一个交互效应模型及其启示. 管理世界,2008(7): 91 – 102.

⑤ 杨俊,张玉利,杨晓非,等. 关系强度、关系资源与新企业绩效——基于行为视角的实证研究. 南开管理评论,2009,12(4): 44 – 54.

⑥ 罗家德. 社会网分析讲义. 北京:社会科学文献出版社,2005.

⑦ 赵延东,罗家德. 以社会网方法衡量社会资本//郭毅,罗家德主编. 社会资本与管理学. 上海:华东理工大学出版社,2007.

⑧ Lin Nan. Social resources and instrumental action. In: Marsden P, Lin N. (eds.) *Social structure and network analysis*. Sage Publications, 1982: 131 – 147.

⑨ Witt Peter. Entrepreneurs' networks and the success of start-ups. *Entrepreneurship & regional development*, 2004, 16: 391 – 412.

⑩ Granovetter M. The strength of weak ties. *American journal of sociology*, 1973, 78: 1360 – 1380.

⑪ Burt R S. *Structural holes: the social structure of competition*. Cambridge: Harvard University Press, 1992.

密的嵌入性关系和较为疏远的间隔性关系（arm's-length ties）。与单一构成的网络相比，由嵌入性关系和间隔性关系构成的企业网络能够提供更多的融资机会，而且融资成本也更低[1]。此外，对于企业来说，异质性合作伙伴可以带来互补性资源、市场、技术等[2][3]，有利于企业的发展。因此，网络多样性可以作为衡量网络效果的另一个重要指标。在具体测量上，已有个人网络研究通常采用两种思路来测度网络多样性。第一种思路受格兰诺维特的启发，从关系强度上把联系人分为不同的组别，如家人、亲戚、朋友等，并分别计算不同组别的人数，以考察关系强度和联系人的多样性[4]。乌兹用类似的方法把创业者的网络分为由嵌入性关系或间隔性关系主导构成的单一结构以及由这两种关系相对均衡构成的综合型网络[5]。第二种测量思路受林南等人观点的启发。他们认为，社会地位相同的联系人只能提供基本相同的资源和信息，因此可以从联系人的工作、职业特征入手，通过计算个人网络中联系人的职业、单位类别总数来测度网络多样性[6]。这两种思路启发我们在测度新企业网络多样性时，既可以把新企业的关系按照强度、交易频率和时间进行分类并分别计算各类关系的联系数目，也可以按照所处的上下游位置、所有制和主要职能等新企业的关系伙伴进行分类并计算不同类别的数量。以上两种思路都能帮助我们对新企业社会网络构成的多样性进行有效的测量。

此外，由于不同强度的关系作用各异，结构视角下的网络关系强度也可以作为考察网络效果的指标之一。在个人网络层面，格兰诺维特以西方劳动力市场为研究情境，指出了弱联系在信息流动与获取中的重要作用[7]，博特在此基础上提出了网络结

---

① Uzzi Brian. Embeddedness in the making of financial capital: how social relations and networks benefit firms seeking financing. *American sociological review*, 1999, 64(4): 481 - 505.

② Rothaermel, Frank T, Boeker Warren. Old technology meets new technology: complementarities, similarities, and alliance formation. *Strategic management journal*, 2008, 29: 47 - 77.

③ Mitsuhashi Hitoshi, Greve Henrich R. A matching theory of alliance formation and organizational success: complementary and compatibility. *Academy of management journal*, 2009, 52 (5): 975 - 995.

④ Granovetter M. The strength of weak ties. *American journal of sociology*, 1973, 78: 1360 - 1380.

⑤ Uzzi Brian. Embeddedness in the making of financial capital: how social relations and networks benefit firms seeking financing. *American sociological review*, 1999, 64(4): 481 - 505.

⑥ Lin N, Ensel W M, Vaughn J C. Social resources and strength of ties: structural factors in occupational status attainment. *American journal of sociological review*, 1981, 46(4): 393 - 405.

⑦ Granovetter M. The strength of weak ties. *American journal of sociology*, 1973, 78: 1360 - 1380.

构洞的概念,有力地补充了弱联系强度观点[①],而边燕杰则指出在中国情境下,强联系的作用更为显著[②]。在企业网络层面,乌兹研究发现,企业与银行的嵌入性关系越多,越容易获得融资,而且融资成本也越低,从而肯定了强连带的突出作用。[③] 因此,我们认为,网络关系强度可以作为衡量网络效果的指标,但在采用之前,必须根据研究情境、以已有文献的发现为基础进行初步推理判断,如在中国情境下,较多的强连带代表更好的效果。在具体测量上,我们可以借鉴乌兹的做法,把关系的持续时间和内容多样性作为关系强度的代理变量。其中,关系的持续时间是指双方保持关系的年数,而关系的内容多样性则指双方进行交流、合作的范围。[④]

表 3.1   基于既有研究提出的新企业社会网络效率和效果测度建议

视角	定义	特征	可借鉴的测度方式	代表文献	本书建议的测度方式
新企业社会网络效率	新企业建立、维护社会网络的投入与产出之比,主要取决于建立和维护所花费的资金、时间、人力等成本	时间成本	个人网络:创业者用于建立新关系、维护已有关系的时间	Granovette(1973),Aldrich 和 Reese(1993)	新企业建立社会网络的时间成本包括:(1) 投入时间——新企业与联系人的交往频率或创业者团队、高管团队花费的时间;(2) 网络形成速度——从新企业创立到新企业社会网络基本形成的时间间隔
			个人网络:创业者与潜在或已有网络合作伙伴的交流频率	Ostgaard 和 Birley(1996),Greve 和 Salaff(2003)	
		资金成本	个人网络:创业者为维护已有关系和建立新关系所投入的资金	杨俊(2008),张玉利等(2008 和 2009)	新企业社会网络的资金成本:(1) 新企业公关费用、用于社会网络构建的资金;(2) 被调查者比较性的主观估算
		人力成本	企业特定项目或活动的人力成本:是否设立专门部门、雇用专职经理人管理该特定项目或活动	Cowton(1987),Brammer 和 Millington(2003),Saiia 等(2003)	新企业社会网络的人力成本:(1) 新企业是否设立专门的部门或职位管理社会网络关系及投入的专职人数;(2) 被调查者的比较性主观估算

① Burt R S. *Structural holes：the social structure of competition*. Cambridge：Harvard University Press，1992.

② Bian Yanjie. Bringing strong ties back in：indirect ties，network bridges，and job searches in China. *American sociological review*，1997，62(3)：366 - 385.

③ Uzzi B. Embeddedness in the making of financial capital：how social relations and networks benefit firms seeking financing，*American sociological review*，1999，64(4)：481 - 505.

④ 张慧玉，杨俊. 新企业社会网络特征界定与测度问题探讨——基于效率和效果视角. 外国经济与管理，2011，33(11)：11 - 20.

续　表

视角	定义	特征	可借鉴的测度方式	代表文献	本书建议的测度方式
新企业社会网络效果	新企业社会网络的资源产出结果,主要取决于网络的内容、质量及所包含的可用资源	网络资源	个人网络:通过考察网络主体联系人的财富、社会地位和权力等特征来反映,具体表现为联系人的职业特征,如职业声望和单位地位等	Lin 等(1982),边燕杰(2004)	新企业的社会网络资源可从以下两方面来度量:(1)组织规模,指组织所拥有的资产、人数等;(2)组织性质,指相关组织的属性,政府机关、事业单位、企业等
		网络规模	个人网络:个体所接触的联系人数量的总和;数量越多,规模越大	罗家德(2005),赵延东和罗家德(2007)	新企业社会网络的规模:与之有联系的企业和其他组织的数量;数量越多,规模越大
		网络多样性	个人网络:按关系强度把联系人分为家人、亲戚、朋友等类别,并分别计算不同类别的人数	Granovetter(1973)	可以用两种思路来测量新企业社会网络的多样性:(1)按照关系强度、交易频率和时间(Uzzi,1999)对企业的关系进行分类,并分别计算各类关系的数目;(2)按照上下游位置、所有制、主要职能等对关系伙伴进行分类并计算类别总数,作为企业网络多样性的代理变量
			创业者个人或企业网络:由嵌入性关系或间隔性关系主导的单一结构网络;同时由两种关系相对均衡构成的综合型网络	Uzzi(1996、1997 和 1999)	
			个人网络:个人网络中联系人的职业、单位类别总数	Lin 等(1981)	
		关联强度	个人网络:个体与联系人的交流频率	Granovetter(1973),Aldrich 和 Reese(1993)	新企业社会网络的关联强度:用企业与合作伙伴的关系持续年限和内容多样性作为代理变量,其中内容多样性指各相关方进行交流、合作的范围
			企业网络:以关联的持续年限和内容多样性作为关系强度的代理变量	Uzzi(1999)	

　　由以上分析和探讨可知,从效率和效果视角看新企业社会网络构建,可以用不同的指标来刻画、描述该过程及其基本特征。在实际的研究中,我们应该根据研究内容、研究情境和研究目标选择适合的指标作为测量工具。

第二节　新企业社会网络构建的效应机制模型

如本章第一节所述,新企业社会网络构建是关键性创业活动之一,是新企业初期运营的重要内容,直接关系到新企业的初期绩效、成长以及长远发展。本书结合已有理论研究成果及创业实践中的现实情况,提出从效率和效果这两个视角描述、分析新企业社会网络构建过程,不仅有利于更加系统地描述这一复杂过程所呈现的主要特征,而且有助于深入理解社会网络构建与新企业初期绩效之间的关系及背后的作用机理。本研究认为,新企业社会网络构建作为创业过程中的关键性活动,必然会对新企业绩效和成长产生重要影响。基于此,本研究以新企业社会网络构建为核心,以其效应机制为基础提出相关理论模型,而社会网络理论构成该研究模型最主要的理论基础。

具体而言,本研究首先分析新企业社会网络构建活动如何作用于新企业的初期绩效,从过程视角更深入地辨析社会网络与新企业初期绩效之间的内在联系,并尝试比较网络构建效率和效果机制产生效应的差异。由于社会网络构建活动本身就是企业和外部因素互动的过程,必然会受到外部环境状况的影响,因此本研究将围绕创业环境进一步探讨新企业社会网络构建效应机制的边界条件。

一、效率和效果视角下的新企业社会网络构建与新企业绩效

社会网络对新企业绩效及成长的作用在已有文献中有较多的探讨,并且大多数研究肯定了网络的积极作用。究其作用机理,主要通过三条路径来实现。

第一,社会网络是新企业获取外部资源的主要途径。资源在创业活动中的重要地位不容置辩。对于大多数创业者而言,其自身积累的各种资源往往在艰难的创业过程中即消耗殆尽,甚至难以满足新企业成立前的各种活动需求,一旦新企业成立并开始运营,需求骤增,而有限的生产销售尚未能成为有力的资源补充,因此,资源局限在成长阶段尤为突出,并被认为是导致新企业死亡率高的主要原因之一。在这种情况下,创业者和新企业管理者十分依赖外部资源的获取。外部资源整合是创业活动的第一步,也是新企业运营中的首要活动,资源整合的状况和结果会对新企业生存及成长产生重要影响。[①] 无论对个体还是组织而言,社会网络是

---

① Brush Candida G, Edelman Linda F, Manolova Tatiana S. The effects of initial location, aspirations, and resources on likelihood of first sale in nascent firms. *Journal of small business management*, 2008, 46(2): 159 - 182.

至关重要的资源宝库。首先,新企业能够通过与其他组织建立联系获得诸多的有形资源,如共享基础设施、获得资金支持、租借厂房设备、借调技术人员等;更重要的是,社会网络能给新企业带来各种宝贵的、通过一般市场交易难以获取的无形资源。新创企业通过与成熟的大企业建立联系,既能获取有助于提升产品或服务质量的先进技术指导,更能够通过传递效应和附属关系获得宝贵的合法性、声誉等,积极推动市场拓展、新生品牌推广以及销售业绩的提升,从而促进新企业的生存、发展和成长。

第二,新企业社会网络是包含、传递、散播各种有助于新企业成长和绩效改善的信息的重要载体。信息也可以看作是一种资源,但本书将其单列出来,以突出其特殊性和重要性。信息是否充裕直接影响新企业在市场竞争中的位置,不仅在创业机会搜寻、识别和开发中起到至关重要的作用[①],而且也会直接影响新企业运营过程中商机的发现和把握。对于尚未拥有固定消费群体、稳定供应链条的新企业而言,通过网络信息寻找发展机会更为重要。一方面,社会网络的规模代表着网络中联系人或组织的数量,进而代表了可接触的信息规模和含量,规模越大,新企业可获取的信息往往更多,从中了解、把握的机会也越多,从而能积极地推动初期绩效和成长;另一方面,来自非对等地位关联(尤其是较高地位联系方)的异质信息流(diverse information flows)可以让新企业管理者接触到范围更广、更优质的异质性机会,有效地避免了信息冗余,从而可以在接收到的众多机会信息中根据自身条件和优势进行筛选。更重要的是,优质关联组织带来的优质信息很可能给新企业带来实现自我超越的宝贵机会,从而获得实质性的成功,[②]因此,社会网络中较高地位的优质关联等作为多样性信息流的来源对于新企业成长的作用至关重要。换言之,对于新企业而言,不仅要扩大关系网络的规模,而且要努力超越地位、发展阶段的局限,与地位较高的组织建立优质关联,以获取高质量的异质信息。

第三,社会网络可以有效地降低新企业初期运营中的交易成本,从而提高绩效和成长,这对资源匮乏、迫切需要合理利用可控资源获得成长的新企业而言十分重要。交易成本的降低可以分为两个部分。一部分交易成本的降低直接体现为运营成本的降低,从而直接转化为绩效的提高。镶嵌于社会网络的资源宝库中,新企业或通过善意馈赠"免费"获取部分资源(如网络中天使投资人的资金支持等),或通

---

① Shane S. Prior knowledge and the discovery of entrepreneurial opportunities. *Organizational science*, 2000, 11,(4):448-469.

② Singh R P, Hills G E, Lumpkin G T, et al. *The entrepreneurial opportunity recognition process: examining the role of self-perceived alertness and social networks*. Paper presented at the 1999 Academy of Management Meeting, Chicago, IL, 1999.

过友好合作实现风险和成本分担（如共建、共享公共设施、共同研发新产品等），或通过关系的介入以低于市场价格的成本获得所需的资源（如网络中熟知的供应商提供的特殊折扣等），这些都能直接减少新企业的运营成本。另一部分交易成本的降低得益于社会网络的抽象、间接的作用。一方面，组织间相对稳定的社会关系意味着长期的交易往来和信任的积累，不仅有利于简化交易中的烦琐程序（如反复的、难以达成一致的议价过程），而且更容易促成互惠性交易；另一方面，与个人网络相似，组织社会网络中的成员关系往往相互交织、错综复杂，这种网状结构无形中构成了强大的第三方非正式监督力量，能够有效地防止机会主义行为（如欺诈等）的产生。[1] 显然，这两个方面表明，如果能够将自身镶嵌于合适的网络中，新企业运营中的交易成本将大大降低，绩效和成长也均能得到改善，对于实力相对弱小的新企业尤其如此。因此，交易成本的降低构成社会网络促进新企业绩效和成长的第三条路径。

社会关系及网络的突出重要性促使创业团队及管理者从新企业建立之初即积极地投入到建立和维护社会关系的活动中。如本章第一节所述，实践中不同新企业的社会网络构建过程呈现出显著的差异，集中体现在构建方式（是否以正确的方式构建网络）及构建结果（是否构建起正确的网络），即"效率"和"效果"上。新企业社会网络构建效率和效果上的差异是否导致新企业初期绩效及成长的差异？以上三条路径或作用机制有助于回答这个问题。

首先，网络构建效率主要表现在构建投入和构建速度上。构建投入具体表现在新企业构建网络所花费的时间、资金及人力等上，与新企业活动的交易成本直接相关，可以看作是运营成本的必要构成部分。对大企业来说，这种直接的成本差异在绝对值上可能并不显著，但对于资金、人力等资源均十分有限的新创企业而言，任何方面的成本节省都意味着资源利用率的提高，进而意味着生存率和成功率的提高以及创业绩效的改善。构建速度具体表现在新企业能否迅速地识别、寻找、建立有利于自身生存和发展的新企业关系，构建起较为完整的关系网络。与网络所包含的信息和资源功能联系，网络构建速度则意味着得以接触、获取这些信息和资源的速度。网络构建速度越快，则越能尽快地从网络中获取所需的信息和资源，进而迅速地把握商机或使用资源来满足发展的需要，而这对于新企业来说尤为重要。PSED调查数据显示，新企业的死亡在时间上呈现一定的规律性，其中在最初几个月内死亡率最高，在度过这个艰难期之后，生存的机会逐渐增大。资源学派的研究

---

[1] Granovetter M. Economic action and social structure: the problem of embeddedness. *The american journal of sociology*, 1985, 91(3): 481-510.

明确提出,资源局限是导致很多新企业难以存活的主要原因之一,这一观点也得到其他研究流派的佐证。因此,如果新企业自成立后能够迅速地建立起社会网络,通过外部关系补充生存所需的资源,其在艰难期的状况将得到改善,也将获得进一步生存的机会;对于没有生存威胁的新企业来说,迫切需要实现初期成长和发展,而很多发展机会的把握往往是有时限的,只有在机会出现时具备相当的资源条件才能抓住机会,体现出对资源整合速度的要求。因此,新创企业的网络构建速度同样对其绩效和成长有重要影响。

新企业社会网络构建效果关注"是否构建起正确的网络",反映了网络构建的结果性状态,具体表现在网络的内容和结构,其中网络规模、网络资源、关系强度、是显示网络质量的关键性指标。显然,网络规模、资源主要与"网络—新企业绩效"第一、二条影响路径密切相关(当然,并不排斥通过第三条路径产生影响)。所构建的新企业社会网络包含的联系组织越多,代表外部资源来源越多,而网络资源越丰富,代表其合作伙伴资源越充裕、获取资源能力越强或所处地位越高,那么新企业通过该网络获取各种资源的可能性越大,越能弥补建立初期的资源不足,满足艰难时期的生存和成长需要。同时,资源丰富、地位较高的组织往往在合法性、威望、企业形象和影响力方面也具有较好的优势,新企业通过与之建立联系,能够迅速、便捷且自然地借用其合法性、声誉、地位等无形资源,新企业积累这类宝贵的资源往往要经历很长的时间,而且往往是徒劳的,同时这类资源也无法通过市场交换获取,但这类资源通过网络中优质关联的低成本甚至零成本传递可以在很大程度上帮助新企业克服小企业缺陷,尤其是新进入缺陷,更快地打开市场,获得生存和发展先机。在信息传递方面,新企业所构建的社会网络规模越大,代表其信息来源越广,所获取的信息越多;社会资源越丰富,意味着网络中存在较多地位相对高的联系组织,这类优质关联不仅能够因为其资源、能力及地位上的优势给新企业带来更高层次的优质信息,使新企业有机会获得突破自身的质的发展,而且能够因为其层次、视野的不同给新企业带来异质信息,降低网络中的信息冗余度,有利于新企业把握更多有价值的机会。与网络规模和网络资源不同,新企业社会网络密度主要通过第三条路径产生影响。强关联是网络密度最重要的代理变量之一,主要指的是新企业网络中互动频繁、紧密的联系。一方面,这类联系不仅可以通过利用相对充分的信息条件简化烦琐的合作程序,有效地降低交易成本,而且可以通过信任的积累促进联系方之间互惠的合作和交易,如新企业从联系紧密的供应商那里获得采购价格上的优惠。另一方面,联系紧密的双方都会谨慎地维护可以带来长期互惠利益的关联,主观上不会轻易采取机会主义行为,同时它们往往会在频繁的互动中发现一个甚至多个共同联系的第三方,这就使得第三方的非正式监督力量存在并发挥作用,可以有效地防止机会主义行为的产生,降低新企业难以承受的网络构建风险和交易成本。

综上所述,本研究的基本判断是:新企业"如何正确地构建网络"以及"是否构建起正确的网络"均能对其初期生存和成长产生重要影响,即新企业网络构建效率和效果能够通过资源、信息、交易成本等路径作用于新企业初期绩效。由于在很多时候,网络构建效率和效果难以两全,因此,对于创业者和新企业管理者而言,针对二者的取舍决策、平衡及匹配是该活动过程中的重要内容。

二、外部环境的作用

环境一直是组织管理研究中不容忽视的重要因素。在战略领域,有关组织环境与组织战略关系的探讨由来已久,谭劲松等[①]依据各流派对环境—战略关系问题的不同观点将战略管理学派分为三组:第一组强调环境的主导作用,即组织环境决定组织战略,认为环境通过资源的稀缺性和优胜劣汰的原则对企业进行选择,组织战略对这一过程影响甚微,而结构惯性的形成体现了组织对环境的适应性[②];第二组重点关注组织战略对组织环境的影响作用,认为组织在适应环境的同时,可以积极地重塑环境,通过组织行为的主动性、自发性以及组织环境的再造能力对组织环境施加影响[③];而第三组综合上述两种有所侧重的观点,代表了这一关系问题研究的最前沿思想和方向,认为组织战略和组织环境存在双向的协同演进关系[④],即从全面、历时的角度来看,二者并非单方面地决定或者被决定,而是在特定的条件下相互影响、作用,经历协同演进的过程[⑤],这在以中国为代表的转型经济背景中体现得尤为明显[⑥]。

---

① 何铮,谭劲松,陆园园. 组织环境与组织战略关系的文献综述及最新研究动态. 管理世界,2006,11:144 - 151.

② Hannan M T, Freeman J H. Structural inertia and organizational change. *American sociological review*,1984,49(2):149 - 164.

③ Miles R E, Snow C C. *Fit, failure, and the hall of fame: how companies succeed or fail*. New York: Free Press, 1994.

④ Lewin A Y, Volberda H W. Prolegomena on coevolution: a framework for research on strategy and new organizational forms. *Organization science*, 1999, 10(5): 519 - 534.

⑤ Tan J, Litschert R J. Environment-strategy relationship and its performance implication: an empirical study of the Chinese electronic industry. *Strategic management journal*, 1994, 15(1): 1 - 20.

⑥ Tan J, Tan D. Environment—strategy coevolution and co-alignment: a staged model of Chinese SOEs under transition. *Strategic management journal*, 2005, 26: 141 - 157.

　　战略领域中企业与环境匹配的基本假设在创业领域同样重要。创业者在创业过程中开展的各项活动以及新企业运营均受到所处环境的影响。这也就促使学者们对创业环境进行界定和测度①②，并展开了大量相关研究，从不同的角度证明了环境因素对创业活动、新企业成长及绩效具有重要影响。从影响方式上来看，创业环境不仅在一定程度上直接作用于新企业行为及绩效，更重要的是，创业环境对多种与新企业绩效相关的作用机制产生调节作用。

　　创业环境包括一系列影响创业活动和过程的环境因素，具体来说包括高技能劳动力、供应商、顾客、新市场情况、风险资本获取、政府政策（税收）、科研机构、大学、土地或设备获取、交通情况、人们对创业的接受程度、创业配套服务系统等③。以往研究根据不同的研究情境和研究视角，对构成创业环境的主要要素及其特征进行了不同的分类。如亨瑞·格朗斯登（Henri Grundstén）根据要素性质将创业环境分为感性环境要素和理性环境要素，其中前者包括社会对创业活动和创业者的态度、社会规范、社会标准以及成功创业者的示范性等，而后者包括融资期望、商业机会的可获取性、资源的可获取性和可用性④；蔡莉等根据环境要素与创业的匹配关系将创业环境要素分为直接匹配要素和间接匹配要素，其中前者主要指技术、人才、资金等，而后者包括政策法规、中介服务、市场环境、信息化、地区文化⑤；同时，大量研究遵循 Dess 和 Beard 的观点⑥，从宽松性（munificence）、复杂性（complexity）、动态性（dynamics）三个维度把环境看作是信息的来源或资源的储备，并根据研究情境进行了适当调整和改进⑦。

---

　　① Gartner W B. A conceptual framework for describing the phenomenon of new venture creation. *Academy of management review*，1985，10(4)：696－706.

　　② Austin J，Skillern J W. Social and commercial entrepreneurship：same，different，or both. *Entrepreneurship：theory and practice*，2006：1－22.

　　③ Tan J，Litschert R J. Environment-strategy relationship and its performance implication：an empirical study of the Chinese electronic industry. *Strategic management journal*，1994，15(1)：1－20.

　　④ Grundstén H. *Entrepreneurial Intentions and the entrepreneurial environment*. Helsinki University of Technology，2004.

　　⑤ 蔡莉，崔启国，史琳. 创业环境研究框架. 吉林大学社会科学学报，2007，47(1)：50－56.

　　⑥ Dess G G，Beard D W. Dimension of organizational task environment. *Administrative science quaterly*，1984，29：52－73.

　　⑦ Tan J，Litschert R J. Environment-strategy relationship and its performance implication：an empirical study of the Chinese electronic industry. *Strategic management journal*，1994，15(1)：1－20.

与世界上其他国家和地区创业环境相比,转型时期中国的创业环境无疑具有其独特之处,诸多学者,尤其是华人学者,以该特殊创业环境为研究情境,从多个视角展开研究,并且取得了丰硕的研究成果。①② 本研究同样立足于中国情境,侧重考虑外部环境如何调节网络构建效率和效果与新企业初期绩效的关系。在诸多的创业环境因素中,本研究之所以选择重点探讨信任氛围和地区市场化程度的调节作用,主要基于以下原因:第一,中国情境最大的特点就是处于特殊的经济转型时期,而转型则主要指的是从原来的计划经济向市场经济逐步转变,这意味着中国的市场环境正经历重大变化,这些变化必然对处于该环境中的新企业行为及绩效产生重要影响;第二,本书聚焦的创业活动是新企业社会网络构建,社会网络作为非正式制度形式存在于市场环境之中,并与市场环境中的各种正式制度形式共同作用于各项经济活动,这意味着市场环境的变化必然能够以某种方式作用于网络构建活动与新企业绩效的关系;第三,社会网络构建活动对新企业成长和绩效产生作用的机理与网络中蕴含的信任密切相关,创业者们期望与其他组织建立起相互信任的关系,更好地实现外部资源整合,推动新企业的发展,而组织间信任关系的建立及其发挥作用的过程无疑会受到所处环境中整体信任氛围的影响;最后,如上述三点所述,尽管中国情境下的信任氛围和地区市场化程度对网络构建效率和效果与新企业初期绩效的关系具有重要影响,但已有研究却很少探讨这一问题。本研究在探讨网络构建效率和效果效应机制的基础上,将这两个重要的环境因素纳入研究模型中,考察它们对该效应机制的调节作用。

三、理论模型构建

依据上述理论推导,本研究以新企业社会网络构建为核心,从效率和效果视角提出探讨该过程效应机制的基本理论模型。以社会网络理论为基础,该模型致力于解释新企业社会网络构建过程如何影响新企业的生存和成长,认为网络构建效率和效果对新企业初期绩效会产生重要影响。

如图 3.2 所示,以新企业社会网络构建为中心,左边是因变量新企业社会网络构建效率和效果,右边是效应机制探讨中的因变量新企业初期绩效,而中间是作为

---

① Tan J. Innovation and risk-taking in a transitional economy: a comparative study of Chinese managers and entrepreneurs. *Journal of business venturing*, 2001, 16: 359 – 376.

② Luo Yadong. Environment-strategy-performance relations in small business in China: a case of town ship and village enterprises in southern China. *Journal of small business management*, 1999, 1: 37 – 52.

调节变量的环境要素。如该理论模型所示,本研究集中从效率和效果视角探讨新企业社会网络构建对新企业初期绩效和成长的作用关系,并探讨该作用机制的权变情况。

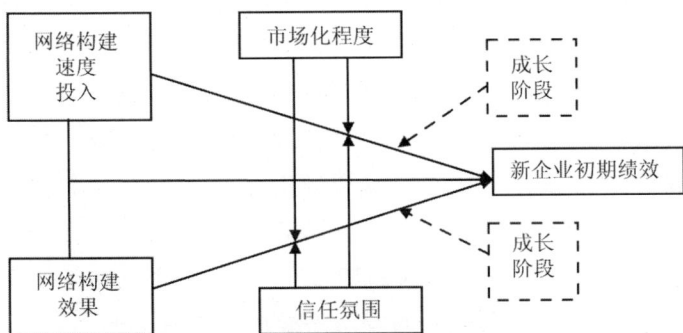

图 3.2　本研究的基本理论模型

第三节　新企业社会网络构建效应机制的系列假设

如第二章文献综述部分所述,大多数创业者都认为创业网络在新企业形成、生存及成长中具有重要作用,但很多研究仅仅停留于网络的表面特征,过于笼统地强调网络的作用,忽略网络形成、变化的过程及其主要特征,尤其是新企业的网络构建活动,因此也就很难细致、深入地通过剖析网络构建过程来更进一步解释中间的作用机理。本章承接第三章第一部分对效率和效果视角的情境化引入、界定及建议性测度,采用这两个视角提炼已有文献中涉及的创业网络表层特征并进一步挖掘重要特征,以从更深层次探讨新企业网络构建对其初期绩效的影响。

一、效率视角下的社会网络构建与初期绩效

在与既有成熟企业的市场竞争中,新企业面临双重劣势:一是由于规模较小所致的小企业缺陷,二是由于缺乏声誉和经营历史所致的新进入缺陷,这是新企业高死亡率的主要原因。[①] 尽管如此,依然有小部分新企业得以在激烈甚至残酷的竞争中获得成功。在揭示这些新企业成功之道时,很多学者从社会网络理论中找

---

① Stinchcombe A L. Organizations and social structure. In: James G March. (eds.) *Handbook of organizations*. Chicago: Rand-McNally, 1965: 140-200.

到了有说服力的答案①②,提出了创业理论中的"网络成功假设"(network success hypothesis)③,他们认为创业者通过社会网络获取的信息和资源具有较为明显的优势,而这些优势可以推动新企业获得成功。

这些优势可以从三个角度进行解释:从获取成本上来说,创业者能够通过社会网络关系以低于市场价格的成本获取资源,从而降低新企业运营费用,获得直接的成本优势④;从可获得性来说,创业者不仅可以通过社会网络低成本获取大量外部资源,而且可以获取市场交易中无法获取的资源,如声誉、合法性等,这些稀缺资源对于企业的生存和发展十分重要⑤;从资源质量来说,由于有较强的感情或信任基础,可以对机会主义行为形成约束,同市场机制相比,从社会网络中获取的信息或资源往往更可靠⑥。从本研究引入的新视角来看,新企业网络构建效率和效果对其初期绩效的作用与以往探讨的创业网络效应机制有共通之处,同时也存在侧重点上的差异。

就效率而言,网络效率高的企业在构建以新企业为核心的社会网络时注重构建的方法,即"用正确的方式构建网络",具体体现在网络构建速度和网络构建投入。网络构建效率对资源有限、迫切需要获取资源求得成长的新企业来说十分重要。较高的效率意味着新企业可以通过投入较少的资金和人力等构建起以该企业为核心的社会网络,从而减少运营成本,直接推动企业绩效的提高,而且能通过网络带来的整体交易成本降低和其他优势间接提高企业绩效。同时,较高的效率也意味着新企业能在创建之后较短的时间内即构建起基本的、可供利用的社会网络,从而加快资源获取的速度和企业成长步伐,有利于企业绩效的提升。因此,在新企业社会网络构建过程中,构建效率在很大程度上影响着新企业的初期绩效。基于

① Dubini P, Aldrich H E. Personal and extended networks are central to the entrepreneurial process. *Journal of business venturing*, 1991, 6: 305 - 313.

② Katila Riitta, Rosenberger Jeff, Eisenhardt Kathleen M. Swimming with sharks: technology ventures, defense mechanisms and corporate relationships. *Administrative science quarterly*, 2008, 53(2): 295 - 332.

③ Bruderl J, Preisendorfer P. Network support and the success of newly founded businesses. *Small business economics*, 1998, 10: 213 - 225.

④ Starr J A, Macmillan I C. Resource cooptation via social contracting: resource acquisition strategies for new ventures. *Strategic management journal*, 1990, 11: 79 - 92.

⑤ Jarillo J C. Entrepreneurship and growth: the strategic use of external resources. *Journal of business venturing*, 1989, 4: 133 - 147.

⑥ Granovetter M. Economic action and social structure: the problem of embeddedness. *The american journal of sociology*, 1985, 91(3): 481 - 510.

此,本研究提出以下假设:

　　假设 1:新企业社会网络构建效率显著影响其初期绩效。

　　如第三章所述,构建速度和构建投入可以作为新企业社会网络构建效率的主要代理变量。新企业从创立之初便开始有意识或无意识地通过经济社会交换构建企业层面的关系网络[①],该网络会随着各项活动的开展而不断成长,内容、构成逐渐趋于稳定,即形成基本的以新企业为核心的社会网络。因此,可以以此作为重要标志性事件衡量新企业的网络构建速度。一方面,考虑新企业是否构建起基本的社会网络,另一方面,考察新企业网络构建的绝对或相对速度。一般而言,基本社会网络的形成表明新企业经过一段时间的网络构建活动,网络规模、结构等已经趋于稳定,可以基本维系新企业日常运营中的资源获取需求,对新企业的生存及初期绩效具有推动作用。

　　进一步考虑速度,构建关系网络的速度越快,新企业在较短时间内能够调动的社会关系及相关资源越多,就越能通过关系网络获取所需的信息和资源支持,从而促进绩效的提高。[②] 在日趋激烈的市场竞争中,商业机会无处不在,但对于新企业而言,商业机会不仅尤为宝贵,更是转瞬即逝,能否做好准备在恰当的时机把握好这些机会,是新企业生存与发展的关键。当机会来临时,网络构建速度较快的新企业即便自身资源有限,依然可以在短暂的时间内通过社会关系找到相匹配的资源来满足抓住、实现机会的要求,而网络构建速度慢的新企业则很有可能错失良机。正是这些不断发现、把握、开发商业机会的过程推动了新企业的成长和绩效改善。基于此,本研究提出以下假设:

　　假设 1-1:新企业社会网络构建速度与其初期绩效正相关。
　　假设 1-1-1:形成基本社会网络的新企业初期绩效优于尚未形成基本社会网络的新企业。
　　假设 1-1-2:新企业社会网络构建速度与其初期绩效正相关。

---

　　① Larson Andrea, Starr Jennifer A. A network model of organization formation. *Entrepreneurship: theory & practice*, 1993, winter: 5 – 15.

　　② Aldrich H, Reese P R. Does networking pay off? A panel study of entrepreneurs in the research triangle. In: Churchill, N. S., et al. (eds.) *Frontiers of entrepreneurship research*, 1993: 325 – 339.

另一个体现网络构建效率或网络构建方式的重要方面是新企业在该活动中的成本投入,主要包括资金、人员投入等。从成本的直接减少来看,投入的资金或人力越少,网络构建活动耗费的资源越少,越有利于资源十分有限、规模较小的新企业减少运营成本,从而提高绩效。因此,网络构建成本越低,新企业初级绩效可能就越好。然而,从强调网络投资的角度来看,资金、人力的付出反映了新企业对网络构建活动的重视或资源分配程度。关系网络构建作为一种"低成本"获取"高价值"资源的手段,其获得的资源价值往往会超过前期的投入成本,即:投入越多,所能获取的资源越多,由所获取资源带来的销售收入、利润等也更多。从这个角度来看,尽管网络构建投入意味着成本的增加,但也有利于推动新企业绩效的改善和总体成长,长期看来尤其如此。基于此,本研究提出以下竞争性假设:

假设1-2-1:新企业社会网络构建投入与其初期绩效正相关。

假设1-2-2:新企业社会网络构建投入与其初期绩效负相关。

二、效果视角下的社会网络构建与初期绩效

杰弗里·普费弗(Jeffrey Pfeffer)和杰拉尔德·R.萨兰西克(Gerald R. Salancik)于1978年出版了《组织的外部控制——一个资源依存的视角》(*The External Control of Organizations: A Resource Dependence Perspective*)一书,提出:(1)对于组织而言,最重要的是生存;(2)对于生存而言,资源至关重要,而组织自身往往不能生产所需的全部资源;(3)面对资源的匮乏,组织必须依赖其所在的、包含各式各样其他组织的环境。[1] 一般而言,与既有成熟组织相比,新企业的生存更为艰难,并且资源在其生存中的重要性更为突出,在自身资源更为匮乏的窘迫情况下,新企业对所在环境中其他组织的依赖度也就更加显著,而与之建立关联的组织是其寻求帮助、获取资源的主要依赖对象。新企业不仅能从关系网络中获取人员、资金、技术、顾客等较为具体的支持,也能通过地位相对较高的成熟企业的连带获得社会合法性、声誉等相对抽象的社会政治资源。[2] 因此,从可依赖度、资源支持度来说,新企业建立起怎样的社会网络、网络构建的结果性状况十分关键,这就是本研究着力分析的网络构建效果问题。

---

① Pfeffer J, Salancik G R. *The external control of organizations: a resource dependence perspective*. New York: Harper and Row, 1978.

② Thompson J D. *Organizations in action*. New York: McGraw-Hill, 1967.

就效果而言,网络构建效果好的企业所构建、维系的社会网络在内容和结构上具有优势,这不仅能够较好地满足新企业迫切需要资源的短期需求,更能推动其长远发展。内容优势意味着企业的合作伙伴社会地位较高、影响力较大,直接或间接持有丰富的、可供利用的资源。对于新企业来说,这类优质的合作关系不仅能够提供直接的资源支持,带动新企业的发展,而且可以看作是新企业合法性的标志,新企业可以通过声誉借用等方式间接推动资源获取,从而有助于改善新企业绩效。结构优势的作用机制相对复杂,主要体现在网络规模、网络强度等多个结构性因素上。网络规模较大,意味着企业有较多的合作伙伴,有丰富的信息和资源,在调用资源时可选择面较广,同时对单个资源持有者的依赖度会降低,能够相对容易、长远地保持网络带来的各种优势。网络强度越高,意味着企业具有较多的强连带,他们可能是从创业者个人强连带转化而来,也可能是通过较长时间的频繁合作而实现,这类关系有更强的感情、信任基础,因而更加稳定、可靠,不容易破裂,特别是在中国"差序格局"情境下(费孝通,1948),强连带尤为重要(边燕杰,1997),在降低获取成本、提高信息和资源的可得性及质量上强连带的作用更显著,它能够对新企业绩效产生积极的推动作用。同时,网络强度越高也意味着同一网络内的多个成员之间存在相互交织的情况,除了两两联系之外,还会存在涉及多个网络成员的合作,或者除了直接联系之外,还有很多间接联系涉及其中,这样一来,网络中的组织会无形中受到共同第三方的非正式监督,在合作中会更加谨慎、投入,不会轻易采取机会主义行为,这样的机制有利于降低风险和交易成本,对于相对弱小、处于竞争劣势、难以承受风险的新企业来说具有重要的保护作用。基于以上多个方面的原因,本研究提出以下假设:

假设 2:新企业社会网络构建效果与其初期绩效正相关。

三、新企业网络构建效率和效果的交互作用

图 3.1 根据网络构建的效率和效果视角,从效率和效果维度将企业社会网络构建行为分为四类:双高效网络构建、双低效网络构建、效率型网络构建和效果型网络构建,基本的判断是这四种不同的网络构建风格对新企业行为及绩效将产生不同的影响。系列假设 1 及假设 2 分别检验了新企业社会网络构建效率和效果对其初期绩效的影响,那么,进一步考虑二者的交互作用将完善对这四类网络构建行为不同影响机制的理解。网络构建速度越快,效果越好,意味着新企业不仅能够在较短的时间内建立起基本稳定的关系网络,有利于及时整合资源把握成长机会,同时也表示所建立网络的机构、内容较优,如网络规模较大、联系紧密,或与较多地位

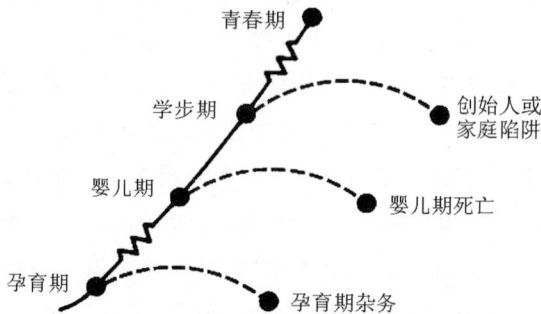

图 3.3　新企业成长阶段中的婴儿期和学步期

资料来源: Adizes I. Organizational passages—diagnosing and treating lifecycle problems of organizations. Organizational Dynamics, 1979, 8(1): 3-25.

高、资源丰富的组织保持联系,有利于资源的获取和利用,因此,速度和效果的共同改善更能促进新企业绩效的提高。另一方面,如果新企业能够以相对较少的资金、人员投入实现较好的网络构建效果,则意味着该过程中投入的减少没有显著降低网络构建活动的效果,对有限资源的利用率较高,在保证关系网络质量的同时,节省的成本可以直接转化为绩效的改善,因此,二者的共同作用能够带来初期绩效的提高。基于此,本研究就新企业社会网络构建效率和效果的互动提出以下假设:

假设 3-1:新企业网络构建速度越快、效果越好,其初期绩效越好。

假设 3-2:新企业网络构建投入越少、效果越好,其初期绩效越好。

除此之外,网络构建效率本身的两个变量——投入和速度的共同作用同样不容忽视。如果新企业能够以较少的投入、较快的速度构建起社会网络,表明其能运用有限的资源构建起最基本的社会网络,有利于新企业外部资源的获取和对时效性机会的把握。基于此,本研究就二者的互动提出以下假设:

假设 3-3:新企业网络构建投入越少、速度越快,其初期绩效越好。

四、新企业网络构建效率和效果效应机制的对比

根据以上的理论推导和所提出的假设可以看出,新企业社会网络构建效率和效果对其初期绩效有重要影响,因此,新企业应当重视网络构建活动及其效率和效果。从行为的视角来看,网络效率和效果是新企业在网络构建活动中面临的行为取舍,这

是因为在现实中,尽管双高型网络是理想的网络构建状态,但对于面对新进入缺陷、资源匮乏等问题的新企业而言,效率和效果往往是"鱼与熊掌"的关系,难以兼得。那么,新企业应当如何根据自身条件状况在网络构建效率和效果中做出取舍?这就要求进一步比较二者在不同企业中的效应差异。影响网络构建效率和效果的效应发挥的因素有很多,而企业生命周期理论指出,新企业在生命周期中所处的阶段最能综合反映其内外部特征,并且呈现出直接影响新企业行为及活动的独特问题。①

有关企业生命周期的探讨始于 20 世纪 70 年代,这一概念最早由哈佛大学 Greiner 教授提出②,从那时起,学者们就企业生命周期问题展开了广泛的讨论并提出了多种有关企业生命周期阶段的理论和观点③④⑤。在众多的生命周期阶段论中,美国学者爱迪斯(Ichak Adizes)的理论最为成熟,也得到广泛的学术认可。他在 1989 年出版的著作《企业生命周期》(*Corporate Lifecycles：How and Why Corporations Grow and Die and What to Do About It*)中提出了相对完整的企业生命周期理论,该理论将企业生命周期分为三个阶段、十个时段,其中:第一个阶段是成长阶段,包括孕育期、婴儿期、学步期三个时段;第二阶段是再生与成熟阶段,包括青春期、盛年期、稳定期三个时段;第三个阶段是老化阶段,包括贵族期、官僚化早期、官僚期和死亡四个时段。⑥ 他在这一著作中系统地提出了不同阶段企业的具体特征、可能面临的问题及相应的解决方案。企业在不同生命周期呈现出不同的特点,企业自身具有的这些特点会与外部环境因素产生互动,这是创业者或者企业经理人进行决策的重要依据。⑦ 因此,企业生命周期是影响企业行为、企业战略决策的关键因素。⑧

---

① 伊查克·爱迪斯. 企业生命周期. 赵睿等译. 北京:中国社会科学出版社,1997.

② Greiner Larry E. Evolution and revolution as organizations grow. *Harvard business review* 50,1972:37 - 46.

③ Kimberly John R,Miles Robert H,and associates. *The organizational life cycle：issues in the creation,transformation,and decline of organizations*. San Francisco:Jossey-Bass,1980.

④ Miller D,Friesen P H. A longitudinal study of the corporate lifecycle. *Management science*,1984,30(10):1161 - 1183.

⑤ Adizes I. Organizational passages—diagnosing and treating lifecycle problems of organizations. *Organizational dynamics*,1979,8(1):3 - 25.

⑥ 伊查克·爱迪斯. 企业生命周期. 赵睿等译. 北京:中国社会科学出版社,1997.

⑦ Gray B,Ariss S S. Politics and strategic change across organizational life cycles. *Academy of management review*,1985,10(4):707 - 723.

⑧ Jawahar I M,McLaughlin G L. Toward a descriptive stakeholder theory：an organizational life cycle approach. *Academy of management review*,2001,26(3):397 - 414.

由于本研究主要关注新企业,因此着重分析成长阶段企业的情况。根据爱迪斯的研究,尽管处于成长阶段的企业均面临资源匮乏的问题,但该成长阶段的三个时段资源缺乏程度不同。一般而言,创业者在开展创业之前自身都会有一定的资源积累,这部分资源主要用来创办新企业,因此处于孕育期的新企业有比较大的资源需求,但创业者自身积累的资源可以支撑一段时间;完成孕育期、开始期待成长的婴儿期新企业往往受到创业意图和理想的驱使,产品导向明显,而开发、设计、商业化运作、提升新产品及服务均需要较多的资金,资源局限开始显现出来并不断突出,因此婴儿期新企业资源匮乏情况最为严重,例如资金不足便是该阶段很多企业难以维系的直接原因;在进入学步期之后,产品或服务的销售逐渐稳定,一方面资源需求迫切性降低,另一业务收入可以逐渐补充原有资源的不足,因此,婴儿期严重的资源局限在学步期逐步得到缓解。① 由此可以判断,婴儿期新企业对资源,尤其是外部资源的需求最为迫切,而学步期新企业在一定程度上可以通过销售产品或服务缓解资源压力,因而资源需求减弱(见表 3.2)。

表 3.2 新企业社会网络构建效率和效果的纵向与横向比较

阶段	资源状况	运营状况	纵向对比	横向对比
婴儿期	资源匮乏最为严重,资金短缺突出;能投入网络构建的资源很少,但又迫切需要外部资源支持	产品导向,关注产品和服务开发;管理混乱;勉强维持最基本的运营并且不稳定,难以把握突显的机会	迫切需要通过社会网络获得外部资源和信息,网络构建作用尤为突出	构建效果作用显著,有限资源最大化利用;构建速度无用武之地;构建投入有限,作用有限
学步期	资源需求依然迫切;但资源困境通过稳定的业务收入得到缓解,并有机会获得风险投资;网络投入限制降低	管理得到改善,运营逐渐趋于规范化;有较稳定的业务收入;有较多的商机出现,并逐渐有能力把握商机	业务收入、运营能力、竞争力提升缓解生存压力;资源需求降低;更多因素影响发展;网络构建作用降低	构建速度作用显著,有利于把握商机;构建投入增大,作用显著;网络构建效果的显著作用则可能相对变弱

同时,社会网络作为存在于正式市场机制中的非正式制度形式,尽管能在一定程度上缓解新企业的资源状况、帮助其渡过生存和发展的难关,但是,不容置辩的是,作为非正式制度形式存在的社会关联及网络难以成为企业持续发展的法宝。换言之,在婴儿期,新企业可以通过诉诸关联组织寻求帮助,通过社会关系解决生存和发展中的部分问题,但随着企业的逐步成长,如何提升产品和服务的竞争力是更为关键的问题,也是能否继续维持已有关系的关键。结合现实创业的情况,某新

---

① 伊查克·爱迪斯. 企业生命周期. 赵睿等译. 北京:中国社会科学出版社,1997.

企业可以通过社会网络获得初次订单,建立初步联系,但如何将通过关系找到的新客户变为"回头客"或关系紧密的老客户,则在很大程度上取决于所提供产品或服务能否满足对方的需求。由此可以初步判断,新企业社会网络构建效率和效果的效应会随着企业的逐步成长减弱。

基于此,本研究提出以下假设:

假设 4-1:与学步期新企业相比,婴儿期新企业的网络构建效率的效应更显著。

假设 4-1-1:与学步期新企业相比,婴儿期新企业的网络构建速度的正向影响更显著。

假设 4-1-2:与学步期新企业相比,婴儿期新企业的网络构建投入的效应更显著。

假设 4-2:与学步期新企业相比,婴儿期新企业的网络构建效果对其初期绩效的正向影响更显著。

以上是对新企业网络构建效率和效果效应的纵向比较,那么,从横向上来看,在同一成长时段,网络构建效率和效果的效应是否存在显著差异?如果存在差异,孰强孰弱?为了做出初步判断,必须进一步比较效率和效果对初期绩效产生效应的机制。

如假设 1 推导所述,网络构建速度的独特效应主要在于对商业机会的把握,即通过较快地找到相应的社会关系组织,一方面有助于更加迅速地获取企业生存和成长所需的资源,另一方面更能尽早地做好资源获取准备,以在转瞬即逝的商业机会来临时把握好时机。对于效率的另一指标网络构建投入,本研究提出了竞争性假设。从负向影响来看,网络构建活动所投入的人力、资金等与新企业的资源损耗、运营成本直接相关,投入增加,则意味着成本的增加及绩效的降低;从正向影响来看,网络构建投入是以"低成本"获取"高价值"资源,所获得的价值将远远大于所投入的资源或成本,因此,投入越多,则意味着积累的价值差值更多,有利于初期绩效的改善。与上述二者不同,假设 2 的推导过程表明,网络构建效果强调将有限的、可以用于网络构建的资源投入到网络规模的扩大,尤其是强关联和优质关联的构建和维护中,因为这样的联系更乐意或更有能力帮助新企业获得所需的资源。

下面将网络构建效率和效果的效应机制差异与婴儿期和学步期新企业的实际情况结合进行横向比较。对于婴儿期新企业而言:首先,资源匮乏的问题十分突出,在勉强维持企业生存和运营之外能够用于网络构建活动的资源相当有限,换言之,"网络构建投入"受到较严格的限制,效应难以发挥;第二,在婴儿期,新企业尚处在生存线上挣扎,新企业能够遇到并把握的好的商业机会相对较少,如何获取实质性的支持渡过生存难关是更为关键的问题,因此,网络构建速度把握关键商机的效应可能受到制约;最后,对于资金和人员都短缺严重的婴儿期新企业来说,如何利用有限的资源找到"正确的"关联组织,构建起"正确"的联系和网络,是最能推动其生存和绩效改善的关键所在,因此网络构建效果的作用最为显著。对于学步期新企业而言:首先,企业在度过生存艰难的婴儿期后,成长潜力逐渐凸显出来,因此会更多地受到商业机会的垂青,同时也有更强的把握时机的能力,其网络构建速度的特殊作用显现出来;第二,随着新企业产品或服务销售利润的增长,资金不足的状况逐步得到改善,新企业可支配的资金和人力增多,对网络构建投入的限制逐渐放松,有较多可支配的资金或人力等用于网络构建活动,因而能够获得更多"高差额价值"的外部资源;此外,网络构建效果的效应可能依然存在,但如前文所述,可能会随着联系方对企业产品或服务的持续期待而削弱。由此可以判断,网络构建效率的效应在学步期逐渐突出,甚至超越网络构建效果的作用(见表 3.2)。

基于此,本研究就横向比较提出以下假设:

假设 5-1:在婴儿期,网络构建效果比网络构建效率对新企业初期绩效的影响更显著。

假设 5-1-1:在婴儿期,网络构建效果比网络构建速度对新企业初期绩效的正向影响更显著。

假设 5-1-2:在婴儿期,网络构建效果比网络构建投入对新企业初期绩效的正向影响更显著。

假设 5-2:在学步期,网络构建效率比网络构建效果对新企业初期绩效的影响更显著。

假设 5-2-1:在学步期,网络构建速度比网络构建效果对新企业初期绩效的正向影响更显著。

假设 5-2-2:在学步期,网络构建投入比网络构建效果对新企业初期绩效的正向影响更显著。

五、信任氛围对新企业社会网络构建效应机制的调节作用

无论是新企业的创建过程还是其运营活动,均是在一定的环境中进行的。已

有研究提出并实证证明了外部环境对新企业行为[①]、决策及绩效[②]的重要影响,在处于经济转型阶段的中国情境下体现尤为明显[③],但很少有研究专门聚焦探讨外部宏观环境如何影响创业网络,尤其是新企业社会网络构建及其相关机制。社会网络构建本身就是新企业与外部环境中的其他企业或组织互动的过程,因此可以大胆地判断该活动及其效应机制与所处的环境有密不可分的关系。本章正是基于这样的判断,尝试将理论分析与实证检验相结合,剖析信任氛围和地区市场环境对新企业社会网络构建后端效应机制的作用。尽管外部宏观环境包括诸多的因素,可以从不同的角度进行划分,并且很多都可能与新企业网络构建活动相关,但本研究不能一一探讨。之所以选择聚焦信任氛围,是因为信任本身就是社会关系的重要特征或内容,社会网络构建本身就涉及组织间信任的建立和维护,因此必然与信任氛围密切相关;之所以选择地区市场环境,是因为对于新创企业而言,市场营销是最基础、核心的活动,市场交易关系更是其初期关系网络的最主要的内容,当地市场环境会对新企业网络构建过程及其效应产生重要影响。本节围绕信任氛围和地区市场环境对新企业社会网络构建效应机制的调节作用提出了一系列假设,以待下一部分实证检验,是后续实证分析及讨论的基础。

信任问题源于社会学,但心理学、经济学、管理学、政治学等领域的学者均对信任有较多的探讨。信任关系指的是两方(信任方和被信任方)之间相互依赖的关系,与交换关系中风险及不确定性的承担密切相关。[④] 先前研究对信任有较多的分类,如可以分为过程型、特征型和制度型信任[⑤],或信托式信任、相互信任和社会信任[⑥]。最基本的,根据信任主体的不同,可以分为个人层面和组织层面的信任。

① Tan Justin. Regulatory environment and strategic organizations in a transitional economy: a study of Chinese private enterprise. *Entrepreneurship: theory and practice*, 1996: 31 - 44.

② Zahra S, Covin G. Contextual influences on the corporate entrepreneur shipperformance relationship: a longitudinal analysis. *Journal of business venturing*, 1995, (10): 43 - 58.

③ Tan J. Innovation and risk-taking in a transitional economy: a comparative study of Chinese managers and entrepreneurs. *Journal of business venturing*, 2001, 16: 359 - 376.

④ Lane G. Introduction: theories and issues in the study of trust. In: Clane R Bachmann. (eds.) *Trust within and between organizations*. New York: Oxford University Press, 2002: 1 - 30.

⑤ Zucker L G. Production of trust: institutional sources of economic structure, 1840—1920. *Research in organizational behavior*. Greenwich, CT: JAI Press, 1986, 18: 53 - 111.

⑥ Thomas C W. Maintaining and restoring public trust in government agencies and their employees. *Administration & society*, 1998, 30(5): 166 - 193.

由于本研究探讨的是新企业组织层面的社会网络构建,因此所指的信任氛围主要指的是由组织间信任构成的外部环境。

组织间信任指的是合作一方与另一方不会由于自身利益而做出有损对方利益及双方合作关系的行为①,表现为合作关系中的积极预期和相互接受意愿②。信任是由主观评判决定的一种心理感知状态,而组织间信任则是一种集体意识,表现为组织作为有机整体对另一有机整体的共同信任③,并且往往是双向的④。已有研究指出组织间信任有利于降低联系双方的交易成本,减少摩擦和冲突,提高合作的灵活性,因此有助于改善联盟绩效。⑤

新企业社会网络构建活动总是在一定的外部环境中进行,该环境的宏观信任氛围可以看作是环境中组织间信任的整体状况及基础。新企业在进行网络构建行为及相关决策时,必然会权衡所处环境中其他组织的可信任度或信任状况,这实际上就是对信任氛围的考虑,这一因素不仅会影响其网络构建行为过程,而且也能影响该过程对新企业成长和绩效的作用。就网络构建效率而言,当新企业选择"正确的方式"与环境中的其他组织进行互动、建立联系时,会有意识或无意识地考虑外部信任氛围。更重要的是,当新企业选择用一定的方式构建关系网络,以获取外部资源时,外部的信任氛围会无形中影响所构建网络获取资源、改善绩效的情况及结果。一般而言,当外部信任氛围较好时,若新企业能够以"正确的方式"构建起社会网络,则所建立起来的关系可以成为更加稳定、可靠的资源,从而进一步提高网络构建效率对新企业初期绩效的正向推动作用。

如前文所述,新企业网络构建速度对初期绩效的促进作用在于:当面临较好的机会及迫切的资源需求时,若新企业能以较快的速度与其他企业或组织构建起社会关系,便能更快地获得所需的资源,以及时把握有利于绩效改善和自身

① Barney J, Mark H Hansen. Trustworthiness as a source of competitive advantage. *Strategic journal of management*, 1994, 15, Issue Supplement S1: 175 - 190.

② Rousseau D M, Sitkin S B, Burt R S, et al. Not so different after all: a cross-discipline view of trust. *Academy of management review*, 1998, 23: 393 - 404.

③ Zaheer A, McEvily B, Perrone V. Does trust matter? Exploring the effects of interorganizational and interpersonal trust on performance. *Organization science*, 1998, 9: 141 - 59.

④ Zaheer S, Zaheer A. Trust and borders. *Journal of international business studies*, 2006, 37: 21 - 29.

⑤ Liu S S, Ngo H, Hon A H Y. Coercive strategy in interfirm cooperation: mediating roles of interpersonal and interorganizational trust. *Journal of business research*, 2006, 59: 466 - 474.

成长的关键商机。在较好的信任氛围中,组织之间的信任水平普遍较高,当新企业期望通过提高网络构建速度推动资源获取速度时,能够较快地获得合作组织的信任,从而实现快速获取资源的目标,把握成长机会,改善初期绩效。因此,本研究认为,在较好的信任氛围中,网络构建速度对新企业初期绩效的正向作用较强。

与此类似,较好的信任氛围也能推动网络构建投入对新企业初期绩效的积极促进作用。网络构建投入可以看作是用较少的资源获得较多的资源及价值,因此投入越大,新企业从网络中获取的净资源及价值越多,也越有利于初期绩效的改善。在较好的信任氛围中,组织间相互信任,而以信任为基础的交换关系相对稳定,趋于双赢,不仅交易成本大大降低,而且以更少的投入可以获得更多的资源,净价值进一步提高,促进新企业初期绩效的改善。因此,本研究认为,在较好的信任氛围中,网络构建投入对新企业初期绩效的正向作用较强。

基于此,本研究提出以下假设:

> 假设 6:信任氛围正向调节新企业网络构建效率与其初期绩效的关系。
>
> 假设 6-1:信任氛围正向调节新企业网络构建速度与其初期绩效的关系。
>
> 假设 6-2:信任氛围正向调节新企业网络构建投入与其初期绩效的关系。

本研究中的网络效果主要考虑新企业所构建网络的规模、强连带数量和优质关系数量。可以分别从这三个方面分析信任氛围如何作用于社会网络构建效果与新企业初期绩效的关系。第一,网络规模越大,意味着可以获得更多的信息和资源,并且有更多的机会达成交换关系,实现信息和资源的流动,通过资源的利用推动新企业初期绩效和成长。在信任氛围较好的情况下,网络中成员组织的相互信任水平总体较高,对机会主义的防备或顾虑降低,因而更加乐于与合作者分享信息、借调资源,同时,当新企业有发展需求时,也更容易获得信任和支持,从而更容易地获取更多、更好的信息及资源,有助于新企业成长和绩效的提高。第二,网络中强连带对新企业初期绩效的特殊作用正在于长期、频繁、紧密的合作可以增强合作双方的信任,有利于降低交易成本、继续或深化已有的合作关系,新企业因而可以获得合作伙伴更多、更可靠的信任和资源支持,改善自身绩效和成长。信任氛围直接影响所嵌入组织之间的信任积累速度和水平,信任氛围越好,则新企业与其强联系组织不仅有更好的信任基础,而且可以通过更顺畅的交易过程加速信任积累,因此促进进一步交易和合作的顺利进行。第三,新企业所构建网络中的优质关联对新企业初期绩效的特殊促进作用,主要是因为这些优质关联组织本身地位较高、持有较丰富的资源或资源获取能力较强,有能力给新企业提供更多更好的资源和信息支持。但是,通常情况下,地位较高、实力较强的优质关联方往往会认为自身在合作中的贡献大于收益,甚至会担心那些规模较小、发展前景未卜的新企业会成为机会主义者,因此不愿意进行深入合作。在信任氛围较差的情况下,这些优质合作者由于对其他组织缺乏信任,会更不愿意为新企业提供支持。相反,在较好的信任氛围中,他们对新企业的信任随着整体环境的改善而增加,并相信新企业在获得支持和帮助、实现发展之后会成为稳定、有潜力的合作者,因此,更有可能与新企业进行资源分享或合作,从而推动其成长和绩效。

基于此,本研究提出以下假设:

假设 7:信任氛围正向调节新企业网络构建效果与其初期绩效的关系。

六、地区市场化环境对新企业社会网络构建效应机制的调节作用

已有研究常常将社会网络在社会经济活动中的作用机理与市场运作机理进行对比,如新企业可以通过社会网络以低于市场价格的成本获得缺乏的资源,或者获取难以通过市场交易途径获得的资源。[1][2] 这表明社会网络的作用机制与市场机制可能存在某种程度上的冲突。具体来说,市场机制是无形的手,通过供求波动决定价格的走向,受到法律、法规、政策等正式制度的约束和监管,而社会网络是游离于正式制度之外的非正式制度形式,以情感、信任或主体之间的非正式交换为基础。尽管二者的作用机理存在较大的差异,并且相对独立,但事实上紧密相连。一方面,社会网络作为非正式制度渗透到正式的市场制度中,在一定范围内会对市场交换产生影响。例如,企业经常会以低于平均市场价格的优惠价格把产品卖给老

---

[1]　Slotte-Kock Susanna, Coviello Nicole. Entrepreneurship research on network processes: a review and ways forward. *Entrepreneurship: theory & practice*, 2010, 34(1): 31-57.

[2]　Hoang Ha, Antoncic Bostjan. Network-based research in entrepreneurship: a critical review. *Journal of business venturing*, 2003, 18(2): 165-187.

客户,但对不熟悉的客户则难以给出任何折扣。严格说来,这是违反市场公平交易原则的行为,但却因组织间关系的作用成为市场交易中的正常现象。另一方面,非正式社会网络产生作用往往以正式的市场机制为基础,即社会关系的非正式参与或渗透会在较小范围、较小程度上改变市场正常的运作秩序,但力量是有限的,并且始终围绕市场机制而进行。例如,企业决定以优惠的价格将产品卖给老客户以增加顾客忠诚度,维持长久的交易关系,但这一优惠价格始终是以市场价格以及产品的成本为基准的,不可能会有很大的悬殊,因为任何以盈利为目的的企业都不愿意做赔本的交易。更重要的是,正式的市场机制和非正式的社会网络机制在相互影响的过程中保持此消彼长的博弈状态。当市场机制发展不完善时,社会网络则有机可乘,其产生作用的范围和程度会更大;当市场机制发展完善,整体运作强劲时,社会关系的作用则难以渗透其中。因此,本研究认为,市场环境会对社会网络构建与新企业初期绩效的关系产生重要的调节作用。

现在的中国依然处在特殊的经济转型时期,自 1978 年改革开放以来,中国从计划经济体制向市场经济体制的逐渐转型已经超过三十年,市场化改革引领市场化进展取得了较大的成功,市场环境有了显著的改善。从 1997 年开始,樊纲等人连续多年采用各种方法从不同的角度对中国各省区的市场化相对程度进行了跟踪测度,提出"中国各省区市场化进程相对指数"(简称"中国市场化指数")[①],较为全面、客观地反映了中国市场环境的变化和市场化进程,得到了广泛的认可。本研究以该市场化指数作为分析市场环境对社会网络构建及初期绩效影响的基础。该市场化指数包括五个方面的内容:政府与市场的关系、非国有经济的发展、产品市场的发育程度、要素市场的发育程度以及市场中介组织的发育和法律制度环境。[②] 本研究除了考虑总市场化指数的影响作用外,着重分析地区产品市场的发育程度及地区要素市场的发育程度对社会网络构建效率、效果与新企业初期绩效关系的调节作用。之所以选择这两个方面,是因为地区产品市场和地区要素市场与新企业社会网络构建的资源获取目的关系最为密切,产品销售及整合生产要素是新企业资源获取最主要的内容,因此不难推测,这两方面市场的发展最能影响网络构建活动作用的发挥和实现。[③] 以下将分别探讨地区产品市场的发育程度、地区要素市场的发育程度对社会网络构建效率和效果与新企业初期绩效关系的调节作用,提出相关假设,并以此为基础进一步提出有关总市场化程度影响作用的相关假设。

---

①②③ 樊纲,王小鲁,朱恒鹏. 中国市场化指数——各地区市场化相对进程 2009 年报告. 北京:经济科学出版社,2010.

（一）地区产品市场发育程度的调节作用

产品市场可以被简单地定义为人们消费的最终产品和服务的交换场所及其交换关系的总和，该市场运作的基本原理是通过市场供求关系决定各类产品的市场价格，但在特定的情况下，尤其是产品市场发育不完善时，政府的干预是必要且重要的。在樊纲等人提出的中国市场化指数中，地区产品市场的发育程度是从产品市场的角度看省区的市场化程度。[①] 当产品市场中大多数产品的价格由市场决定，而非执行市场指导性甚至指令性价格时，说明市场定价机制运行良好，市场化程度较高。地区产品市场发育程度的另一个重要方面是地方保护主义的存在程度。在某些地区，为了保护当地产业和企业的发展，政府或相关部门会对外地产品设置许可证管理、额外收费、环保标准等障碍，这种保护主义行为有悖于市场公平竞争原则，不利于资源的合理配置。在产品市场发育欠佳的地区，地方保护是阻碍市场化进程的重要因素。

新企业从产品市场获取运营所需的产品资源，而且要在该市场推销、售卖其所生产的产品和服务，这也正是其进行社会网络构建的主要目的。因此，在社会网络构建中，产品市场的发育程度会影响该过程对新企业初期绩效及成长的作用。网络构建速度通过更快地建立联系、更快地获取外部资源及信息支持来推动新企业的成长，这在产品市场发育水平较低时可以更顺利地实现，因为快速建立的关联占有时间上的优势，有较多的机会渗透到市场交易中，帮助新企业以优惠的价格、较低的成本获取更多的资源，包括更大的市场份额。但当产品市场发育程度较高时，绝大多数的价格由市场决定，而市场的总体供求以及价格不会因为某个新企业的迫切需求或其关联组织的网络支持行为而出现显著波动。换言之，随着产品市场发育程度的提高，公平竞争在市场交换和份额分配中的作用越大，网络构建速度给新企业带来的资源获取或市场开拓速度优势会在正式的市场机制中被削弱，因而其对新企业初期绩效及成长的作用受到负面影响。

产品市场的发育程度以类似的机制作用于网络构建投入。网络构建投入产生效应的原理是以较小的网络构建投入获取更多、价值更大的资源，这在产品市场的发育程度较低时相对容易实现。但是，随着产品市场的发展，市场机制中的公平竞争和交易可以更好地发挥作用，成为市场运作的基础，这时即便新企业在网络构建中投入较多的成本，也难以通过关系网络绕过正常的市场机制在买入

---

① 樊纲，王小鲁，朱恒鹏. 中国市场化指数——各地区市场化相对进程 2009 年报告. 北京：经济科学出版社，2010.

或售出价格上获利，因为在强劲的市场动力面前，社会关系的非正式作用被削弱，新企业网络构建投入的"以少换多"机理被削弱，对初期绩效的正面作用减弱。

基于此，本研究就地区产品市场的发育程度对新企业社会网络构建效率的效应机制的调节作用提出以下假设：

> 假设 8-1：地区产品市场发育程度负向调节新企业社会网络构建效率与其初期绩效的关系。
>
> 假设 8-1-1：地区产品市场发育程度负向调节新企业网络构建速度与其初期绩效的关系。
>
> 假设 8-1-2：地区产品市场发育程度负向调节新企业网络构建投入与其初期绩效的关系。

本研究中的网络构建效果主要聚焦在网络规模、网络密度、网络资源三个方面，其中关联组织数量是网络规模的代理变量，强关联的数量是网络密度的代理变量，而优质关联数量是网络资源的代理变量，网络构建效果强调三者如何通过在资源获取上的优势推动新企业初期绩效。与产品市场关系最为密切的资源是交易机会、市场份额等与产品和服务销售相关的资源。一般而言，新企业所构建网络的规模越大，越能通过数量较多的联系组织获得更多的市场交易机会，或者通过更多的渠道获得市场信息，抢占商机，占据更大的市场份额，从而改善整体绩效；新企业所构建网络中强连带越多，可以获得更加稳定、可靠的市场机会及份额，这是因为强关联企业与新企业持续合作，并帮助引荐新的市场机会，这对新企业的持续发展至关重要；新企业所构建网络中的优质关联越多，则新企业能够通过声誉、合法性转借赢得更多的利益相关者信赖，提高自身产品和服务的市场潜力，而且可以在高地位、资源丰富的合作者的带动下，获得更多的市场机会。在发展不完善的产品市场中，市场定价机制运作不佳、价格受非市场因素影响波动较大，以上三条途径对于新企业开拓市场、推销产品或服务更加重要，即新企业可以通过网络构建效果更加显著地推动绩效改善。但是，在产品市场发育良好的环境中，市场机制主宰了大多数产品的定位和大多数市场交易竞争，环境中的组织也更加趋于在产品市场中进行合法合规的公平交易，社会网络等非市场因素对价格、交易信息、交易机会等的干涉和约束作用降低，新企业在市场推广和开拓中对强连带、优质关联及整个外部网络的依赖都将降低。因此，地区产品市场发育程度越高，网络构建效果对新企业初期绩效的正向影响作用越弱。

基于此,本研究提出以下假设:

假设 8-2:地区产品市场发育程度负向调节新企业网络构建效果与其初期绩效的关系。

(二) 地区要素市场发育程度的调节作用

要素市场主要指的是生产要素市场,包括金融市场、劳动力市场、房地产市场、技术市场、信息市场、产权市场等。显然,与产品市场中销售者角色为主、购买者角色为辅的情况不同,大多数新企业在要素市场中通常是购买者,在要素市场中新企业通过经济社会交换获得运营所需要的资金、技术、人力等生产要素,即生存和成长所需的财务、物质和组织性资源[①],而新企业构建社会网络正是要从外部获得这些宝贵的资源以弥补自身资源的不足、满足生产运营的需要。基于此,本研究判断地区要素市场的发育程度能够调节新企业社会网络构建效率与其初期绩效的关系。

具体而言,新企业通过加快社会网络构建或加大相关投入迅速找到、建立能够帮助其获得外部生产资源的关联组织,在较大程度上是因为自有资源十分有限,难以满足生存和发展需要,而完全通过市场交易完成可能又面临高昂的成本问题,并且有的要素资源在市场中是稀缺甚至无法获取的。因此,当所在环境中的要素市场发展相对落后时:一方面,新企业获取生产要素的难度及成本会增加,不得不更加依赖于社会网络,这将促使其加速网络构建、增补相关投入;另一方面,不完善的生产要素市场意味着市场机制运作效果不佳,在交换、分配方面较多地受到非市场因素的干扰和制约,关系网络等非正式制度可以较容易地渗透到该市场机制中,通过非完全公平的机制降低成本、获取资源,这同样促使本身势单力薄的新企业更加依赖外部关系网络。相反,要素市场的发育程度越高,表明该市场的竞争更为充分,新企业即便有"新"和"小"的缺陷,仍然会有更多的机会通过公平的市场交易获得各种生产要素。同时,即便有的新企业依然期望通过运用社会网络的力量在市场中以较低的成本获得所需的资源,或"另辟蹊径"获得原本难以获取的资源,但他们会发现,在发育完善的要素市场上,作为非正式制度的关系网络难以渗透其中,难以通过非正式渠道改变价格等关键因素,即在社会网络运

① Brush Candida G，Edelman Linda F，Manolova Tatiana S. The effects of initial location，aspirations，and resources on likelihood of first sale in nascent firms. *Journal of small business management*，2008，46(2)：159 - 182.

作机制与市场机制的博弈中,前者处于更明显的劣势。因此,当要素市场发育较好时,新企业在主观上会降低对关系网络的依赖,而客观上通过社会网络降低成本、获取稀缺资源的难度增加,网络构建速度和投入对其初期绩效和成长的影响作用削弱。

基于此,本研究就地区要素市场的调节作用提出以下假设:

假设 9-1:地区要素市场的发育程度负向调节新企业网络构建效率与其初期绩效的关系。

假设 9-1-1:地区要素市场的发育程度负向调节新企业网络构建速度与其初期绩效的关系。

假设 9-1-2:地区要素市场的发育程度负向调节新企业网络构建投入与其初期绩效的关系。

网络构建效果主要通过网络规模、网络密度、网络资源等效果型特征在资源获取上的优势推动新企业初期绩效的提高,而要素市场的发育程度影响网络构建效果带来资源获取优势的能力。网络规模越大的新企业可以利用其联系组织数量较多的优势通过更多的渠道和途径获得更多有利于企业成长所需的资源,从而提高企业绩效;强连带越多的新企业可以通过这些联系紧密、有较多信任积累的合作组织获得更加可靠的、通过一般关系难以获得的信息和资源支持,从而更好地把握成长机会;而维持越多优质关系的新企业可以依靠这些社会地位较高、资源较丰富、资源控制及获取能力较强的合作组织降低交易成本以及获得更充裕的资源支持,从而改善其初期绩效。在要素市场发育程度较低、关系网络等非正式制度"有机可乘"时,这些影响路径对新企业的发展十分重要,新企业可以更加充分地利用网络结构和内容上的优势获得比正式市场途径更多、更可靠的信息和资源。但是,在要素市场发育程度较好的环境中,由于市场机制运作良好,市场定价和分配机制都更为完善,市场秩序规范度较高,竞争更加公平、公开、透明,非市场因素的干扰能力和制约程度均较低,社会网络等非正式制度渗透及介入的可能性较小,因此,在这种情况下,新企业期望求助于外部关系网络、通过非正式渠道或途径从要素市场获取资源的难度较大,即便是市场地位较高、社会影响力较大的合作组织很可能也难以将非正式制度的力量作用到市场交易中。同时,由于要素市场的交易更加规范、透明,新企业即便弱小,也能有更多的机会参与到公平的市场交易中实现资源整合,对社会网络的资源依赖度也会所有降低。因此,随着要素市场发育程度的提高,社会网络构建效果对新企业初期绩效的改善作用会降低。基于此,本研究提出以下假设：

　　假设 9-2：地区要素市场的发育程度正向调节新企业网络构建效果
与其初期绩效的关系。

（三）地区总体市场化程度的调节作用

　　上述分析的地区产品市场发育程度和地区要素市场发育程度是地区总体市场化程度的两个重要指标。除此之外，还有以下三个指标：一是政府与市场的关系，通过缩小政府规模、减轻农民的税费负担、减少政府对企业的干预、降低市场分配经济资源的比重、减轻企业的税外负担等分项指标来测度；二是非国有经济的发展，通过非国有经济在工业销售收入中所占比重、非国有经济在全社会固定资产总投资中所占比重、非国有经济就业人数占城镇总就业人数的比例等分享指标来测度；三是市场中介组织的发育和法律制度环境，通过知识产权保护、市场中介组织的发育、对生产者合法权益的保护、消费者权益保护等分享指标来测度。[①]

　　这三个指标与新企业社会网络构建活动效应机制的影响可能不如地区产品市场和要素市场的发育程度直接、显著，但这些指标共同反映了地区市场的总体状况，同样会对新企业活动及运营（包括网络构建活动）效应产生影响。市场化程度较高意味着市场机制运作良好，相关配套正式制度得到改善，以竞争力为基础的公平市场竞争成为绝对主流并发挥主导性作用，而社会网络作为非正式制度形式，强调个体间联系对市场机制的干预作用，其产生的效应在一定程度上与这些市场化特征逆向而行。由此可以基本判断，地区市场化程度将负向调节新企业网络构建效率和效果对其初期绩效的影响作用。具体以尚未详细探讨的三个指标中的相关分项指标来说：（1）政府与市场关系指标强调减少政府对企业、市场的干预，这意味着某些特定社会联系，如政府组织关联或政治关联对新企业绩效的推动作用降低，甚至不起作用；（2）政府与关系指标强调减少企业的税外负担，有利于缓解新企业的资源困境，资源需求降低，那么网络构建效率和效果通过资源获取影响新企业绩效的路径受到负向影响；（3）市场中介组织的发育和法律制度环境指标强调正式制度形式的作用，法律、法规的完善将在较大程度上限制社会网络这一非正式制度形式干预到市场经济的运作中，网络构建效率和效果对新企业绩效的干预和

---

　　① 樊纲，王小鲁，朱恒鹏. 中国市场化指数——各地区市场化相对进程 2009 年报告. 北京：经济科学出版社，2010.

推动作用将降低,甚至失去效应;(4)市场中介组织的发育不仅关注律师、会计师等市场中介服务组织的条件改善,而且强调行业协会对企业的帮助,这是以正式制度形式给新企业的发展提供更好的条件,能够帮助新企业解决管理问题、缓解资源困境,有了行业协会的帮助,新企业的资源需求将降低,网络构建效率和效果对初期绩效的效应也将随之变弱。

基于此,本研究认为,整体上来说,地区市场化程度将负向调节新企业网络构建效率和效果与其初期绩效的关系,提出以下假设:

假设 10-1:地区市场化程度负向调节新企业网络构建效率与其初期绩效的关系。

假设 10-1-1:地区市场化程度负向调节新企业网络构建速度与其初期绩效的关系。

假设 10-1-2:地区市场化程度负向调节新企业网络构建投入与其初期绩效的关系。

假设 10-2:地区市场化程度负向调节新企业网络构建效果与其初期绩效的关系。

第四章　基于理论模型的实证研究设计

本章主要介绍本研究的设计,围绕问卷设计、探测性调研、数据收集、数据整理及分析思路等内容对本研究的设计思路和研究流程进行详细的描述,以呈现研究设计和流程的严谨性、规范性及科学性。

第一节　研究设计的基本依据

规范的研究设计和研究流程是保证研究科学性和严谨性的基础,而规范的研究设计和研究流程必须遵循一定的规则或依据。本节将简要介绍本研究设计的基本依据。

库恩(Kuhn)在其著作《科学演进的结果》(*The Structure of Scientific Evolution*)中将科学的演进定义为是一种范式代替另一种范式,并将科学范式定义为追求科学的基本范式,是由理论的诠释、显著事实的确定以及事实和理论的相互匹配三个部分组成[①],因此,诠释理论、寻求事实、将事实与理论匹配是构成规范科学的三个主要步骤。波普尔(Popper)提出,"规范科学是实证科学",认为数据、证据或观察是支持理论的重要组成部分。[②] 科学研究过程聚焦选定的社会或自然现象,以科学的精神进行系统、可控的实证调查,无论是始于理论,抑或终于理论,均遵循科学范式的标准和准则。[③]

华莱士(Wallace)在其著作《社会科学的逻辑》(*The Logic of Science in Sociology*)

---

① Kuhn T. *The structure of scientific evolutions*. Chicago：University of Chicago Press，1962.

② Popper K R. *The logic of scientific discovery* (2nd ed). New York：Harper，1968.

③ 徐淑英. 科学过程与研究设计//陈晓萍，徐淑英，樊景立主编. 组织与管理研究的实证方法. 北京：北京大学出版社,2008.

中把科学研究过程看作是一个由多个活动组成并不断循环的过程。① 研究者在锁
定一个值得研究的科学问题之后，从理论或观察入手展开了研究。其中，从理论入手
的研究是演绎性假设检验研究（deductive hypotheses testing study），而从观察入手的
研究是归纳性理论建构研究（inductive theory building study），这两部分研究的循
环构成了现今理论界所推崇的"科学之轮"（如图 4.1 所示）。

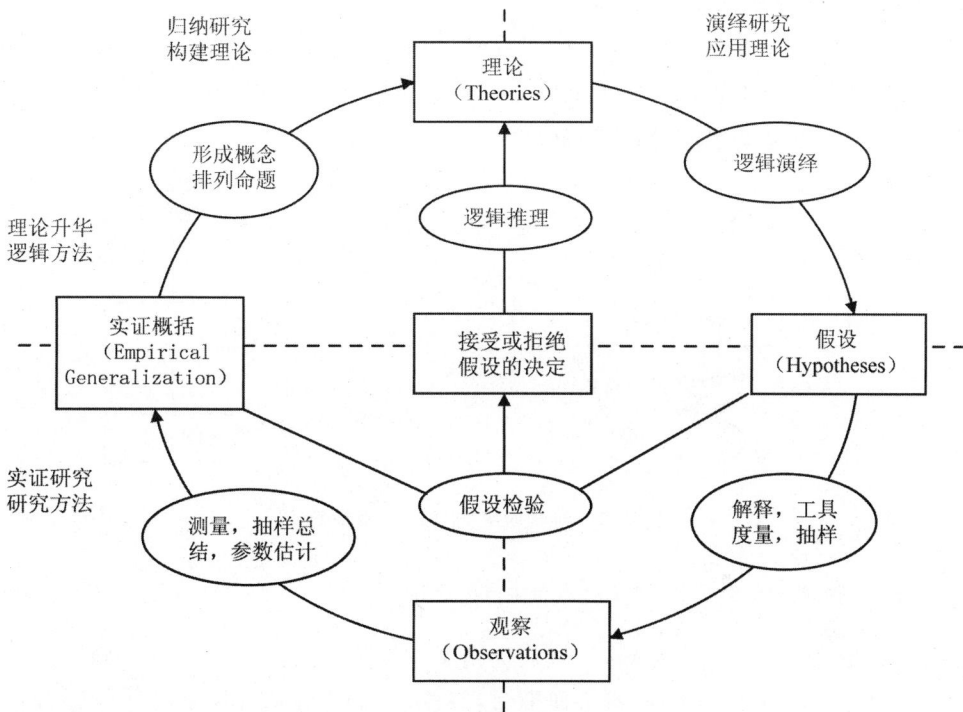

图 4.1　科学过程的要素

资料来源：Wallace W. *The logic of science in sociology*. Chicago：Aldine，1971.

　　图 4.1 中右半部分描述了演绎研究的科学过程。首先，研究者围绕所关注的
科学问题，从现有理论出发，通过逻辑演绎提出一系列相关的、有待实证检验的假
设；之后，研究者根据所提出的假设进行研究设计，选择合适的度量工具将假设中
的变量进行可操作化处理，并确定恰当的抽样方式，为实证观察、收集数据奠定基
础；下一步是通过现实观察获取所需的数据，整理数据，并采用合适的统计分析方
法对先前所提出的假设进行实证检验，根据统计结果决定接受或拒绝假设；最后，
基于实证研究结果，研究者将进一步进行讨论和逻辑推理，从而达到改进或深化理

---

① 　Wallace W. *The logic of science in sociology*. Chicago：Aldine，1971.

论的目的。

由此可见,演绎研究从理论开始,通过观察、资料收集和实证分析检验从理论中推导出来的假设;但是,当难以利用现有理论对所关注的研究问题进行解释时,研究者则应当从观察开始,通过归纳研究建立新的理论。图 4.1 的左半部分描述了归纳研究的科学过程:由于找不到现成的理论解释或支持,归纳研究从现实观察入手;通过观察获得充分的数据信息之后,研究者通过测量、样本总结、参数估计等方式分析所获取的数据,与演绎研究经常采用的定量分析技术不同,归纳研究往往使用定性分析技术以推动实证概括;最后,实证概括将围绕研究问题形成一系列以归纳观察为基础的概念及命题,从而实现理论构建的目的。

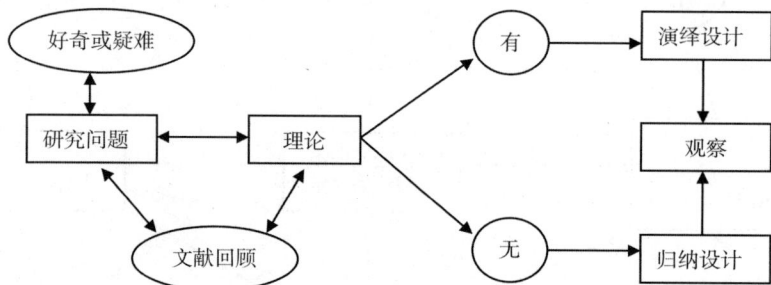

图 4.2 科学研究方法的应用指南

资料来源:徐淑英. 科学过程与研究设计;陈晓萍,徐淑英,樊景立. 组织与管理研究的实证方法. 北京:北京大学出版社,2008.

以上述"科学之轮"为基础,学者们提出了一个更为简洁、实用的科学研究方法的应用指南。如图 4.2 所示,科学研究过程被分为四个步骤:提出研究问题;回顾已有文献;找到理论并形成系列假设;进行实证研究,包括研究设计、数据收集和分析等。[①] 其中,在第四个步骤中,现有理论支持的有无决定具体的研究设计方向:当现有理论可以解释、支持所关注的研究问题时,应该提出假设做进一步检验,进行演绎研究设计,如开展问卷调查或实验方法等;当现有理论难以较好地解释、回答研究问题时,应该进行归纳研究设计,如开展案例研究、访谈等。

根据以上有关研究方法和研究设计的探讨,本研究从理论出发,采纳演绎性的定量研究设计思路规划研究流程。选取该思路主要基于两个原因。一方面,本研究关注新企业社会网络构建问题,探讨其后端效应机制及其权变机制,从现有研究

---

① 徐淑英. 科学过程与研究设计//陈晓萍,徐淑英,樊景立主编. 组织与管理研究的实证方法. 北京:北京大学出版社,2008.

和理论中得到相应的解释或支持。本研究以大量有关社会网络、创业,特别是创业网络的已有研究为基础,社会网络理论、社会资本理论、资源基础观等均有助于解释本研究聚焦剖析的作用机制。另一方面,本研究强调从现有理论出发,通过利用演绎逻辑引入新视角,以改进、深化、丰富现有理论,而非强调通过归纳逻辑构建新的理论或创造新知识。如第三章所示,现有文献不仅对本研究关注的主要概念有较多的探讨,而且也可以为效率和效果视角的引入提供较好的理论和情境化基础。因此,本研究更注重以演绎逻辑提出更深入的假设,通过实证数据进行检验,更清晰地描述、理解新企业社会网络构建活动及与之相关的作用机制。

基于此,本研究将采用推演逻辑提出并使用问卷调查来检验相关的假设。具体而言,首先以现有的研究及理论为基础推导新企业社会网络构建效率和效果与新企业绩效及创业关键要素之间的作用关系,提出一系列有待检验的假设,之后根据所探讨的核心问题、研究内容、研究假设以及通过创业者访谈所了解的实际情况设计问卷,收集量化数据,并运用合适的统计分析方法检验逻辑演绎而来的假设,以进一步深化、丰富新企业社会网络构建相关的理论。

第二节　调查问卷的设计

一、问卷设计依据

调查问卷设计是社会科学定量研究中运用最为普及、实用性最强的方法,其优点在于能够快速有效地以较低的成本收集大量信度、效度较高的数据,同时由于所需时间较短、干扰性较小,比较容易获得被调查个体及组织的支持[①]。创业者往往十分忙碌,并且对辛苦开创的、尚未获得充分发展的新企业有较强的防御和保护意识,因此该问卷调查的这些优点在针对创业者的研究中更为突出。在近年来的创业研究领域中,以"全球创业观察"(Global Entrepreneurship Monitor,GEM)和"创业动态跟踪研究"(Panel Study of Entrepreneurial Dynamics,PSED)为代表的大型跟踪式调查代表着最新的研究趋势,并且可以有效克服生存误差和后视偏差的问题。但是,跟踪式调查成本十分昂贵,在时间、人力和资金上都有很高的要求,超出了一般性研究或本研究可以支配的资源能力范围,因此,本研究决定采用截面

---

① 谢家琳. 实地研究中的问卷调查法//陈晓萍,徐淑英,樊景立主编. 组织与管理研究的实证方法. 北京:北京大学出版社,2008.

式问卷调查研究设计。

问卷设计直接与研究的质量挂钩,因此是对科学性和严谨性要求极高的工作,必须根据变量的属性、特征设计尽可能优化的题项和条目来测量研究中的概念或变量,并且必须严格遵循科学研究设计和流程。丘吉尔(Gilbert A. Churchill, Jr.)指出,问卷设计必须遵循三个基本步骤:一是要充分研读现有文献,明确研究构想的操作化内涵与测量条目;二是要积极地与学术界及实践界进行焦点小组讨论,改进问卷设计;三是要通过探测性调研优化测量条目,以确定最终的问卷内容和形式。① 他的总结性观点给本研究的问卷设计提供了重要、实用的指导。

二、问卷设计过程

本研究严格遵循丘吉尔提出的步骤,并根据实际情况进行了补充性调整,分四个阶段完成问卷设计。

第一,通过文献研读和创业者访谈确定主要研究内容。2010 年 2 月至 2011 年 6 月间,笔者广泛阅读了大量有关社会网络和创业网络的文献,反复研读了经典、核心文献,通过细致的文献梳理发现已有研究中的不足,找出值得研究的问题,并根据研究焦点逐步缩小文献研读范围,最终提炼出本研究的研究问题。在阅读文献和提炼研究问题的过程中,笔者一直与创业者保持较为紧密的联系,根据文献和聚焦的问题列出简要的访谈提纲,利用便利性机会与创业者进行深入的访谈,有效地将理论梳理和实践现象结合,以保证研究问题的重要性、有趣性及可行性。

第二,根据研究问题、研究内容确定问卷调研需要测量的变量,并从已有文献中梳理现有的量表。现有量表往往是先前研究反复论证、改进的结果,不仅能够为当前研究提供便利,更重要的是有助于提高问卷设计的效果。因此,本研究大多数相关变量的测量依赖于对现有量表的沿用或改进。2011 年 6 月至 9 月间,笔者在研究问题、理论模型逐渐成形之后开始系统地梳理已有文献中的有效量表以及有关测度工具的描述,进行反复比较,初步选择合适的测量条目,完成了问卷设计初稿。

尽管现有量表的信度和效度经过已有研究的反复认可,但其在文化、时间及语言上存在局限性,这就要求研究者在沿用现有量表时必须分析其在概念、文化以及情境上的适用性。② 本研究沿用的现有量表大多数是成熟的英文量表,而本研究

---

① Churchill G A. A paradigm for developing better measure of marketing constructs. *Journal of marketing research*, 1979, 16 (1): 64-73.

② 谢家琳. 实地研究中的问卷调查法//陈晓萍,徐淑英,樊景立主编. 组织与管理研究的实证方法. 北京:北京大学出版社,2008.

的调研情境是中国新创企业。为了尽量克服文化、情境及语言上的局限,笔者采取了两个方面的措施:一方面,采用"翻译—反翻译"(back-translation)方法对现有问卷进行翻译,克服语言局限,即先由既具有专业翻译资格、又熟练掌握管理学理论知识及研究技能的博士生将量表翻译成中文,之后请两位专业翻译人员进行从中文到英文的反翻译,并对比原文核实差异,从而保证翻译的质量;另一方面,笔者请部分中国创业者及非创业者分别阅读翻译后的中文问卷,分享他们对问卷题项的理解,并对比原英文问卷,以最大限度地克服文化和情境上的局限。

第三,专门就问卷设计征询学术界和实践界的意见。2011 年 9 月至 11 月间,笔者利用所在学术团队定期交流活动以及导师指导的机会,就所设计问卷的条目、形式及语言等向多位教授、副教授及博士生征求意见和建议。与此同时,笔者以面谈、电话、邮件的形式邀请多位创业者朋友就问卷初稿提出意见和建议,尽可能完善问卷设计。

第四,在不断完善问卷初稿之后,笔者于 2011 年 12 月进行了探测性调研。探测性调研主要通过便利性抽样以直接沟通的形式进行,通过面访、电话访问、网络视频访问的方式请创业者即时填写,以便更清楚地了解问卷填写过程,发现调研中的问题。探测性调研一共访问了 35 位创业者,成功获取了 32 份有效问卷,最重要的是通过此次预调研进一步完善了问卷设计。

经过以上四个阶段,问卷设计过程完成,得到用于正式调研的最终问卷,详见附录 A。

第三节　变量测量

根据本章的研究内容和所提出的假设,网络构建效率和效果是描述新企业社会网络构建的自变量,新企业初期绩效是因变量,同时采用成长阶段、信任氛围、市场化程度分析网络构建效率和效果的作用边界。本节将细致描述各变量的测量手段和分析方法。

一、因变量:新企业初期绩效

很多创业研究围绕创业绩效或新企业绩效展开,因此如何准确、合理地测度新企业初期绩效是研究中的重点,但学者们就此一直难以达成共识,使之同时成为研究中的难点。事实上,新企业的绩效体现在多个方面,已有文献中诸多被使用的指标都有其合理性，其中使用最为频繁的测量指标包括销售收入及其增长、销售回报率等。[①] 经过长期的探索性研究，学者们越来越趋于采用多样化指标综合测量新企业绩效的不同侧面，如效率性、成长性、营利性、规模性、流动性等。[②] 这些由多个常用指标综合得到的绩效数值在理论和实践上均比单一指标测度更能全面地反映新企业真实的运营特征及结果[③]，并且被越来越广泛地采用。

从具体的测量工具运用方式上来说，已有研究经常通过主观度量和客观度量方式获取新企业绩效的数据。主观度量指的是要求被调查者通过比较本企业与主要竞争企业的绩效，运用李克特量表对本企业绩效的特定方面做出比较性主观判断。例如，被调查者要求初步主观判断与主要竞争对手相比，本企业的销售额、利润率、员工人数增长、市场回报率等是否"很好、比较好、一般、比较差、很差"，以此为基础综合衡量新企业的绩效。主观度量的优势在于可以最大程度上避免被调查者对透露本企业数据的担忧，引导他们更好地配合完成调查，同时可以大致了解新企业的竞争状况；其劣势在于过于主观化，在一定程度上受到被调查者主观看法的影响。客观度量方法则恰恰相反，通过直接调查新企业的客观数据来测度其绩效，准确性更高，但也因此使得数据获取的难度增加。尽管财务数据披露是法律规定的内容，一般既有企业在此方面的披露透明性较高，但对于有的小企业主来说，非法律要求时并不愿意向他人披露此类信息，这就增加了调查的难度。

针对测量指标选择的利弊及主客观度量的利弊，本研究决定采用近年来逐渐盛行的主观判断客观绩效的方式综合测度新企业规模绩效[④]来衡量其初期绩效。具体来说，本研究将新企业现有资产规模、员工人数及上一年销售收入三个指标分为若干个数量范围，要求被调查创业者主观选择符合本企业情况的范围。这样既保证了数据的相对准确性，也降低了被调查者对数据披露的担忧。这种方法在已有研究的实际操作中被证明具有较高的内在信度和外部效度。[⑤]

① Brush C G, Vanderwerf P A. A comparison of methods and sources for obtaining estimates of new venture performance. *Journal of business venturing*, 1992, 7(2): 157 – 170.

② Murphy G, Trailer J, Hill R. Measuring performance in entrepreneurship research. *Journal of business research*, 1996, 36(1): 15 – 23.

③ Churchill G A. A paradigm for developing better measures of marketing constructs. *Journal of marketing research*, 1979, 16(1): 64 – 73.

④ Hansen E. Entrepreneurial networks and new organization growth. *Entrepreneurship theory and practice*, 1995, 19(4): 7 – 19.

⑤ Chandler G N, Hanks S H. Market attractiveness, resource-based capabilities, venture strategies, and venture performance. *Journal of business venturing*, 1994, 9(4): 331 – 349.

二、自变量：新企业社会网络构建效率和效果

本研究的第三章第一节在情境化引入、界定效率和效果视角后，以现有创业网络研究为基础就二者的测度提出了建议，可供本章参考。

新企业社会网络构建效率 根据第三章建议，可以从经济学视角的创业网络研究对新企业网络构建效率进行测量，网络构建速度和网络构建投入是能够较好反映构建效率的两个方面。对于新企业网络构建速度的测度，本研究通过直接询问被调查者"是否已经建立起相对完整、稳定的社会网络"。如回答"是"，记为1，并请填写大约建立或形成网络的年份和月份；如回答"否"，记为0，则请填写预计建立或形成网络的年份和月份。1和0表示是否形成社会网络。进一步将所填写的年月与企业基本信息部分中填写的新企业建立年月结合，可以准确计算出构建网络所需的月数。在获得准确月份数据之后，根据与专家讨论及创业者访谈的结果对月数进行分类并从1—5进行编码。从1到5，数值越大，表示网络构建速度越快。

新企业社会网络构建效率的"投入"方面包括网络构建活动中资金、人力等各种资源的付出，其中资金和人力是最突出、最重要的资源投入，因此，本研究主要考虑这两个指标。与选择新企业绩效的测度方法类似，为了在确保数据准确性和降低被调查者顾虑中取得平衡，本研究要求被调查创业者回答公关费用占销售收入的比例，并根据专家讨论、创业者访谈的经验将该比率分为1—6个区间，由被调查者主观判断选择本企业所需费用的区间。为了帮助创业者明确公关费用的概念，在括号里加上了解释：建立新关系、维护已有关系、商务应酬、找关系解决问题等产生的费用。对于人力投入，本研究在问卷中直接询问新企业"参与建立、维护、管理企业社会网络的人员情况"，具体到"中层及以上管理人员"的数量和"职员"的数量。

新企业社会网络构建效果 对新企业网络构建效果的测度可以结合结构和内容视角的创业网络研究成果，有较多的可选测量指标，其中包括网络规模、关系强度、网络密度、网络多样性、网络资源等。为了保证所获取数据的信度和效度，必须控制问卷的长度，不能对上述指标——进行测量，因此本研究选择网络规模、强连带数量、优质关联数量作为衡量新企业网络构建效果的指标。其中，网络规模主要指的是所构建的关系网络中联系组织的数量，强连带指的是与新企业保持频繁、紧密的合作组织，而优质关联指的是所构建网络中资源相对丰富、地位相对较高的合作组织。一般而言，网络规模越大，表明新企业有更多的外部资源；强连带越多，表明新企业联系紧密的合作组织越多，更有可能通过这些强连带以较低的成本获取可靠的信息或资源联系；优质关联越多，表明新企业所构建的网络中有较多地位

高、竞争力强、资源丰富的关联组织，不仅资源获取能力增强，而且可以获得宝贵的无形资源，如声誉、合法性等。新创企业的社会网络处于刚刚形成或正在形成的过程中，相对简单，因此，本研究认为这三个指标可以较好地反映新企业网络构建效果。

在问卷调研中，均采用客观度量的方法来获取有关网络规模、强连带及优质关联的数据。具体来说，通过询问被调查创业者"贵公司与多少家其他组织或单位（其他商家、企业、金融机构、政府部门、高校、机构、非营利性组织等）建立了正式或非正式关系（如资金支持、研发合作、销售关系等）？共与多少个单位或组织保持联系？"来获得网络规模所指的联系单位或组织数目。括号中所加的注释是为了帮助被调查者更好地理解研究问题。新企业也有可能与个人保持联系，但本研究主要考察组织间的联系。在中国情境下，非正式关系与正式关系同样重要，在规模较小、管理欠规范的新创企业中尤其如此。第二个括号中列举的"资金支持、研发合作、销售关系"则是新企业网络中最重要的内容，目的是帮助被调查者在填写时尽可能全面地纳入所有最重要的关系。① 继此之后，询问"在上述单位和组织中，与贵公司关系紧密、联系与合作频繁的组织有多少个？"作为强连带的数目，本研究受到乌兹研究的启示。②

有关优质关联的界定及测度，在已有文献中鲜有借鉴。本研究将优质关联定义为地位较高、资源较丰富的关联组织，而对组织地位、资源丰富度的测量则十分复杂，包括行业内排名、财务绩效等，这会极大地增加被调查者的答题疑虑和困难，数据的信度和效度难以保证，在问卷调查中难以系统实现。因此，本研究对这些考虑因素简化，以新企业自身为比较基础，通过询问"在与贵公司维持关系的企业中，规模比贵公司大的组织有多少个？"作为优质关联的数目。一方面，组织规模是衡量组织绩效、地位和影响力的重要有效指标，而规模较大则意味着在地位、资源方面占据优势，在合作中可以给予更多的资源支持，可以作为衡量"网络构建效果"的指标；另一方面，被调查创业者一般对自己公司主要合作组织的相对规模具有准确的判断，可以在不担忧透露合作组织信息的前提下做出相对准确的回答。因此，本研究采用的度量方式是合适的。

---

① Yu Jifeng, Gilbert Brett, Anitra Oviatt, et al. Effects of alliances, time, and network cohesion on the initiation of foreign sales by new ventures. *Strategic management journal*, 2011, 32(4): 424-446.

② Uzzi B. Embeddedness in the making of financial capital: how social relations and networks benefit firms seeking financing. *American sociological review*, 1999, 64 (4): 481-505.

三、调节变量

(一) 调节变量一：信任氛围

如何准确测度信任是信任研究中最重要的问题之一,但是以往研究更多地聚焦于个体之间信任的测度,关于信任氛围探讨较少,因而可以直接借鉴的、专门性的成熟量表较少。但如前文所述,本研究聚焦组织层面的网络构建活动,重点考察新企业与其他组织的关系,研究中的信任氛围侧重组织层面的信任,主要由组织间信任构成,因此,可以情境化借鉴组织间信任的有效量表。组织间信任是由个体构成的群体对另一群体的信任,尽管层次不同,但组织间信任和个体信任之间有共通之处,甚至可以借鉴已有研究中关于个体层面信任的测度。如综合社会调查(General Social Survey,GSS)和世界价值观调查(World Values Survey,WVS)通过对个体信任、公平和助人态度这三个方面来衡量信任水平[1],是运用最为广泛的有效量表,具有较高的信度和效度。该量表中的部分问题则可以借鉴用于组织间信任的测度,如:你认为社会中的大部分人值得信任吗? 你与人打交道时是否不必拘谨?

本研究参考已有文献中的成熟量表,主要借鉴、改进了 Molina-Morales 和 Martínez-Fernández 在 2009 年所发表的文章中运用的量表来测度信任氛围。[2] 该研究中,他们通过以下问题衡量组织间的信任:(1) 其他企业相信贵公司即便在有机会的时候也不会利用他们;(2) 一般来说,贵公司都能信守承诺;(3) 假设贵公司即将成为某个合作项目中的商业合作伙伴,即便没有明确规定相关义务的正式纸面协议,你们也能遵守协议中的规定;(4) 你们认为当贵公司处于麻烦中时,合作伙伴会给予支持,所以你们认为,只有你们也能给予同样的支持才是公平的;(5) 一般而言,当地的供应商和顾客之间有很好的信任氛围,大多数人都是可信的,可以很容易地与他人打交道;(6) 你对当地的各种机构和组织,如法律体系、政府部门、主要公司等,充满信赖。该量表着力测度企业所在社区的信任情况,与本研究所采用的信任氛围十分相近,在主要考虑组织间信任的同时兼顾了社会公众信任,值得本研究借鉴。但该量表中第(1)—(4)都是要求被调查者对自己公司的可信程度进行评

---

① Knack S, Keefer P. Does social capital have an economic payoff? A cross-country investigation. *Quarterly journal of economics*, 1997,112(4): 1251 - 1288.

② Molina F X, Martínez, M T. Too much love in the neighborhood can hurt: how an excess of intensity and trust in relationships may produce negative effects on firms. *Strategic management journal*, 2009, 30: 1013 - 1023.

估,这会引导被调查者主观上高估自己的信任水平,产生一定的偏差。由于本研究重点是测度信任氛围,主要期望考察信任氛围对新企业网络构建活动的影响,这种偏差应该尽可能避免。因此,本研究对该量表进行了修改,将(1)—(4)题转换为由被调查创业者判断其合作组织的可信程度,这也可以更直观地看作是被调查者对信任氛围的感知,更符合本研究的研究内容。

经过"翻译—反翻译"、专家探讨、创业者访谈及预测性调研,最后本研究将以下五个问题作为正式调研时考察信任氛围的量表:(1)即便有机会,合作伙伴也不会趁机利用我公司;(2)总体来说,合作伙伴都能信守对我公司的承诺;(3)即便没有用书面合同注明义务,合作伙伴也能按照所达成的协议办事;(4)我公司遇到麻烦时,合作伙伴能够站到我们这边给予支持;(5)总体来说,当地信任氛围很好,大多数合作者都可信,跟他人打交道很容易。

（二）调节变量二：市场环境

对于市场环境的测度,本研究主要侧重考虑市场化程度。社会网络构建作为立足于正式制度之外、深植于市场环境中的行为及活动,与新企业所在地区的市场化程度密切相关。进一步而言,有关地区市场化程度的测度,本研究采用了樊纲、王小鲁、朱恒鹏等人所提出的"中国市场化指数"。他们于2001年创建了中国大陆各省区的市场化进程指标体系,并于2001年发布了第一个研究报告,之后持续跟踪此项研究,并不断丰富、完善所采用的指标体系,所获得的测度结果被称为"中国各省区市场化进程相对指数",简称"中国市场化指数"。该指数共包括五个方面的内容:政府与市场的关系;非国有经济的发展;产品市场的发育程度;要素市场的发育程度;市场中介组织的发育和法律制度环境。[①] 在每一个分指数下,有多个经过研究和探讨提出的指标条目,作为测度分指数的标准。研究者们在获取这五个方面的数据之后,对各个方面的指数进行各省区算数平均,所得结果为各省区最终的市场化指数。尽管由于人口规模和经济规模不同,通过算数平均得到的结果可能在准确性上难以保证,但即便采用人口或经济规模加权的方式进行加权平均也同样存在不合理的地方,因此樊纲等最后决定采用算术平均得分的方式处理数据。截止到本书写作时,最新的指数公开出版于2010年1月,题为"中国市场化指数——各地区市场化相对进程2009年报告",公布的是2007年的市场化程度系列指数。[②] 本研究采用的是该最新的指数。

---

①② 樊纲,王小鲁,朱恒鹏. 中国市场化指数——各地区市场化相对进程2009年报告. 北京：经济科学出版社,2010.

除了考虑综合五个方面的市场化指数之外,本研究还特别探讨与新企业社会网络发展及网络构建活动密切相关的两个分指数:产品市场的发育程度和要素市场的发育程度。其中产品市场的发育程度指数主要通过两个一级分项指标来衡量:一是产品市场中商品的价格由市场机制决定的程度;二是产品市场中地方保护主义减少的程度。① 进一步,前者通过三个二级分项指标来反映,即产品市场中零售商品、生产资料类商品以及农产品中价格由市场机制决定的比重。要素市场的发育程度主要通过四个一级分项指标来衡量,包括:金融业的市场化,通过金融业竞争强度与信贷资金分配的市场化程度来反映;劳动力流动性;技术成果市场化;引进外资的程度。②

本研究之所以采用该市场化指数及其密切相关的分指数作为市场环境的衡量指标,不仅是以该指数的客观性、持续跟踪性、高认可度为基础,同时也期望通过引入公开指数侧面检验研究设计及所收集数据的信度和效度。

四、控制变量

除此之外,还有一些因素可能对新企业绩效产生影响,如创业者的性别、年龄、受教育程度、所属地区、所属产业等。为了突出聚焦研究变量之间的关系,本研究对所属地区、所属产业这两个研究变量采取了简化处理,其中所属地区将原来的省份地区划分为南方和北方,以中国秦岭—淮河一线为界,而所属产业被分为制造业和非制造业。

第四节　统计分析方法

在完成问卷收集之后,如何整理数据、如何运用合适的统计分析工具分析数据检验所提出来的假设十分关键。本小节首先概述本研究采用的主要分析技术,之后简要介绍了因子分析、回归分析等主要分析技术,并以比较的方式介绍调节回归技术。

一、主要分析技术概述

本研究主要采用SPSS18.0作为统计分析工具。得到所收集的问卷之后,首先根据研究要求和科学研究规范剔除无效问卷,之后将所有有效问卷的数据录入

---

①② 樊纲,王小鲁,朱恒鹏. 中国市场化指数——各地区市场化相对进程2009年报告. 北京:经济科学出版社,2010.

到 SPSS 软件体系中,并请一位朋友将所录入的数据与原始问卷进行仔细核对,以提高数据输入的准确性,建立起本研究专属数据库。在统计分析过程中,本研究主要采用相关分析、因子分析、回归分析等技术,根据不同的研究问题和变量特征选择最合适的分析技术。

表 4.1　研究目的与分析技术

研究目的	分析技术	所在章节
变量特征检验	相关分析、因子分析、信度检验	第四、五章
效应机制分析	层级回归分析	第五章
环境的调节作用	调节回归分析	第五章

如表 4.1 所示,本研究运用相关分析、因子分析、信度检验进行变量特征检验,运用层级回归分析检验新企业社会网络构建效率和效果与新企业绩效的关系,并在此基础上运用调节回归技术检验外部环境因素对该关系的调节作用。这些分析技术被广泛地运用到已有研究中,具有较好的效度和信度,更重要的是,它们符合本研究的数据分析要求,能够较好地达到检验假设的目的。

二、因子分析

因子分析(factor analysis)起源于智力测试的统计分析,最早由皮尔森(Karl Pearson)和斯皮尔曼(Charles Spearmen)等人提出并进行统计开发,后逐渐被广泛地运用到气象、地质、社会学、心理学、经济学、管理学等领域。在针对实际问题进行研究设计时,研究者往往期望尽可能全面、系统地描述并测度相关的概念或变量,而社会问题中的概念通常包括密切相关但又存在一定差异的多个方面,这就给统计分析带来了问题。倘若将多个方面同时作为分析变量,不仅统计过程十分复杂,而且可能会导致多重共线性等问题,甚至使得研究模型不可用或失效。因子分析能够较好地解决这类问题。因子分析是针对研究中变量间信息的高度重叠性和高度相关性问题而开发的统计技术,通过有效降低变量维数尽量减少数据建模中的变量个数,同时也尽量保持原数据中的主要信息量。

因子分析以最少的信息丢失量为前提,将原始数据中众多的、高度重叠、高度相关的变量综合成一个或几个综合指标,即公共因子。被提取的公共因子具有四个重要特征:(1)个数少于原有变量的个数;(2)能够反映原有变量的绝大部分信息;(3)因子之间的线性关系不显著;(4)具有命名解释性。[1] 除了要求被降维变

---

[1]　薛薇. SPSS 统计分析方法及应用(第 2 版). 北京:电子工业出版社,2009.

量之间具有相关性和重叠性之外,因子分析对样本数量有一定的要求,即样本量与变量数的比例应该在 5∶1 及以上,总样本量要大于 100,并且样本量越大,分析效果越好。[①]

在本研究中,因子分析在主体的第五章有所运用,主要用来将量表中若干个高度重叠、高度相关的变量降维为相关度低、可分析性强的一个或少数因子。如本节中新企业初期绩效、网络构建效果、网络构建投入均通过因子分析对原有数据和变量进行合理的处理。

三、层级回归分析

本研究最主要的统计技术是回归分析(regression analysis),更确切地说是层级回归分析(hierarchical regression analysis)。回归分析的产生源于一个十分有趣的研究问题,最早由英国统计学家高尔顿(F. Galton)提出,他关注父子身高关系,认为可以通过“回归线”来表述这种关系并进行身高预测。回归分析致力于剖析事物之间(或变量之间)的关系,考量不同变量之间是否存在一定的数量关系,并尝试以回归方程的形式将这些关系相对准确地描述出来,在呈现事物关系或关联的同时,为进一步的预测提供科学研究基础。回归分析的核心任务包括三个方面:一是得到回归线,二是描述回归线,三是将回归线用于预测。[②] 回归分析一般包括五个基本步骤:(1)确定回归方程中的解释变量和被解释变量;(2)确定回归模型;(3)建立回归方程;(4)对回归方程进行统计检验;(5)利用回归方程进行预测。在实际研究中,研究者往往根据研究的不同需要选择完成上述三个任务中的一个或多个,而研究步骤也会根据研究目的有所变化,如有的研究主要是为了得到被研究变量之间的关系,因此不会过多地关注如何预测。

层级回归分析是回归分析中十分重要、运用非常广泛的统计技术,遵循上述核心目的和基本步骤,但独具特点。与一般线性回归不同,层级回归分析突出层级的作用,在分析时应该根据控制变量及自变量对因变量起作用的逻辑顺序将不同的变量放入不同层级的模型中。先加入的变量往往是层次更高的变量,在解释因变量时具有更高的优先级别。因此,在确定层级回归模型之前,要借助已有研究发现或实际观察尽可能清晰地确定不同自变量的影响作用及层级。正因为如此,通过层级回归分析模型,研究不仅能够清楚地呈现不同自变量对因变量的影响力和解释力,而且能够以一系列的模型表现出研究中各自变量与因变量的整体关系。

---

① Gorsuch R L. *Factor Analysis*. Hillsdale, NJ: Erlbaum, 1983.

② 薛薇. SPSS 统计分析方法及应用(第 2 版). 北京:电子工业出版社,2009.

本研究中的因变量新企业初期绩效是因子分析转化而来的数值,自变量中新企业社会网络构建效率和效果或是客观分类数值,或是因子分析转化而来的数值,均可以视为定距变量使用,因此,使用线性回归(OSL)模型即可以完成对数据的分析处理。对于本研究中涉及的控制变量、自变量、自变量交互项以及自变量与成长阶段的交互项,可以通过逐层放入的方法进行分析,得到不同变量对被解释变量的作用,这是层级回归分析技术在本研究中的具体运用。

四、调节回归分析

新企业社会网络构建效应机制的边界条件是本研究的重点、难点和创新点所在。如假设推导部分所示,本书假设成长阶段、信任氛围、地区市场环境与新企业社会网络构建效率和效果之间可能存在显著的交互作用,根据统计分析技术的特点,可以采用调节回归分析检验有关边界条件和权变机制的假设。调节作用可以简单地看作是调节变量 M 对变量 X 与变量 Y 关系的影响作用,即变量 X 与变量 Y 的关系是变量 M 的函数(如图 4.3 所示)。

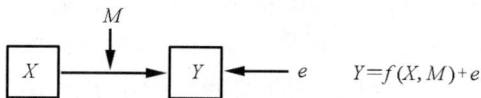

$$Y = f(X, M) + e$$

图 4.3　调节作用示意图

资料来源:温忠麟,侯杰泰,张雷.调节效应与中介效应的比较和应用.心理学报,2005,37(2):268 - 274.

从定义和原理上来看,调节作用看起来很简单,但要准确理解调节变量的含义,必须清楚地区分其与交互作用的区别,二者在统计检验上方法一样,但所表达的意义却有很大的差别。简而言之,交互作用指的是变量 X_1 和 X_2 共同作用于因变量 Y 时产生的影响不同于二者分别作用于 Y 时的简单数学和[①],而调节变量指的是变量 M 影响了变量 X 对变量 Y 的影响。在交互作用中,X_1 和 X_2 可以互换位置,二者地位可以对称或不对称,只要二者之一起到了调节作用,交互作用即存在;在调节作用中,自变量、调节变量很明确,可以通过已有研究中的理论基础来进行合理的解释,二者不能互换位置,并且调节变量 M 必须是影响了 X 与 Y 关系中间的作用机制。以本研究的假设为例:在纵向对比新企业网络构建效率和效果的效应机制时,引入它们与成长阶段的交互项,但此时成长阶段并不作用于自变量与因

---

① 罗胜强,姜嬿.调节变量和中介变量//陈晓萍,徐淑英,樊景立.组织与管理研究的实证方法.北京:北京大学出版社,2008:312 - 331.

变量之间的关系,因此不是调节变量;在考虑信任氛围、市场环境的影响作用时,分别加入它们与自变量的交互性,以已有研究和现实情况分析为基础,可以判断它们均能对自变量和因变量之间的关系产生影响,即对本研究关注的效应机制产生调节作用。

　　表 4.2 列示了具体的显变量的调节效应分析方法和步骤。在本研究中,信任氛围和衡量市场环境的市场化指数都是连续变量,因此在进行调节回归分析之前,首先对自变量和调节变量进行中心化处理,之后做新企业初期绩效对自变量和调节变量的回归,然后在下一层模型中加入其对交互项的回归,通过检查 R^2 的变化和交互项系数显著性判断调节作用是否存在。

表 4.2　显变量的调节效应分析方法

调节变量	自变量	
	类别	连续
类别	两因素有交互效应的方差分析(ANOVA),交互效应即调节效应。	分组回归:按 M 的取值分组,做 Y 对 X 的回归。若回归系数的差异显著,则调节效应显著。
连续	自变量使用伪变量,将自变量和调节变量中心化,做 $Y = aX + bM + cXM + e$ 的层次回归分析: 1. 做 Y 对 X 和 M 的回归,得测定系数 R_1^2。 2. 做 Y 对 X、M 和 XM 的回归得 R_2^2,若 R_2^2 显著高于 R_1^2,则调节效应显著。或者,作 XM 的回归系数检验,若显著,则调节效应显著。	将自变量和调节变量中心化,做 $Y = aX + bM + cXM + e$ 的层次回归分析(同左)。除了考虑交互效应项 XM 外,还可以考虑高阶交互效应项(如 XM^2,表示非线性调节效应;MX^2,表示曲线回归的调节)。

　　资料来源:温忠麟,候杰泰,张雷.调节效应与中介效应的比较和应用.心理学报,2005,37(2):268-274.

第五章　实证研究过程、结果与讨论

本章首先对样本与数据进行简要介绍,详细描述针对假设的实证分析结果,之后结合理论与实际对假设检验情况进行合理的解释,并就新企业社会网络构建的效应机制及其边界条件进行深入的探讨,同时提炼主要研究发现。

第一节　样本与数据

一、数据收集

问卷设计完成之后的数据收集工作很关键,这直接影响研究的信度和效度。数据收集的第一步是样本选择。本研究以中国转型经济为研究情境,其中香港、澳门、台湾地区与大陆在制度和文化上存在较大的差异,而这正是社会网络存在的重要根基,因此样本选择时将地理区域锁定为中国大陆地区。除此之外,并不限制样本的行业属性、产业性质、规模或创业者的人口统计特征,以尽量提高研究结果的普适性,只要求被调查的对象必须为新创企业。关于新创企业的界定,已有研究观点并不一致,其中 6 年及以下[①]、8 年及以下[②]、10 年及以下是较为常见的界定方式,而本书采纳折中的观点,将被调查新企业的成立时间设定为 8 年(即 96 个月)以内。由于本研究的调研时间为 2011 年 12 月至 2012 年 1 月,因此将 2011 年 12 月 31 日为计量截止日期,并将样本选择界定为成立于 2003 年 1 月 1 日之后的新创企业。

---

① Zahra S, Ireland D, Hitt M. International expansion by new venture firms: international diversity, mode of market entry, technological learning, and performance. *Academy of management journal*, 2000, 43: 925-950.

② McDougall P Phillips, Shane S, Oviatt B M. Explaining the formation of international new ventures: the limits of theories from international business research. *Journal of business venturing*, 1994, 9(6): 469-487.

　　在实际调研中,面向企业高管人员的大规模问卷难度较大,而直接面向新企业核心创业者的问卷发放和收集则更加困难。如前文所述,随机抽样调查及大规模跟踪式调查固然有其独特的优势,但受到主客观条件的限制,在很多情况下是难以实现的。因此,回顾已有的国内外研究,大多数研究都是通过便利性抽样而非随机抽样调查来获取数据。他们的研究也表明,便利性抽样原则在以创业者和新企业为对象的研究中具有较好的信度和效度。结合实际调研情况和已有研究思路,本研究采用便利性抽样与"滚雪球"抽样相结合的抽样方式确定抽样对象。首先,笔者通过个人社会网络联系到熟识的、愿意接受调研的创业者,请他们完成第一轮的问卷调研,并请他们从各自的个人网络中推荐第二轮的被调查创业者,以此类推,一共收集四轮问卷。在确定好调研对象之后,具体采用三种方式发放、回收问卷。

　　第一种方式是笔者亲自到现场发放和收集问卷。这种方法可以在问卷填写现场随时解答被调查者的疑问,尽可能保证问卷填写的完整性和数据的真实性。2011年12月至2012年1月间,笔者通过个人网络或"滚雪球"式的推荐走访了天津、湖南地区的一些新创企业,直接请其核心创业者填写问卷。通过这种方式一共发放问卷58份,回收47份,其中有效问卷42份,问卷回收率为81.03%,有效问卷回收率为72.41%。

　　第二种方式是通过邮寄发放和回收问卷。现场亲自发放和收集问卷固然能够最大限度地保证问卷填写真实完整,但效率太低,创业者往往十分忙碌,面访不仅需要占用更多的时间,而且会被认为对创业者工作有更多的干预,有的创业者不愿意接受面访。同时,针对天津、湖南地区以外的创业者,尤其地理距离遥远地区的创业者,面访的难度很大,成本昂贵,在实际调研中难以实现。因此,本研究将打印好的问卷寄送给不同地区的关键联系人,包括地区行业协会主要负责人、政府经济工商管理部门负责人、创业者等,他们利用自身的社会网络邀请创业者填写问卷。为了尽可能提高问卷收集质量,笔者在快递寄送问卷之前多次就问卷发放、回收问题与他们进行了长时间的当面、电话及网络通信沟通,教授相关技巧和注意事项,确保他们能最大限度地提高问卷的填写质量。收到问卷之后,关键联系人利用培训、开会、聚会等机会邀请创业者当面填写问卷,对于少数不能面访的创业者,则以快递的方式发放、回收问卷。在此期间,笔者一直与关键联系人、甚至部分创业者保持联系,随时解决问卷发放和回收中的各种问题。在当地问卷收集完成之后,关键联系人将回收的问卷快递给笔者。从整个过程来看,由于关键联系人在创业者网络中处于较为重要甚至核心的位置,对被调查创业者至少持有基础性了解,能够较好地确保问卷填写的真实性和完整性;同时,被调查创业者在填写问卷时有情感、信任等作为数据保密基础,因此顾虑较少,愿意配合调查,提供真实可靠的数据。通过这种方式一共发放问卷 220 份,回收 93 份,其中有效问卷 64 份,问卷回收率为 42.27%,有效问卷回收率为 29.09%。

第三种方式是通过邮件等网络通信方式发放和回收问卷。这种方式配合第二种方式使用,但更为便捷,成本更低,也更有利于笔者与创业者直接沟通。首先,笔者通过熟识的关键联系人与愿意接受调查的创业者取得联系,在进行样本条件确认之后将电子版问卷通过邮件等网络通信方式直接发送给创业者。在这些创业者填写问卷过程中,笔者保持电话、网络畅通,以便随时回答电话或网络另一端创业者的疑问。问卷完成之后,创业者依然通过网络将填写好的问卷发回,而笔者在查收问卷的时候可以进一步就遗漏或回答不清楚的问题继续与创业者沟通。事实证明,随着网络通信方式的普及、改善以及人们计算机水平的提高,这种方式收集数据的效率和效果都有所保证。通过这种方式一共发放问卷 130 份,回收 58 份,其中有效问卷 37 份,问卷回收率为 44.62%,有效问卷回收率为 28.46%。

利用上述三种方式,本研究在调查中共发放 408 份问卷,一共回收有效问卷 143 份,有效问卷回收率为 35.05%,有关问卷发放、回收情况详见表 5.1。

表 5.1　调查问卷发放与回收情况

发放和回收方式	发放问卷数量(份)	有效问卷数量(份)	有效问卷回收率(%)
第一种方式	58	42	72.41
第二种方式	220	64	29.09
第三种方式	130	37	28.46
合计	408	143	35.05

关于样本规模,从理论上来说样本规模越大,研究结果越具有说服力,但在现实调查中,企业问卷调查往往受到客观条件的限制,规模有限,针对新创企业核心创业者的问卷调查尤其如此。有学者提出有关样本规模的准则,认为 10% 及以内的抽样误差是被允许的,因此样本规模应该至少大于研究模型中变量总数的 5 倍,并且样本总量达到 100 个。[①] 根据这一准则,本研究的样本规模符合要求,研究结果可以被接受。

---

① Rea L, Parker R. *Design and conducting survey research : a comprehensive guide*. San Francisco:Jossey-Bass Publisher,1992.

二、样本检验

针对三种问卷收集方法可能存在的样本独立性、有效性问题,本研究采取了单因素方差分析(One-Way ANOVA)检验所收集的问卷来源进行检验,看它们是否来自于同一母体。检验结果显示,尽管个别条目存在差异,但并不显著,总体上三种方式收集的样本均来自于同一母体,不会对分析结果带来显著性影响。

问卷调查方法需要考虑的另外一个重要问题就是可能存在共同方法偏差(common method biases),即由于被调查者来源及其所处环境的共同特征、测量条目本身及语境的共同特征等造成的人为变量共变。本研究采取以下措施控制共同方法偏差:首先,在设计问卷时尽量打乱相关条目的逻辑顺序,并适当设置反向条目克服被调查创业者的填写惯性;第二,在邀请被调查者填写问卷时,强调调查问卷中各答项没有正误之分,以尽量减少社会称许性偏见,防止被调查者在填写时刻意迎合社会接受和赞同的价值观或偏向性;最后,本研究采用哈曼(Harman)建议的方法来检验、控制共同方法偏差。根据他的建议,可以将所有的变量都放到同一个探测性因子分析中,检验未旋转的因子分析结果,如果只析出一个因子或某个因子的解释力特别大,则表明所收集数据存在较为严重的共同方法偏差。[①] 本研究将问卷中的 24 个主要条目数据放入同一个探测性因子分析,未旋转的情况下提出 9 个与特征根大于 1 的因子,并且得出的第一个因子解释了总方差的 14.75%,只占到较少的比例,因此可以确定本研究的问卷调查方法存在的共同方法偏差并不严重。

三、样本特征描述

表 5.2 是对被调查创业者的描述性统计。从被调查创业者的性别分布来看,男性创业者占绝大多数,达到 81.1%,女性创业者仅占 18.9%;从被调查创业者的年龄分布来看,大多数创业者处于 21～40 岁年龄段,占比为 92.3%,而 20 岁及以下和 40 岁以上的创业者仅占 7.7%;从被调查创业者的学历分布来看,70.0%的创业者接受过大专以上教育,其中大专和本科学历者分别占到了 22.4%和 37.1%,而高中及以下的创业者占 31.1%;从被调查创业者的工作经验分布来看,88.8%的创业者在创业之前有工作经验,11.2%的创业者没有任何工作经验;从被调查创业者的技术职称分布来看,63.6%的创业者没有任何技术职称,16.8%具有初级技

---

① 刘军. 管理研究方法. 北京:中国人民大学出版社,2008:191.

术职称,14.7%具有中级技术职称,4.9%具有高级技术职称。由此可以看出,被调查的创业者分布较为广泛,具有较好的代表性。

表 5.2 被调查创业者特征的描述性统计[a,b]

条目		赋值	样本量(个)	所占百分比(%)
性别	男	1	116	81.1
	女	0	27	18.9
年龄	20 岁及以下	1	3	2.1
	21~30 岁	2	88	61.5
	31~40 岁	3	44	30.8
	41~50 岁	4	6	4.2
	51 岁及以上	5	2	1.4
教育程度	初中及以下	1	20	14.0
	高中	2	23	16.1
	大专	3	32	22.4
	本科	4	53	37.1
	硕士	5	14	9.8
	博士	6	1	0.7
管理经验	有	1	91	63.6
	无	0	52	36.4
创业经验	有	1	95	66.4
	无	0	48	33.6
工作经验	有	1	127	88.8
	无	0	16	11.2
技术职称	无技术职称	0	91	63.6
	初级技术职称	1	24	16.8
	中级技术职称	2	21	14.7
	高级技术职称	3	7	4.9

a. 样本量=143。

b. 少数条目存在极少的缺失值,因此这些条目所占百分比总和小于百分之百。

表 5.3 是对样本新创企业的描述性统计。从样本企业的技术特征来看,23.8%的新企业是技术型创业,76.2%的新企业是非技术型创业;从样本企业的员工人数规模看,28%的新企业员工人数为 5 人及以下,40.6%的新企业员工人数

为 6～20 人,21.0％的员工人数为 21～50 人,6.3％的员工人数为 51～100 人,4.2％的员工人数为 100 人以上;从样本企业的地区来源来看,以秦岭—淮河为南北方分界线,所选样本中 64.3％的创业者来自南方,35.7％的创业者来自北方;从样本企业所述行业分布来看,21.7％的新企业立足于制造业,78.3％的新企业从事非制造业,具体主要包括批发和零售业、通讯和通信业、餐饮业、专业性服务业等;从样本中新企业成立时间来看,成立四年以内的企业占到了 71.3％,成立四年以上、八年以下的企业占 28.7％,即成立时间较短的样本占大多数,有助于降低问卷调查中的后视偏差,提高所收集数据的准确性和真实性。

　　综上所述,本研究的样本分布较为广泛,具有较好的代表性,研究结果可以接受,并且具有较好的普适性。

表 5.3　样本企业特征的描述性统计[a,b]

条目		赋值	样本量(个)	所占百分比(％)
技术特征	技术型	1	34	23.8
	非技术型	0	109	76.2
员工人数	5 人及以下	1	40	28.0
	6～20 人	2	58	40.6
	21～50 人	3	30	21.0
	51～100 人	4	9	6.3
	100 人以上	5	6	4.2
所属产业	制造业	1	31	21.7
	非制造业	0	112	78.3
所在地区	南方	1	92	64.3
	北方	0	51	35.7
成立时间	6 个月以下	1	19	13.3
	7～12 个月	2	21	14.7
	13～24 个月	3	31	21.7
	25～48 个月	4	31	21.7
	49～72 个月	5	25	17.5
	73～96 个月	6	16	11.2

a. 样本量＝143。

b. 少数条目存在极少的缺失值,因此这些条目所占百分比总和小于百分之百。

第二节 主要变量的因子分析及处理

如第四章第三节所示,本研究所采用的变量当中,有四个主要变量通过多个指标进行综合测量。显然,对这些变量进行简单求平均值或者加权都是不科学的,而逐一进行分析又十分烦琐,更难以准确地反映变量的综合情况,因此,在进行统计分析之前,本研究先对测度新企业初期绩效、网络构建投入、网络构建效果、信任氛围等变量的条目进行因子分析,此外对网络构建速度指标进行简化处理。

一、因变量的因子分析及处理

本研究将新企业现有资产规模、员工人数及上一年销售收入三个指标分为若干个数量范围(详见表 5.4),每个区间赋予一定的值,要求被调查创业者主观选择符合本企业情况的范围。这样既保证了数据的相对准确性,也降低了被调查者对披露精确数据的担忧。这种方法在已有研究的实际操作中被证明具有较高的内在信度和外部效度。[1]

表 5.4 本研究使用的新企业初期绩效测量指标[a]

条目	绩效区间	赋值	数量	百分比(%)
资产规模	10 万元及以下	1	36	25.2
	11 万~50 万元	2	42	29.4
	51 万~100 万元	3	26	18.2
	101 万~500 万元	4	23	16.1
	500 万元及以上	5	16	11.2
员工人数	5 人及以下	1	40	28.0
	6~20 人	2	58	40.6
	21~50 人	3	30	21.0
	51~100 人	4	9	6.3
	100 人以上	5	6	4.2

---

① Chandler G N, Hanks S H. Market attractiveness, resource-based capabilities, venture strategies, and venture performance. *Journal of business venturing*, 1994, 9(4): 331 - 349.

条目	绩效区间	赋值	数量	百分比（%）
销售收入	5万及以下	1	19	13.3
	5万～10万	2	12	8.4
	11万～20万	3	15	10.5
	21万～50万	4	21	14.7
	51万～100万	5	26	18.2
	101万～200万	6	17	11.9
	201万～500万	7	18	12.6
	501万～1000万	8	11	7.7
	1000万以上	9	4	2.8

a. 样本量为143。对于绩效区间的划分，本研究通过专家研讨、创业者访谈及利用探测性调研进行反复调整，从样本分布来看，没有出现过度聚集的情况，具有广泛的代表性。

资产规模、员工人数和销售收入分别反映了新企业初期绩效的三个侧面，然而，不能通过简单加总或平均的方式来进行综合处理，而对三个指标分别进行实证检验又过于烦琐。因此，本研究采用因子分析的方法来对这三个指标进行简化、降维处理，得到一个公共因子作为综合的新企业初期绩效。如表5.5所示：这三个指标的信度检验克隆巴赫系数（Cronbach Alpha）值0.855，大于0.70，单项与总项（item-to-total）的相关系数最小值为0.628，大于0.35，表明所采用的量表具有较好的信度和效度；因子载荷最小为0.796，表明所提取的公因子能够较好地代表三个指标；三项指标公因子方差最小值为0.768，表明所采用的量表具有较好的信度和效度；检验统计量KMO（Kaiser-Meyer-Olkin）检验值为0.667，表明研究样本数量较为充分，满足了因子分析的样本限制条件；巴特利特法（Bartlett）球形检验

表5.5　新企业初期绩效的因子分析结果[a,b]

测量条目	因子载荷值	单项与总项	克隆巴赫系数
资产规模	0.916	0.817	
员工人数	0.876	0.628	0.855
销售收入	0.796	0.752	

a. 采用主成分方法共提出一个公共因子，对变量的累积方差贡献率为74.656%。
b. 检验统计量样本充分性检验值为0.667；巴特利特法球形检验值为137.861，$P<0.01$。

值为 137.861,显著水平 $P<0.01$,表明三个条目之间有较强的相互关联性,适合于通过因子分析提取公共因子;主成分法降维后得到的公共因子的方差贡献率为 74.656%,表明原来三个指标的方差中,有 74.656% 可以用该公共因子来解释。

在经过因子分析之后,所提取的公共因子代表了每个样本所对应的新企业初期综合绩效,这时的因子值是一个均值为 0、标准差为 1 的标准分变量。因子值越高,表示对应样本的新企业初期绩效越好。

二、自变量的因子分析及处理

在第四章已经详细介绍了本研究对网络构建效率和效果的探索性测度方式,但是,在进行数据统计之前,本研究必须对各个变量进行相应的处理。

新企业社会网络构建效率。为了测量网络构建速度,本研究要求被调查者分别填写新企业创建的年月,以及完成(或预计完成)基本社会网络构建的年月,通过二者相减可以准确计算出构建网络所需的月数。在获得准确月份数据之后,笔者根据与专家讨论及创业者访谈的结果对月数进行分类并从 1 到 5 进行编码(如表 5.6 所示)。从 1 到 5,数值越大,表示网络构建速度越快。

表 5.6 本研究使用的新企业网络速度测量指标[a]

条目	月份区间	赋值	数量	比例(%)
已经或预计形成社会网络的时间—企业建立时间	6 个月及以下	5	26	18.2
	7~12 个月	4	19	13.3
	13~24 个月	3	36	25.2
	25~48 个月	2	36	25.2
	48 个月以上	1	26	18.2

a. 样本量为 143。对于月份区间的划分,本研究通过专家研讨、创业者访谈及利用探测性调研进行反复调整,从样本分布来看,没有出现过度聚集的情况,具有广泛的代表性。

为了测度网络构建投入中的资金投入,本研究要求被调查创业者回答公关费用占销售收入的比例,并根据专家讨论、创业者访谈的经验将该比率分为 1—6 个区间,由被调查者主观判断选择本企业所需费用的区间(如表 5.7 所示)。对于人力投入,本研究在问卷中直接询问新企业在网络构建、维护和管理方面投入的中层管理人员及员工人数。

表 5.7　本研究使用的新企业网络资金投入测量指标[a]

条目	资金投入区间	赋值	数量	比例(%)
已经或预计形成社会网络的时间—企业建立时间	5%及以下	1	106	74.1
	6%~10%	2	26	18.2
	11%~20%	3	6	4.2
	21%~30%	4	3	2.1
	30%以上	5	2	1.4

　　a. 样本量为143。对于资金投入区间的划分,本研究通过专家研讨、创业者访谈进行反复调整,从样本分布来看,没有出现过度聚集的情况,具有广泛的代表性。

　　在获取网络构建资金投入、中层以上管理人员投入、职员投入的数据之后,尽管三个数据均表示投入的不同方面,但显然不能通过直接加总得到网络构建投入的综合指标。同样类似于对新企业初期绩效指标的处理方式,采用因子分析方法对这三个指标进行简化、降维处理。运用主成分方法进行因子分析得到一个公共因子即为综合的新企业网络构建投入。如表 5.8 所示:克隆巴赫系数值为 0.717,大于 0.70,单项与总和项的相关系数的最小值为 0.470,大于 0.35,可以认定测量量表具有较好的信度和效度;因子载荷最小为 0.763,表明所提取的公因子能够较好地代表原来的三个条目;因子分析的检验统计量检验值为 0.666,表明研究样本数量比较充分,满足了因子分析的样本限制条件;巴特利特法球形检验值为 69.306,显著水平 $P<0.01$,表明三个条目之间有较强的相互关联性,可以通过因子分析提取公共因子;主成分法降维后得到的公共因子的方差贡献率为 63.625%,表明原来两个指标的方差中,有 63.625%可以用该公共因子来解释。

表 5.8　新企业网络构建投入的因子分析结果[a,b]

项目	因子载荷值	单项与总项	克隆巴赫系数
资金投入	0.833	0.540	
中层管理人员投入	0.795	0.470	0.717
职员投入	0.763	0.533	

　　a. 采用主成分方法共提出一个公共因子,对变量的累积方差贡献率为 63.625%。
　　b. 检验统计量样本充分性检验值为 0.666;巴特利特法球形检验值为 69.306,$P<0.01$。

　　新企业社会网络构建效果。表 5.9 显示了样本中新企业网络构建效果三个条目网络规模、强关联数目和优质关联数目的基本情况。

网络规模、强连带数目、优质关联数目分别反映了新企业网络构建效果的三个方面。显然,不能对三个指标盲目加总或取平均值作为综合性的网络构建效果指标,对单个指标进行一一分析也无疑是烦琐、片面的。因此,必须采用因子分析的方法对三个指标进行简化、降维处理,得到一个公共因子即为综合的新企业网络构建效果。如表 5.10 所示:这三个指标的信度检验克隆巴赫系数值 0.888,大于0.70,单项与总和项的相关系数最小值为 0.662,大于 0.35,表明所采用的量表具有较好的信度和效度;因子载荷最小为 0.829,表明所提取的公因子能够较好地代表三个指标;检验统计量检验值为 0.684,表明研究样本数量充分,满足了因子分析的样本限制条件;巴特利特法球形检验值为 264.850,显著水平 $P<0.01$,表明两个条目之间有较强的相互关联性,适合于通过因子分析提取公共因子;主成分法降维后得到的公共因子的方差贡献率为 81.826%,表明原来两个指标的方差中,有81.826% 可以用该公共因子来解释。

表 5.9　新企业网络构建效果主要条目的描述性统计

指标	最小值	最大值	平均值
网络规模	1.00	1000.00	39.5874
强连带数目	0.00	500.00	13.3723
优质关联数目	0.00	300.00	16.1550

表 5.10　新企业网络构建效果的因子分析结果[a,b]

条目	因子载荷值	单项与总项	克隆巴赫系数
网络规模	0.943	0.865	
强连带数目	0.937	0.885	0.888
优质关联数目	0.829	0.662	

a. 采用主成分方法共提出一个公共因子,对变量的累积方差贡献率为 81.826%。
b. 检验统计量样本充分性检验值为 0.684;巴特利特法球形检验值为 264.850,$P<0.01$。

在经过因子分析之后,所提取的公共因子代表了每个样本所对应的新企业社会网络构建综合效果,这时的因子值是一个均值为 0、标准差为 1 的标准分变量。因子值越高,表示对应样本的网络构建效果越好。

三、调节变量的因子分析及处理

如第四章所介绍,本研究在问卷中采用了五个条目综合测度新企业所处环境的信任氛围,这五个条目分别反映了创业者所处信任氛围的不同方面。那么,如何通过这五个方面得到信任氛围的综合指标？显然，简单加总或求平均值都是不符合科学研究规范的，因此，本研究采取因子分析的方法来提取代表综合信任氛围的公因子，分析结果如表 5.11 所示。该表显示：量表克隆巴赫系数值为 0.795，大于 0.70，单项与总项的相关系数的最小值为 0.478，大于 0.35，可以认定测量量表具有较好的信度和效度；因子载荷值最小为 0.637，表明所采用的量表具有较好的信度和效度，并且所提取的公因子能够较好地代表五个指标；检验统计量检验值为 0.774，表明研究样本数量充分，满足了因子分析的样本限制条件；巴特利特法球形检验值为 217.100，显著水平 $P<0.01$，表明两个条目之间有较强的相互关联性，适合于通过因子分析提取公共因子；主成分法降维后得到的公共因子的方差贡献率为 55.955%，表明原来两个指标的方差中，有 55.955% 可以用该公共因子来解释。

表 5.11   信任氛围的因子分析结果[a,b]

条目	因子载荷值	单项与总项	克隆巴赫系数
即便有机会，合作伙伴也不会趁机利用我公司	0.872	0.478	
总体来说，合作伙伴都能信守对我公司的承诺	0.770	0.614	
即便没有用书面合同注明义务，合作伙伴也能按照所达成的协议办事	0.741	0.729	0.795
我公司遇到麻烦时，合作伙伴能够站到我们这边给予支持	0.699	0.578	
总体来说，当地信任氛围很好，大多数合作者都可信，跟人打交道很容易	0.637	0.549	

a. 采用主成分方法共提出一个公共因子，对变量的累积方差贡献率为 55.955%。
b. 检验统计量样本充分性检验值为 0.774；巴特利特法球形检验值为 217.100，$P<0.01$。

此外，对于市场环境调节变量，本研究采取截止到本书写作时、最新出版的樊纲指数，即 2010 年 1 月出版的《中国市场化指数——各地区市场化相对进程 2009 年报告》中公布的 2007 年的市场化程度系列指数，与本研究相关的市场化指数、产品市场的发育程度指数、要素市场的发育程度指数见表 5.12。[①] 不难发现，中国市场化进程存在较为严重的地区不平衡性，同时在分指数地区产品市场和地区要素市场的发育程度等方面，也呈现出不同的特点。总体来说，上海、浙江、广东

---

① 樊纲，王小鲁，朱恒鹏. 中国市场化指数——各地区市场化相对进程 2009 年报告. 北京：经济科学出版社，2010.

和江苏这四个省区的市场化程度较高,而新疆、甘肃、青海和西藏的市场化程度
较低。

表 5.12　2007 年市场化指数、产品市场及要素市场发育程度指数

地区	市场化指数	产品市场的发育程度	要素市场的发育程度
全国平均	7.50	8.96	5.54
上海	11.71	9.78	11.93
浙江	11.39	10.61	9.24
广东	11.04	10.21	9.02
江苏	10.55	9.33	7.87
天津	9.76	9.31	11.42
北京	9.55	8.73	11.09
福建	9.45	10.58	8.15
山东	8.81	9.71	5.80
辽宁	8.66	9.58	8.14
重庆	8.10	9.38	7.17
安徽	7.73	8.98	4.82
四川	7.66	8.94	5.03
河南	7.42	9.60	4.14
湖北	7.40	9.46	5.22
江西	7.29	9.93	4.81
湖南	7.19	9.81	5.40
河北	7.11	8.68	3.65
吉林	6.93	9.97	3.10
海南	6.88	8.59	4.20
内蒙古	6.40	9.43	3,63
广西	6.37	7.10	3.19
黑龙江	6.27	8.99	3.41
山西	6.23	9.25	3.77
云南	6.15	6.97	4.74
宁夏	5.85	6.71	3.46

地区	市场化指数	产品市场的发育程度	要素市场的发育程度
贵州	5.57	9.02	3.07
陕西	5.36	6.34	3.97
新疆	5.36	8.53	2.43
甘肃	5.31	9.06	4.02
青海	4.64	5.52	3.90
西藏	4.25	9.65	2.04

资料来源：樊纲，王小鲁，朱恒鹏.中国市场化指数——各地区市场化相对进程 2009 年报告.北京：经济科学出版社，2010.

四、控制变量的处理

本研究针对控制变量创业者性别、年龄、受教育程度、所属地区、所属产业等，进行了一定的简化处理，如将省区简化为南方和北方，将所属产业简化为制造业和非制造业，以此突出主要变量的影响作用（详见表 5.13）。

表 5.13　本研究控制变量测度[a]

控制变量	测量	赋值	数量	百分比（%）
性别	男	1	116	81.1
	女	0	27	18.9
年龄	20 岁及以下	1	3	2.1
	21～30 岁	2	88	61.5
	31～40 岁	3	44	30.8
	41～50 岁	4	6	4.2
	51 岁及以上	5	2	1.4
教育程度	初中及以下	1	20	14.0
	高中	2	23	16.1
	大专	3	32	22.4
	本科	4	53	37.1
	硕士	5	14	9.8
	博士	6	1	0.7

续　表

控制变量	测量	赋值	数量	百分比(%)
所属产业	制造业	1	31	21.7
	非制造业	0	112	78.3
所属地区	南方	1	92	64.3
	北方	0	51	35.7

a. 样本量为143。

第三节　实证分析与假设检验

本节系统阐述数据分析结果和假设检验情况。本研究具体数据分析步骤如下：首先对需要降维处理的变量进行因子分析，提炼出因子；第二，对所有的研究变量进行相关性分析，以初步判断变量之间的相关关系，并识别是否存在严重的多重共线性问题；第三，采用层级回归分析的方法逐步加入控制变量、自变量、自变量的交互项，形成不同的回归模型，通过回归分析结果中的系数和系数显著性水平判断、比较不同变量对因变量的影响作用。

一、相关分析

表5.14显示了本章研究模型中主要变量之间的相关系数矩阵。从自变量与因变量之间的相关系数来看，新企业是否形成基本社会网络、网络构建速度、网络构建投入、网络构建效果与新企业初期绩效之间存在显著的正相关关系，相关系数分别为 $0.336(P<0.01)$、$0.196(P<0.05)$、$0.294(P<0.01)$、$0.182(P<0.1)$。从其他变量与因变量的相关关系来看，新企业成长阶段、创业者性别、年龄、所属产业与新企业初期绩效之间存在显著的正相关关系，相关系数分别为 $0.399(P<0.05)$、$0.197(P<0.05)$、$0.153(P<0.1)$、$0.305(P<0.01)$。

从自变量与控制变量的相关性来看，除了新企业是否构建起基本网络与网络构建速度、网络构建效果、成长阶段、学历等变量之间存在显著性相关关系外，其他变量之间相关性并不显著，即各变量之间的自相关性并不严重，回归模型不存在严重的多重共线性问题。同时，鉴于该变量与其他主要自变量之间的强相关性，本研究在进行回归分析时将该变量与其他变量纳入不同的回归分析模型中，以避免由此而产生的多重共线性问题。

表 5.14　主要研究变量的相关系数矩阵[a,b]

		1	2	3	4	5	6	7	8	9	10	11	12	13	14	15
1	CQJX	1														
2	SFXC	0.336***	1													
3	GJSD	0.196**	0.516***	1												
4	GJTR	0.294***	0.110	0.072	1											
5	GJXG	0.182**	0.167**	0.018	0.170**	1										
6	XRFW	0.029	0.010	−0.105	−0.048	−0.05	1									
7	SCHJ	0.018	−0.073	0.029	0.092	0.045	0.200**	1								
8	CPSC	−0.064	0.052	0.188**	−0.039	−0.065	0.101	0.640***	1							
9	YSSC	0.007	−0.136	−0.094	0.047	0.119	0.152*	0.834***	0.358***	1						
10	CZJD	0.399***	0.257**	−0.074	0.015	0.161*	0.033	0.078	−0.063	0.109	1					
11	XB	0.197**	0.064	−0.016	0.062	0.118	0.042	0.165*	0.127	0.109	0.131	1				
12	NL	0.125	0.116	0.139*	−0.008	−0.075	0.055	−0.061	0.072	−0.054	0.153*	0.137	1			
13	XL	0.153*	−0.317***	−0.157*	−0.071	−0.138	0.073	−0.083	−0.349***	0.084	−0.021	0.014	−0.216**	1		
14	DQ	−0.024	0.010	0.064	0.112	−0.015	−0.062	0.370***	0.438***	0.063	−0.141*	0.014	−0.043	−0.302***	1	
15	CHY	0.305***	0.126	0.109	0.120	−0.015	0.080	0.333	0.246	0.212	0.274	0.167	0.258	−0.214	0.108	1

a. CQJX 表示因变量新企业初期绩效;SFXC 表示自变量新企业是否形成社会网络;GJSD 表示自变量社会网络构建速度;GJTR 表示自变量新企业社会网络构建范围;XRFW 表示自变量社会网络信任氛围;SCHJ 表示自变量市场化程度;CPSC 表示调节变量产品市场的发育程度;YSSC 表示调节变量要素市场要素市场的发育程度;XB 表示控制变量成长阶段;CZJD 表示控制变量哪个变量;NL 表示控制变量年龄;XL 表示控制变量创业者受教育程度;JYCD 表示控制变量创业者受教育程度;DQ 表示控制变量哪个变量地区;CHY 表示控制变量哪个变量产业。

b. * 表示 $P<0.1$;** 表示 $P<0.05$;*** 表示 $P<0.01$;双尾检验。

二、回归分析

本小节分别采用不同的回归模型检验第三章提出来的系列假设。

（一）网络构建效率和效果与新企业初期绩效的关系

表 5.15 显示了新企业社会网络构建效率和效果与其初期绩效关系的层级线性回归模型的分析结果。其中：模型 1 是控制变量对因变量的回归模型；模型 2 是控制变量及自变量"是否构建起基本网络"对因变量的主效应模型；模型 3-1、3-2、3-3 是在模型 1 基础上加入了自变量网络构建效率（速度和投入）与效果后的效应机制模型。从整体上看，五个模型均达到了统计上的显著性水平，具有较好的统计意义，分析结果可以被接受。

如前文所述，尽管新企业是否形成基本网络可以看作网络构建效率的重要组成部分，但它与其他主要自变量有较高的相关性，为了避免模型中的自相关问题，本研究在模型 2 中单独检验其与新企业初期绩效的关系。结果表明，模型 2 中 R^2 变化值为 0.143，并在统计上具有显著性（$P < 0.01$），这表示该模型的因变量解释力度强于控制变量模型，证明新企业基本社会网络的形成与其初期绩效显著正相关，假设 1-1-1 得到支持。

表 5.15　社会网络构建对新企业初期绩效的层级回归分析[a,b,c]

	因变量：新企业初期绩效				
	模型 1	模型 2	模型 3-1	模型 3-2	模型 3-3
性别	0.333	0.272	0.353*	0.318*	0.275
年龄	0.117	0.106	0.087	0.107	0.128
学历	0.194***	0.301***	0.212***	0.217***	0.223***
地区	0.035	0.114	.023	−0.024	0.025
产业	0.755***	0.706***	0.726***	0.660***	0.668***
是否形成		0.817***			
构建速度			0.146**	0.135**	0.132**
构建投入				0.261***	0.238***
构建效果					0.133*
R^2	0.167	0.310	0.205	0.271	0.287

	因变量：新企业初期绩效				
	模型 1	模型 2	模型 3-1	模型 3-2	模型 3-3
调整后 R^2	0.137	0.279	0.170	0.233	0.245
R^2 变化	0.167	0.143	0.038	0.066	0.016
F 值更改	5.506***	28.080***	6.455**	12.266***	3.049*
N	143	143	143	143	143

a. 回归模型采取的是强制进入法，表中列示的是标准化回归系数，＊表示 $P<0.1$，＊＊表示 $P<0.05$，＊＊＊表示 $P<0.01$。

b. 模型 2 表示自变量是否形成基本网络对因变量的主效应模型，模型 3-1、3-2、3-3 分别表示自变量网络构建效率和效果对因变量的主效应模型。

c. 模型 2 和 3-1 的 R^2 变化均来自于与模型 1 的比较；模型 3-2 的 R^2 变化来自于其与模型 3-1 的比较；模型 3-3 的 R^2 变化来自于与模型 3-2 的比较。

模型 3-1、3-2、3-3 依次在模型中加入了网络构建速度、网络构建投入和网络构建效果三个因变量。如表 5.15 所示，这三个模型的 R^2 依次增加 0.038（$P<0.05$）、0.066（$P<0.01$）、0.016（$P<0.1$），并且均具有统计上的显著性，这表明三个模型对因变量的解释力度依次增加 3.8%、6.6%、1.6%，进而证明网络构建速度、网络构建投入和网络构建效果均对新企业初期绩效有较好的解释度。模型 3 是包含三个自变量的主效应模型，该模型的结果显示，三个自变量的回归系数具有统计上的显著性，分别为 0.132（$P<0.05$）、0.238（$P<0.01$）、0.133（$P<0.1$）。该结果证明：（1）网络构建速度与新企业初期绩效显著正相关，即社会网络构建速度越快的新企业初期绩效越好，假设 1-1-2 得到支持；（2）网络构建投入与新企业初期绩效显著正相关，即在社会网络构建活动中投入资金、人员越多的新企业初期绩效越好，竞争性假设组中假设 1-2-1 得到支持；（3）网络构建效果与新企业初期绩效显著正相关，即所构建社会网络规模越大、强关联越多、优质关联越多的新企业初期绩效越好，假设 2 得到支持。由于假设 1-1-1、1-1-2、1-2-1 均得到支持，假设 1 得到支持。

模型 1 检验了五个控制变量与新企业初期绩效的关系，结果显示创业者开始创业时的学历和新企业所述产业对新企业绩效有显著影响。学历的显著影响表明，学历较高的创业者所创办企业的初期绩效更好，这与他们本身所掌握的相对较多的知识技能密切相关，同时学历也是创业者本身身份、地位和资源的一种象征，有助于他们更好地获取资源开展各项创业活动。所属产业的显著影响表明样本中的制造业新企业绩效优于非制造业企业，这一方面表明存活下来的制造业企业在资产规模、人员、销售收入方面具有优势,但另一方面,难以避免的是样本偏差可能夸大了制造业和非制造业企业之间的绩效差距。一般而言,制造业企业若能度过最初的艰难时期,其资产规模、人员和销售收入发展将优于规模持续较小的零售业、餐饮业等企业。

（二）网络构建效率和效果的交互作用

表 5.16 显示了网络构建效率和效果所包含变量的交互项与新企业初期绩效关系的回归分析结果。其中:模型 3-3 是包含三个主要自变量与因变量关系的全

表 5.16　社会网络构建效率和效果的交互对新企业初期绩效的层级回归分析[a,b,c]

	因变量：新企业初期绩效			
	模型 3-3	模型 4-1	模型 4-2	模型 4-3
性别	0.275	0.238	0.248	0.298
年龄	0.128	0.138	0.093	0.091
学历	0.223***	0.213***	0.198***	0.207***
地区	0.025	0.014	0.019	0.031
产业	0.668***	0.656***	0.574***	0.644***
构建速度	0.132**	0.115**	0.121**	0.142***
构建投入	0.238***	0.228***	0.264***	0.276***
构建效果	0.133*	0.233**	0.405***	0.118***
构建速度×构建效果		0.094*		
构建投入×构建效果			−0.289**	
投建投入×构建速度				−0.125**
R^2	0.287	0.307	0.325	0.325
调整后 R^2	0.245	0.260	0.279	0.279
R^2 变化	0.016	0.020	0.038	0.037
F 值更改	3.049*	3.770*	7.425**	7.387**
N, df	143, 8	143, 9	143, 9	143, 9

a. 回归模型采取的是强制进入法,表中列示的是标准化回归系数,* 表示 $P<0.1$,** 表示 $P<0.05$,*** 表示 $P<0.01$。

b. 模型 3-3 表示自变量网络构建效率和效果对因变量的主效应模型;模型 4-1、4-2、4-3 分别表示自变量网络构建投入、速度与效果的交互作用对因变量的效应。

c. 模型 4-1、4-2、4-3 的 R^2 变化分别来自于与模型 3-3 的比较。

效应模型；模型 4-1、4-2、4-3 在此基础上加入了网络构建速度与网络构建效果交互项、网络构建投入与构建效果交互项、网络构建投入与网络构建速度交互项，从整体上看，这三个模型均达到了统计上的显著性水平，具有较好的统计意义，可以进一步就结果进行实证分析讨论。

与模型 3-3 相比，模型 4-1、4-2、4-3 中的 R^2 分别增加了 $0.020(P<0.1)$、$0.038(P<0.05)$、$0.037(P<0.05)$，这表明加入三个交互项之后的全效应模型比主效应模型对因变量的解释力度分别提高了 2％、3.8％和 3.7％，说明自变量之间的交互作用效果较为明显。从回归系数来看，网络构建速度、投入及效果的回归系数仍然具有统计上的显著性：模型 4-1 中分别为 $0.115(P<0.05)$、$0.228(P<0.01)$、$0.233(P<0.05)$；模型 4-2 中分别为 $0.121(P<0.05)$、$0.264(P<0.01)$、$0.405(P<0.01)$；模型 4-3 中分别为 $0.142(P<0.01)$、$0.276(P<0.01)$、$0.118(P<0.01)$。进一步看交互项的回归系数：在模型 4-1 中，网络构建速度与网络构建效果的交互项回归系数为 $0.094(P<0.1)$，这表明新企业网络构建速度越快，效果越好，则其初期绩效越好，假设 3-1 得到支持；在模型 4-2 中，网络构建投入与网络构建效果的交互项回归系数为 $-0.289(P<0.05)$，这表明新企业在网络构建活动中能用较少的投入获得较好的网络构建效果，其初期绩效越好，假设 3-2 得到支持；在模型 4-3 中，网络构建投入与网络构建速度的交互项的回归系数为 $-0.125(P<0.05)$，这表明新企业若能在网络构建活动中用较少的投入较快地建立起基本的社会网络，其初期绩效越好，假设 3-3 得到支持。

（三）网络构建效率和效果效应机制的比较

网络构建效率和效果效应机制的比较可以分为两个方面：纵向比较指的是同一效率或效果变量在婴儿期新企业和学步期新企业中的不同作用，如假设 4-1、4-2、4-3 所示；横向比较指的是在同一成长阶段，不同效率或效果变量的不同作用或影响程度比较，如假设 5-1、5-2、5-3、5-4 所示。

为了进行纵向比较，本研究将样本企业分为两个不同的成长阶段：36 个月及以下的企业为婴儿期新企业（infant firms），记为 0；37 个月—96 个月的新企业为学步期新企业（Go-Go firms），记为 1；之后将成长阶段哑变量与网络构建速度、投入和效果的交互项对因变量做回归分析，检验三者的效应如何随着成长阶段的变化而改变。

表 5.17 显示了纵向比较回归分析结果。模型 5 是加入成长阶段后三个自变量对因变量的主效应模型；模型 6-1、6-2、6-3 是分别加入了成长阶段与三个自变量交互项之后的全效应模型。从整体上看，这三个模型均达到了统计上的显著

性水平,具有较好的统计意义,可以进一步就结果进行实证分析讨论。

表 5.17　网络构建效率和效果效应机制的纵向比较回归分析[a,b,c]

	因变量:新企业初期绩效			
	模型 5	模型 6-1	模型 6-2	模型 6-3
性别	0.220	0.204	0.249	0.177
年龄	0.063	0.064	0.043	0.084
学历	0.228***	0.217***	0.217***	0.231***
地区	0.151	0.143	0.133	0.156
产业	0.472**	0.474**	0.481**	0.476**
成长阶段	0.716***	0.724***	0.714***	0.678***
构建速度	0.150***	0.087	0.156***	0.134**
构建投入	0.236***	0.245***	0.179**	0.202***
构建效果	0.086	0.092	0.079	0.478**
成长阶段×构建速度		0.166		
成长阶段×构建投入			0.181	
成长阶段×构建效果				−0.427*
R^2	0.384	0.396	0.391	0.399
调整后 R^2	0.342	0.349	0.344	0.353
R^2 变化	0.384	0.011	0.007	0.015
F 值更改	9.018***	2.393	1.410	3.207*
N, df	141, 9	141, 10	141, 10	141, 10

　　a. 回归模型采取的是强制进入法,表中列示的是标准化回归系数,* 表示 $P<0.1$,** 表示 $P<0.05$,*** 表示 $P<0.01$。

　　b. 模型 5 表示加入了哑变量成长阶段后的自变量对因变量的全效应模型;模型 6-1、6-2、6-3 分别表示自变量网络构建效率(投入、速度)、效果与成长阶段交互项对因变量的效应,用于比较不同成长阶段自变量效应机制的比较和变化。

　　c. 模型 6-1、6-2、6-3 的 R^2 变化分别来自于与模型 5 的比较。

　　与模型 5 相比,模型 6-3 中的 R^2 增加了 0.015($P<0.1$),这表明加入成长阶段和网络构建效果的交互项之后的全效应模型比主效应模型对因变量的解释力度分别提高了 1.5%,说明二者的交互作用效果较为明显。但是,与模型 5 相比,模型 6-1 和 6-2 的 R^2 只分别增加了 0.011($P>0.1$)、0.007($P>0.1$),并且统计上不显著,说明这两个交互项对因变量的效应不显著。从回归系数来看,在模型

6-3 中,网络构建效果与成长阶段的交互项回归系数为 -0.427($P<0.1$),并且统计上显著,这表明与学步期企业相比,婴儿期企业的网络构建效果对新企业绩效的正向影响更显著,假设 4-2 得到支持;在模型 6-1 中,网络构建速度与成长阶段的交互项的回归系数为 0.166($P>0.1$),这表明网络构建速度对新企业初期绩效的影响没有随着成长阶段的变化而产生显著变化,假设 4-1-1 未得到支持;在模型 6-2 中,网络构建投入与网络构建速度的交互项的回归系数为 0.181($P>0.1$),并且统计上不显著,这表明网络构建投入对新企业初期绩效的影响没有随着成长阶段的变化而产生显著变化,假设 4-1-2 未得到支持。因此,假设 4-1 未得到实证数据的支持,而假设 4-2 得到支持。

为了进行横向比较检验 5-1 和 5-2 系列假设,本研究根据产业阶段将研究样本分为两个子样本:婴儿期新企业样本和学步期新企业样本,样本量分别为 91 和 49(总样本量为 143,其中有 3 个样本的成立日期未填写,为缺失值)。尽管这两个子样本的样本量相对较小,但能满足进行比较的基本要求。为了比较不同子样本中网络构建效率(速度、投入)和效果对新企业初期绩效的作用差异,本研究对两个子样本分别进行回归分析,首先将控制变量组纳入方程构成基准模型(模型 7-1 和 8-1),之后将要比较的三个自变量分别加入不同的模型,观察 R^2 以比较每一个自变量对因变量解释力度的大小,即可以判断各自变量对新企业初期绩效的影响程度。

表 5.18 即显示运用两个子样本进行横向比较的回归分析模型。模型 7-1 和 8-1 是包含控制变量的基准模型,模型 7-2、7-3、7-4 是针对婴儿期新企业的横向比较模型,而模型 8-2、8-3、8-4 是针对学步期新企业的横向比较模型。

表 5.18 网络构建效率和效果效应机制的横向比较回归分析[a,b,c]

	因变量:新企业初期绩效							
	婴儿期				学步期			
	M7-1	M7-2	M7-3	M7-4	M8-1	M8-2	M8-3	M8-4
性别	0.260	0.282	0.194	0.122	0.256	0.222	0.410	0.192
年龄	0.135	0.119	0.195	0.209	-0.093	-0.155	-0.170	-0.063
学历	0.129	0.149**	0.150**	0.145**	0.439***	0.416***	0.355**	0.452***
地区	0.040	0.030	0.003	0.057	0.558*	0.508*	0.390	0.620**
产业	0.422	0.366	0.271	0.385	0.662**	0.626**	0.656**	0.677**
构建速度		0.108				0.234**		

续　表

	因变量：新企业初期绩效							
	婴儿期				学步期			
	M7-1	M7-2	M7-3	M7-4	M8-1	M8-2	M8-3	M8-4
构建投入			0.236***				0.341**	
构建效果				0.794***				0.085
R^2	0.089	0.115	0.162	0.218	0.286	0.386	0.378	0.302
调整后 R^2	0.036	0.052	0.102	0.162	0.203	0.298	0.289	0.203
R^2 变化	0.089	0.025	0.072	0.129	0.286	0.099	0.092	0.016
F 值更改	1.668	2.417	7.253***	13.806***	3.447**	6.794**	6.207**	0.972
N, df	91, 5	91, 6	91, 6	91, 6	49, 5	49, 6	49, 6	49, 6

a. 回归模型采取的是强制进入法，表中列示的是标准化回归系数，* 表示 $P<0.1$，** 表示 $P<0.05$，*** 表示 $P<0.01$。

b. 模型 7-1、7-2、7-3 分别表示在筛选去掉学步期新企业后自变量网络构建效率（速度、投入）与效果对因变量的效应模型；模型 8-1、8-2、8-3 分别表示在筛选去掉婴儿期新企业后自变量网络构建效率（速度、投入）与效果对因变量的效应模型。

c. 模型 7-1、7-2、7-3、8-1、8-2、8-3 的 R^2 变化分别来自于与模型 1 的比较。

与基准模型 7-1 相比，模型 7-3 和 7-4 中的 R^2 分别增加了 0.072（$P<0.01$）和 0.129（$P<0.01$），这表明分别加入网络构建投入与网络构建效果之后的效应模型比基准模型对因变量的解释力度提高了 7.2% 和 12.9%；但是与基准模型 7-1 相比，模型 7-2 的 R^2 只增加了 0.025，并且在统计上不显著，这表明加入了网络构建速度后的效应模型比基准模型对因变量的解释力度提高不显著。比较这些结果可知，在婴儿期新企业样本中，新企业网络构建速度对初期绩效的作用不显著，网络构建投入和网络构建效果同时发挥作用，但后者对初期绩效的影响作用大于前者，假设 5-1-1、5-1-2 得到支持，那么假设 5-1 得到支持。

与基准模型 8-1 相比，模型 8-2 和 8-3 中的 R^2 分别增加了 0.099（$P<0.05$）和 0.092（$P<0.05$），这表明分别加入网络构建速度与网络构建投入之后的效应模型比基准模型对因变量的解释力度提高了 9.9% 和 9.2%；但是与基准模型 8-1 相比，模型 8-4 的 R^2 只增加了 0.016，并且在统计上不显著，这表明加入了网络构建效果后的效应模型比基准模型对因变量的解释力度提高不显著。比较这些结果可知，在学步期新企业样本中，新企业网络构建效果对初期绩效的作用不显著，网络构建投入和网络构建速度对初期绩效的影响作用显著强于网络构建效果，

假设 5-2-1、5-2-2 得到支持,那么假设 5-2 得到支持。

（四）信任氛围的调节作用

表 5.19　信任氛围对网络构建效率和效果的效应机制的调节回归分析[a,b,c]

	因变量：新企业初期绩效			
	模型 9	模型 10-1	模型 10-2	模型 10-3
性别	0.274	0.276	0.306	0.224
年龄	0.126	0.108	0.116	0.151
学历	0.222***	0.218***	0.209***	0.218***
地区	0.026	0.026	0.021	0.022
产业	0.665***	0.657***	0.641***	0.683***
信任氛围	0.016	−0.007	0.012	0.055
构建速度	0.133**	0.135**	0.141**	0.112**
构建投入	0.238***	0.228***	0.213***	0.236***
构建效果	0.133*	0.126	0.127*	0.354**
信任氛围×构建速度		0.067		
信任氛围×构建投入			−0.089	
信任氛围×构建效果				0.339*
R^2	0.288	0.295	0.294	0.307
调整后 R^2	0.240	0.242	0.241	0.254
R^2 变化	0.120	0.008	0.007	0.019
F 值更改	5.620***	1.433	1.219	3.607*
N, df	143, 9	143, 10	143, 10	143, 10

a. 回归模型采取的是强制进入法,表中列示的是标准化回归系数,* 表示 $P<0.1$,** 表示 $P<0.05$,*** 表示 $P<0.01$。

b. 模型 9 表示加入了信任氛围后的自变量对因变量的全效应模型;模型 10-1、10-2、10-3 分别表示自变量网络构建效率(投入、速度)、效果与信任氛围交互项对因变量的效应,表示信任氛围对自变量效应机制的调节作用。

c. 模型 9 的 R^2 变化来自于与模型 1 的比较;模型 10-1、10-2、10-3 的 R^2 变化分别来自于与模型 9 的比较。

表 5.19 显示了网络构建效率和效果与信任氛围交互项对新企业初期绩效效应的回归分析结果。其中:模型 9 是包含控制变量、调节变量信任氛围、三个主要

自变量与因变量关系的全效应模型；模型 10-1、10-2、10-3 在此基础上分别加入了网络构建速度、网络构建投入、网络构建效果与信任氛围的交互项，从整体上看，这四个模型均达到了统计上的显著性水平，具有较好的统计意义，可以进一步就结果进行实证分析讨论。

与模型 9 相比，模型 10-3 中的 R^2 增加了 0.019（$P<0.1$），这表明加入网络构建效果与信任氛围的交互项之后的全效应模型比主要效应模型对因变量的解释力度提高了 1.9%，说明二者的交互作用效果较为明显；但是与模型 9 相比，模型 10-1 和 10-2 的 R^2 只分别增加了 0.008 和 0.007，并且在统计上不显著，这表明加入了网络构建速度与网络构建投入与信任氛围的交互项之后的全效应模型比主效应模型对因变量的解释力度提高很小，这两个交互项的效果不显著。

从回归系数来看，网络构建速度和投入在三个模型中的回归系数仍然具有统计上的显著性：模型 10-1 中分别为 0.135（$P<0.05$）、0.228（$P<0.01$）；模型 10-2 中分别为 0.141（$P<0.05$）、0.213（$P<0.01$）；模型 10-3 中分别为 0.112（$P<0.05$）、0.236（$P<0.01$）。但网络构建效果仅在模型 10-2 和 10-3 中的回归系数显著，分别为 0.127（$P<0.1$）、0.354（$P<0.05$），在模型 10-1 中的回归系数变得不显著。进一步看交互项的回归系数：在模型 10-3 中，网络构建效果与信任环境的交互项回归系数为 0.339（$P<0.1$），这表明在越好的信任环境中，若新企业网络构建效果越好，则其初期绩效越好，假设 7 得到支持；在模型 10-1 中，网络构建速度与信任环境的交互项回归系数为 0.067，但在统计上不显著（$P>0.1$），这表明外部信任氛围不能调节网络构建速度与新企业初期绩效之间的关系，假设 6-1 未能得到支持；在模型 10-2 中，网络构建投入与信任氛围的交互项的回归系数为 -0.089，但统计上不显著（$P>0.1$），这表明外部信任氛围不能调节网络构建投入与新企业初期绩效之间的关系，假设 6-2 未能得到支持。因此，假设 6 未能得到实证数据支持。

（五）市场环境的调节作用

表 5.20 显示了网络构建效率和效果与地区市场化程度的交互项对新企业初期绩效效应的回归分析结果。其中：模型 12-1-1、12-2-1、12-3-1 分别表示加入了地区市场化程度后的自变量对因变量的效应模型；模型 12-1-2、12-2-2、12-3-2 分别表示自变量网络构建效率（投入、速度）、效果与地区市场化程度交叉项对因变量的效应。从整体上看，这六个模型均达到了统计上的显著性水平，具有较好的统计意义，可以进一步就结果进行实证分析讨论。

表 5.20　地区市场化程度对网络构建效率和效果的效应机制的调节回归分析[a,b,c,d]

| | 因变量：新企业初期绩效 | | | | | |
	M12-1-1	M12-1-2	M12-2-1	M12-2-2	M12-3-1	M12-3-2
性别	0.390*	0.381*	0.337*	0.351*	0.309	0.309
年龄	0.063	0.062	0.111	0.096	0.122	0.122
学历	0.218***	0.217***	0.207***	0.179**	0.210***	0.209***
地区	0.109	0.096	0.073	0.045	0.199	0.197
产业	0.819***	0.808***	0.780***	0.821***	0.865***	0.864***
SCHJ	-0.064	-0.060	-0.065	-0.061	-0.073	-0.072
GJSD	0.146**	0.148**				
GJTR			0.274***	0.294***		
GJXG					0.194**	0.192**
SCHJ×GJSD		0.023				
SCHJ×GJTR				-0.121***		
SCHJ×GJXG						0.005
R^2	0.219	0.219	0.251	0.314	0.213	0.214
调整后 R^2	0.1725	0.172	0.212	0.273	0.173	0.167
R^2 变化	0.048	0.003	0.083	0.063	0.046	0.000
F 值更改	4.166**	0.540	7.502***	12.355***	3.962**	0.002
N, df	143, 7	143, 8	143, 7	143, 8	143, 7	143, 8

a. 回归模型采取的是强制进入法，表中列示的是标准化回归系数，* 表示 $P<0.1$，** 表示 $P<0.05$，*** 表示 $P<0.01$。

b. GJSD 表示自变量新企业社会网络构建速度；GJTR 表示自变量新企业社会网络构建投入；GJXG 表示自变量新企业社会网络构建效果；SCHJ 表示调节变量地区市场化程度；CPSC 表示调节变量地区产品市场的发育程度；YSSC 表示调节变量地区要素市场的发育程度。

c. 模型 12-1-1、12-2-1、12-3-1 分别表示加入了地区市场化程度后的自变量对因变量的效应模型；模型 12-1-2、12-2-2、12-3-2 分别表示自变量网络构建效率（投入、速度）、效果与地区市场化程度交互项对因变量的效应，表示地区市场化程度对自变量效应机制的调节作用。

d. 模型 12-1-1、12-2-1、12-3-1 的 R^2 变化来自于与模型 1 的比较；模型 12-1-2、12-2-2、12-3-2 的 R^2 变化分别来自于与模型 12-1-1、12-2-1、12-3-1 的比较。

与模型 12-2-1 相比，模型 12-2-2 中的 R^2 增加了 0.063（$P<0.01$），这表明加入网络构建投入与地区市场化程度的交互项之后的全效应模型比先前的效应模型对因变量的解释力度提高了 6.3%，说明二者的交互作用效果相当明显；但

是,与模型 12-1-1 和模型 12-3-1 相比,模型 12-1-2 和 12-3-2 的 R^2 只分别增加了 0.003 和 0.000,并且在统计上不显著,这表明加入了网络构建速度与网络构建效果与地区市场化程度的交互项之后的全效应模型比主效应模型对因变量的解释力度提高很小,这两个交互项的效果不显著。

从回归系数来看,网络构建速度、投入和效果在加入信任氛围变量及相关交互项后的模型中的回归系数仍然具有统计上的显著性:模型 12-1-1 和 12-1-2 中,网络构建速度的回归系数分别为 0.146($P<0.05$)、0.148($P<0.05$);模型 12-2-1 和 12-2-2 中网络构建投入的回归系数分别为 0.274($P<0.01$)、0.294($P<0.01$);模型 12-3-1 和 12-3-2 中分别为 0.194($P<0.05$)、0.192($P<0.05$)。进一步看交互项的回归系数:在模型 12-2-2 中,网络构建投入与地区市场化程度的交互项的回归系数为 -0.121($P<0.01$),这表明地区市场化程度越高,新企业网络构建投入对新企业初期绩效的正向作用越弱,假设 10-1-2 得到支持;在模型 12-1-2 中,网络构建速度与地区市场化程度的交互项回归系数为 0.023,但在统计上不显著($P>0.1$),这表明地区市场化程度不能调节网络构建速度与新企业初期绩效之间的关系,假设 10-1-1 未能得到支持;在模型 12-3-2 中,网络构建效果与地区市场化程度的交互项的回归系数仅为 0.005,并且统计上不显著($P>0.1$),这表明地区市场化程度不能调节网络构建效果与新企业初期绩效之间的关系,假设 10-2 未能得到支持。综合上述分析,假设 10-1 仅得到部分支持,而假设 10-2 在实证数据检验中不成立。

表 5.21 显示了网络构建效率和效果与地区产品市场发育程度的交互项对新企业初期绩效效应的调节回归分析结果。其中:模型 13-1-1、13-2-1、13-3-1 分别表示加入了地区产品市场发育程度变量后的相应自变量对因变量的效应模型;模型 13-1-2、13-2-2、13-3-2 分别表示自变量网络构建效率(投入、速度)、效果与地区产品市场发育程度的交互项对因变量的效应。从整体上看,这六个模型均达到了统计上的显著性水平,具有较好的统计意义,可以进一步就结果进行实证分析讨论。

与模型 13-2-1 和 13-3-1 相比,模型 13-2-2 和 13-3-2 中的 R^2 分别增加了 0.040($P<0.01$)和 0.033($P<0.05$),这表明加入网络构建投入、网络构建效果与地区产品市场发育程度的交互项之后的全效应模型比先前的效应模型对因变量的解释力度提高了 4.0% 和 3.3%,说明这两个交互项的效果比较明显;但是,与模型 13-1-1 相比,模型 13-1-2 的 R^2 几乎没有变化,并且在统计上不显著,这表明加入了网络构建速度与地区产品市场发育程度的交互项之后的全效应模型比主效应模型对因变量的解释力度几乎没有提高,该交互项的效果不显著。

表 5.21　地区产品市场的发育程度对网络构建效率和效果的效应机制的调节回归分析[a,b,c,d]

	因变量：新企业初期绩效					
	M13-1-1	M13-1-2	M13-2-1	M13-2-2	M13-3-1	M13-3-2
性别	0.395**	0.399**	0.320	0.365*	0.299	0.276
年龄	0.081	0.082	0.134	0.109	0.146	0.174
学历	0.187***	0.186***	0.188***	0.178***	0.183***	0.170**
地区	0.136	0.149	0.043	−0.055	0.179	0.158
产业	0.778***	0.777***	0.714***	0.730***	0.797***	0.751***
CPSC	−0.200*	−0.214*	−0.099	0.001	−0.147	−0.099
GJSD	0.161***	0.162***				
GJTR			0.263***	0.228***		
GJXG					0.181**	0.390***
CPSC×GJSD		−0.025				
CPSC×GJTR				−0.170***		
CPSC×GJXG						0.358**
R^2	0.222	0.223	0.243	0.284	0.209	0.242
调整后 R^2	0.182	0.176	0.204	0.241	0.168	0.197
R^2 变化	0.055	0.000	0.076	0.040	0.041	0.033
F 值更改	4.752**	0.085	6.794***	7.575***	3.533**	5.893**
N, df	143, 7	143, 8	143, 7	143, 8	143, 7	143, 8

　　a. 回归模型采取的是强制进入法,表中列示的是标准化回归系数,* 表示 $P<0.1$,** 表示 $P<0.05$,*** 表示 $P<0.01$。

　　b. GJSD 表示自变量新企业社会网络构建速度;GJTR 表示自变量新企业社会网络构建投入;GJXG 表示自变量新企业社会网络构建效果;SCHJ 表示调节变量地区市场化程度;CPSC 表示调节变量地区产品市场的发育程度;YSSC 表示调节变量地区要素市场的发育程度。

　　c. 模型 13-1-1,13-2-1,13-3-1 分别表示加入了地区产品市场的发育程度后的自变量对因变量的效应模型;模型 13-1-2,13-2-2,13-3-2 分别表示自变量网络构建效率(投入、速度)、效果与信任氛围交互项对因变量的效应,表示地区产品市场的发育程度对自变量效应机制的调节作用。

　　d. 模型 13-1-1、13-2-1、13-3-1 的 R^2 变化来自于与模型 1 的比较;模型 13-1-2、13-2-2、13-3-2 的 R^2 变化分别来自于与模型 13-1-1、13-2-1、13-3-1 的比较。

　　从回归系数来看,网络构建速度、投入和效果在加入信任氛围变量及相关交互项后的模型中的回归系数仍然具有统计上的显著性:模型 13-1-1 和 13-1-2 中,网络构建速度的回归系数分别为 0.161($P<0.01$)、0.162($P<0.01$);模型 13-2-1

和 13-2-2 中网络构建投入的回归系数分别为 0.263($P<0.01$)、0.228($P<0.01$);模型 13-3-1 和 13-3-2 中分别为 0.181($P<0.05$)、0.390($P<0.01$)。进一步看交互项的回归系数:在模型 13-2-2 中,网络构建投入与地区产品市场发育程度的交互项的回归系数为 -0.170($P<0.01$),这表明地区产品市场的发育程度越高,新企业网络构建投入对新企业初期绩效的正向作用越弱,假设 8-1-2得到支持;在模型 13-3-2 中,网络构建效果与地区产品市场发育程度的交互项的回归系数为 0.358($P<0.05$),这表明区产品市场的发育程度越高,新企业网络构建投入对新企业初期绩效的正向作用越明显,假设 8-2 不仅未得到支持,并且得到十分显著的反向支持,下一节中将对此进行详细的讨论;在模型 13-1-2 中,网络构建速度与地区产品市场发育程度的交互项的回归系数仅为 -0.025,并且统计上不显著($P>0.1$),这表明地区产品市场发育程度不能调节网络构建速度与新企业初期绩效之间的关系,假设 8-1-1 未能得到支持。综合上述分析,假设 8-1仅得到部分支持,而假设 8-2 得到实证数据支持。

表 5.22 显示了网络构建效率和效果与地区要素市场发育程度的交互项对新企业初期绩效效应的调节回归分析结果。其中:模型 14-1-1、14-2-1、14-3-1分别表示加入了地区要素市场发育程度变量后的相应自变量对因变量的效应模型;模型 14-1-2、14-2-2、14-3-2 分别表示自变量网络构建效率(投入、速度)、效果与地区要素市场发育程度的交叉项对因变量的效应。从整体上看,这六个模型均达到了统计上的显著性水平,具有较好的统计意义,可以进一步就结果进行实证分析讨论。

表 5.22　地区要素市场的发育程度对网络构建效率和效果的效应机制的调节回归分析[a,b,c,d]

	因变量:新企业初期绩效					
	M14-1-1	M14-1-2	M14-2-1	M14-2-2	M14-3-1	M14-3-2
性别	0.368*	0.363*	0.319	0.334*	0.288	0.216
年龄	0.077	0.077	0.122	0.113	0.133	0.168
学历	0.220***	0.221***	0.212***	0.208***	0.217***	0.223***
地区	0.035	0.031	0.000	-0.003	0.120	0.161
产业	0.774***	0.773***	0.745***	0.812***	0.829***	0.801***
YSSC	-0.031	-0.029	-0.040	-0.049	-0.048	-0.059*
GJSD	0.141**	0.142**				
GJTR			0.274***	0.283***		

	因变量：新企业初期绩效					
	M14-1-1	M14-1-2	M14-2-1	M14-2-2	M14-3-1	M14-3-2
GJXG					0.198**	0.552***
YSSC×GJSD		0.004		−0.084**		
YSSC×GJTR						
YSSC×GJXG						−0.132***
R^2	0.211	0.211	0.249	0.285	0.213	0.253
调整后 R^2	0.170	0.164	0.210	0.243	0.172	0.209
R^2 变化	0.043	0.000	0.082	0.036	0.046	0.040
F 值更改	3.717**	0.034	7.332***	6.837***	3.922**	7.218***
N，df	143，7	143，8	143，7	143，8	143，7	143，8

a. 回归模型采取的是强制进入法，表中列示的是标准化回归系数，* 表示 $P<0.1$，** 表示 $P<0.05$，*** 表示 $P<0.01$。

b. GJSD 表示自变量新企业社会网络构建速度；GJTR 表示自变量新企业社会网络构建投入；GJXG 表示自变量新企业社会网络构建效果；SCHJ 表示调节变量地区市场化程度；CPSC 表示调节变量地区产品市场的发育程度；YSSC 表示调节变量地区要素市场的发育程度。

c. 模型 14-1-1、14-2-1、14-3-1 分别表示加入了地区要素市场发育程度后的自变量对因变量的效应模型；模型 14-1-2、14-2-2、14-3-2 分别表示自变量网络构建效率（投入、速度）、效果与信任氛围交互项对因变量的效应，表示地区要素市场发育程度对自变量效应机制的调节作用。

d. 模型 14-1-1、14-2-1、14-3-1 的 R^2 变化来自于与模型 1 的比较；模型 14-1-2、14-2-2、14-3-2 的 R^2 变化分别来自于与模型 14-1-1、14-2-1、14-3-1 的比较。

与模型 14-2-1 和 14-3-1 相比，模型 14-2-2 和 14-3-2 中的 R^2 分别增加了 0.036（$P<0.05$）和 0.040（$P<0.01$），这表明加入网络构建投入、网络构建效果与地区要素市场发育程度的交互项之后的全效应模型比先前的效应模型对因变量的解释力度提高了 3.6% 和 4.0%，说明这两个交互项的效果比较明显；但是，与模型 14-1-1 相比，模型 14-1-2 的 R^2 几乎没有变化，并且在统计上不显著，这表明加入了网络构建速度与地区要素市场发育程度的交互项之后的全效应模型比主效应模型对因变量的解释力度几乎没有提高，该交互项的效果不显著。

从回归系数来看，网络构建速度、投入和效果在加入信任氛围变量及相关交互项后的模型中的回归系数仍然具有统计上的显著性：模型 14-1-1 和 14-1-2 中，网络构建速度的回归系数分别为 0.141（$P<0.05$）、0.142（$P<0.05$）；模型 14-2-1 和 14-2-2 中网络构建投入的回归系数分别为 0.274（$P<0.01$）、0.283（$P<$

0.01);模型 14-3-1 和 14-3-2 中分别为 0.198($P<0.05$)、0.552($P<0.01$)。进一步看交互项的回归系数：在模型 14-2-2 中，网络构建投入与地区要素市场发育程度的交互项的回归系数为 -0.084($P<0.05$)，这表明地区要素市场的发育程度越高，新企业网络构建投入对新企业初期绩效的正向作用越弱，假设 9-1-2 得到支持；在模型 14-3-2 中，网络构建效果与地区要素市场发育程度的交互项的回归系数为 -0.132($P<0.01$)，这表明地区产品市场的发育程度越高，新企业网络构建投入对新企业初期绩效的正向作用越弱，假设 9-2 得到显著支持；在模型 14-1-2 中，网络构建速度与地区要素市场发育程度的交互项的回归系数仅为 0.004，并且统计上不显著($P>0.1$)，这表明地区要素市场发育程度不能调节网络构建速度与新企业初期绩效之间的关系，假设 9-1-1 未能得到支持。综合上述分析，假设 9-1 仅得到部分支持，而假设 9-2 得到实证数据支持。

综上所述，在本研究提出的 35 个假设中，20 个假设得到了实证数据支持，3 个假设得到部分支持，1 个假设得到反向支持，另外 11 个假设未得到实证数据支持（如附录 B 所示）。本研究将在下一节中对本节的实证检验结果进行深入的探讨，并且将重点解释未得到支持、特别是得到反向支持的假设及其结果。

第四节　结果讨论与阐释

新企业社会网络构建效率和效果如何影响其初期绩效？其中的效应机制如何受到外部环境因素的影响？本研究在第三章情境化界定新企业社会网络构建效率和效果的基础上，围绕上述两个核心问题进行了深入细致的实证分析，不仅检验了网络构建效率（速度、投入）与效果及其交互对新企业初期绩效的影响，而且从纵向和横向上比较了网络构建效率和效果的影响作用，同时实证探讨了信任氛围、地区市场化程度等外部环境因素如何影响网络构建效率和效果对新企业初期绩效的作用机制。

本节以上一节的实证检验结果为基础，结合现有相关理论和中国创业实践中的发现，对研究结果所反映的变量关系及对应的现实情况做深入的思考，尝试进一步分析实证结果背后的深层原因和关系机理。

一、新企业网络构建效率和效果对初期绩效的显著影响

本研究实证分析结果显示，假设 1（及其子假设 1-1、1-1-1、1-1-2）得到显著的实证支持，这表明新企业社会网络构建效率对其初期绩效有显著影响，这不仅

说明了新企业积极、主动开展社会网络构建活动的重要意义,同时也给推动新企业网络构建活动的创业者们一定的指南。

假设 1-1-1 得到强有力的实证支持,表明已经形成基本社会网络的新企业初期绩效优于尚未形成基本社会网络的新企业。这一假设并未考虑网络构建速度或投入的因素,只是单纯地考虑创业者结合主客观条件判断是否已经建立起以新企业为核心的、较为完整的基本网络。新企业总是在一定的社会环境中生存、运营,那么就必然与所在社会环境中的其他组织发生关联,包括最基本的市场交易关系和合作关系等。从一定程度上来说,以企业为核心的基本社会网络的建立可以看作是新企业生成过程中的必要环节①,只有在创业者预想的范围和程度上完成这一过程,新企业的主要运营活动,如产品或服务的生产和销售,才逐渐趋于稳定,生存才有一定的保障。同时,在成立之初建立起的社会网络,是新企业与外部进行社会互动的载体基础,从这个角度上来说,基本社会网络的建立也可以看作是新企业社会化的第一步。因此,即使不考虑网络构建速度和效果等因素,创业者按照结合主观设想和客观需求、条件等构建起最基本的社会网络,不仅有助于新企业完成主要的运营活动,而且能够推动新企业参与到基本的社会交流活动中,成为所在社会环境中的有机部分。

假设 1-1-2 得到实证数据的支持,表明新企业社会网络构建速度正向影响其初期绩效,能够以较快的速度开展或完成社会网络构建活动的新企业绩效更优、规模成长更快。笔者在与创业者进行访谈和交流时发现,"关系"是中国情境下的敏感词之一,大多数行业的创业者们都认同社会网络对其创业活动的重要作用,因而都会在新企业运营的过程中涉及社会网络构建活动。"没关系,找关系;找关系,有关系;有关系,没关系"是创业者们积极投入到社会网络构建活动的生动写照。但是,不同的创业者和新企业在该过程中存在重要差异:有的创业者是"临时抱佛脚"型,在遇到问题或瓶颈、需要获取外部资源支持时才被动地寻找外部联系以解燃眉之急;而另一部分创业者是"未雨绸缪"型,在问题出现之前即预测到可能出现的外部资源诉求,从而在新企业创立之初甚至之前就有意识地围绕新企业构建所需的社会网络。他们对网络重要性和网络构建活动必要性认知上的差异导致了他们在网络构建节奏上的差异。从这个角度上来看,"未雨绸缪"型的积极行动会促使他们迅速构建起基本的社会网络,以备不时之需,等到问题出现或机会来临时,这类新企业便能较快地调动备用的社会资源解决问题或抓住机会,从而及时推动

---

① Witt Peter. Entrepreneurs' networks and the success of start-ups. *Entrepreneurship & regional development*, 2004, 16: 391-412.

新企业的成长和绩效改善;而对于"临时抱佛脚"型的创业者来说,存在的风险之一就是很可能"临时抱不到佛脚",难以整合到解决问题或把握机会所需的外部资源,而且即便能够找到相对应的外部关系,相对迟缓的行动也可能错失良机。因此,网络构建速度的提高能够在一定程度上推动新企业初期绩效的改善。

假设1-2-1和1-2-2是竞争性假设,前者强调社会网络构建投入的投资角色,认为此类投入具有高价值资源交换功能,是颇具价值的投资,而后者强调其成本角色,认为此类成本的高低会直接作用于运营成本及最红绩效,因此分别假设网络构建投入将正向、负向影响新企业初期绩效。在实证统计分析中,假设1-2-1得到强有力的实证数据支持,这表明网络构建投入带来的资源交换正差额超过成本增高的负向影响,从而最终推动新企业初期绩效的改善。尽管网络构建投入的资金和人力等对于资源匮乏的新企业来说是不容忽视的成本预算,但一般而言,在投入一定的资源构建起所需的社会网络之后,新企业可以通过该网络以低于市场价格的成本获取所需的社会资源,更重要的是,新企业甚至可以获取市场交换途径难以获取的各种宝贵资源,因此网络构建活动所带来的外部资源收益将远远超过其成本支出。已有研究往往将新企业通过社会网络获取的资源分为传统的有形资源[1]和无形资源[2]。事实上,从时间维度上将获取的外部资源分为短期效应资源和长期效应资源,更能突出网络构建投入投资角色的功能和意义。从短期来看,网络构建投入后所获得的资源可能难以超越成本,这是因为建立、维护和积累社会关联尤其是嵌入其中的信任不是一蹴而就,也难以有立竿见影的效果;但是从长远来看,稳定、持久的社会关联和信任是双赢交易的基础,将给新企业带来持续发展的机会。因此,尽管很多创业者认为构建社会网络是一项昂贵甚至奢侈的创业活动,但依然乐意为之。然而,在此必须指出来的是,新企业由于固有的资源局限,在网络构建投入方面是有限的,因此该投入与绩效呈现出显著正相关关系,但随着企业的成长和可投入资源的增加,二者更有可能呈现曲线关系,即:当网络构建投入达到一定的顶点,二者的关系将逆转。这是有待后续研究进一步探讨和检验的问题。

假设2得到显著支持,表明网络构建效果与新企业初期绩效正相关。在本研究具体实证分析中,网络构建效果变量由网络规模(关联的数量)、网络密度(强关

① Bruderl J, Preisendorfer P. Network support and the success of newly founded businesses. *Small business economics*, 1998, 10: 213-225.

② Bates T. *Race, self-employment, and upward mobility*. Washington, DC: Woodrow Wilson Center Press, 1997.

联的数量)和网络资源(优质高地位关联的数量)综合构成,将这三个方面反映到现实中,可以更清楚地理解这一研究结果。对于大多数新创企业来说,社会网络中数量最多的是市场交易关系,客户、供应商、代理商、零售商等,都与新企业主营业务密切相关,因此网络规模,即所建立联系的数量,在很大程度上与绩效优劣直接相关。市场交易关系可以进一步分为上游市场关联和下游市场关联。下游市场关联指的是通过产品和服务销售建立起来的关联,直接与企业销售额(绩效的重要指标)相关;上游市场关联指的是与产品生产和服务提供相关的联系,主要指的是供应商,此类联系可以帮助新企业从熟知的供应商那里以相对优惠的价格获得原材料等,降低生产成本。此外,当新企业与较多的代理商、客户、供应商等建立起联系时,则其对单个合作组织的依赖减弱,而议价能力和竞争优势相对增强①②,这对往往面临新进入缺陷、在市场竞争中处于显著劣势的新企业来说十分重要。

网络密度或强关联对新企业初期绩效的正向影响在于其关联的"紧密性",反映在相对稳定、持久、和谐的交换及合作中。在现实创业中,新企业由于抗风险能力相对较弱,比既有企业和大企业更趋于与以往的合作伙伴维持长久的联系,这是降低交易及合作风险的有效方式。强关联组织的另一重要作用是降低交易成本甚至直接成本。直接成本的减少体现于长期合作所达成的、特定的互惠政策,这是疏远性关联难以实现的。交易成本的减少主要体现在以下三点:第一,长期稳定的合作有效增进联系方之间的了解,以过往交易合作记录为基础,任何企业都更愿意与善意的、历史信誉良好的组织开展进一步深入合作,因而可以大大减少信息搜索、探测、烦琐程序等机会成本;第二,强关联意味着联系方有相对频繁、持久的合作,并且合作的过程往往相对顺利、愉快,和谐、稳定的互动是信任和情感积累的过程,说明联系方彼此信任、关系稳定,可以有效减少交易成本;最后,商务合作中最棘手的问题之一就是机会主义作祟,合作一方擅自破坏合约并溜之大吉的事件在商场中不胜枚举,对于合作中风险承受能力极低的新企业参与者来说无异于毒瘤,但强关联可以较好地防止机会主义行为的产生。一方面,长期合作中的信任和情感的累积会在主观上降低联系方采取机会主义行为的动机,各方都会更愿意维持更长久的关系,以保证长远的互惠利益;另一方面,强关联的组织往往处在同一网络中,并且在该网络中有更多的共同第三方联系者,这种相互交织的关系会产生口

① Porter M E. *Competitive strategy: techniques for analyzing industries and competitors*. New York: Free Press, 1980.

② Porter M E. *Competitive advantage: creating and sustaining superior performance*. New York: Free Press, 1985.

碑、信誉等效应,第三方非正式监督机制的存在能在客观上防止任何一方采取机会主义行为。因此,新企业建立的网络密度越大,强联系越多,其初期绩效则更优。

网络构建效果中考虑的第三个因素是网络资源,直接表现于优质关联的数目。已有研究表明,关联的建立遵循"物以类聚、人以群分"的类聚原则,即地位和价值上的相似性会促使个体更容易建立联系。① 对组织而言同样如此,如果要逾越地位等级方面的差异与比自身地位更高的组织建立关联,无疑难度更大②,不仅要投入更多的资源,并且存在较多的潜在风险和不确定性,对于新创企业来说尤其如此③。尽管如此,创业者们依然积极地与地位、竞争能力相对较高的组织建立联系,这是因为这类联系能够给新企业的发展带来其他方式难以获取的宝贵资源。连锁店创业者是不惜高昂成本和代价与大企业建立联系的最典型的例子。在快餐行业,小型甚至微型企业大量存在,成本很低,并且利润颇丰。那么,为什么还有很多创业者还要投入天价的加盟费以尾随在肯德基、麦当劳等国际快餐巨头之后?显然,与其他快餐新创企业相比,这些连锁快餐店从创业之初便凭借与知名大企业的紧密联系获得声誉、口碑、品牌知名度、市场份额等十分宝贵的资源。换言之,品牌连锁向其旗下加盟商出售的主要内容之一,正是这一特殊社会关联背后的巨大隐性资源宝库,而天价加盟费也足以说明这一关联的重要价值。除此之外,将自身挂靠在名牌科研机构、业内领头企业名下,或者费尽周折与知名组织建立联系并以此作为对外宣传点的新企业比比皆是,而这样的联系也确实使他们比其他企业在创业之初获得更多的竞争优势。

在分别探讨了效率和效果指标对新企业初期绩效的作用的基础上,本研究分析了两两因素互动的效应,假设 3-1、3-2、3-3 均得到不同程度的支持表明:网络构建速度越快、效果越好,新企业初期绩效越好;同时,在网络构建效率和效果越好的情况下,所投入的资金和人员越少,新企业初期绩效越好。从后一个结果可以发现,纳入互动思路之后,网络构建投入的成本作用逐渐显现出来,在保证效率和效果的前提下,较少的成本投入对初期绩效有着积极意义。这一发现启示创业者,尽管成本问题不容忽视,但在客观资源条件允许的情况下,对速度、效果等因素的

---

① McPherson M,Smith-Lovin L,Cook J M. Birds of a feather:homophily in social networks. *Annual review of sociology*,2001,27:415-444.

② Lin N. *Social capital a theory of social structure and action*. Cambridge:Cambridge University Press,2001.

③ Katila Riitta,Rosenberger Jeff,Eisenhardt Kathleen M. Swimming with sharks:technology ventures,defense mechanisms and corporate relationships. *Administrative science quarterly*,2008,53(2):295-332.

把握应该优于对资源成本的控制。

对于网络构建效率和效果的测度、分析和探讨，是本研究的大胆尝试和探索，由于受到客观条件的限制，本研究并不完善。在此框架之下，还有很多亟待丰富和完善的地方。例如，本研究在收集优质关联数目数据时采用的标准是组织规模，对此某位接受访谈的热心创业者便指出，在中国特殊制度情境下，对优质关联最好的诠释之一是与政府部门的关联。尽管处在转型时期，但政府及其相关部门依然对经济起到了十分重要的直接和间接干预作用。但是，他也指出，对政府关联的调查几乎是难以实现的，因为创业者对此的防备心很强，甚至很可能会影响整个调研的顺利进行。尽管存在此类亟待改进的地方，但本研究的分析结果有力地说明，网络构建效率和效果对新企业初期绩效的影响十分显著。

二、新企业网络构建效率和效果对初期绩效的影响差异

对比分析新企业网络构建效率和效果对初期绩效的影响差异主要有两个目的：一是进一步明晰网络构建效率和效果产生效应的边界条件；二是鉴于在现实中创业者们往往面临效率和效果"不可兼得"的矛盾选择，进一步明确二者产生效应的差异尤其是情境差异，对新企业网络构建具有重要的现实指导意义。本研究的实证统计分析结果显示，比较网络构建效率和效果差异的一系列 10 个假设中，只有 3 个未得到支持，其他 7 个均得到不同程度上的实证数据支持，表明从纵向和横向上比较，二者对初期绩效的影响确实存在较为显著的差异。

假设 4-1、4-1-1、4-1-2 及 4-2 是对网络构建效率和效果效应差异的纵向比较。在这 4 个假设中：假设 4-1、4-1-1、4-1-2 并未得到实证数据的支持，说明社会网络构建效率（速度和投入）对新企业初期绩效的作用并不会因为成长阶段的变化而产生显著差异；假设 4-2 得到较好的实证支持，表明与学步期新企业相比，婴儿期新企业的网络构建效果对其初期绩效的正向影响更显著，换而言之，网络构建效果对初期绩效的正向影响作用会随着新企业成长阶段的延伸而变弱。对于网络构建效果效应的递减，可以从三个方面做进一步阐释。

第一，该结果侧面印证了婴儿期新企业比学步期新企业有更强的外部资源需求和更大的社会网络依赖，这是由婴儿期新企业所面临的生存困境和严重的资源局限所决定的。与可能获取天使投资人支持的孕育期新企业与可能获取风险投资及自身资源良性循环支持的学步期新企业相比，他们深陷资金不足的泥淖却又同时处于外部支持的视觉盲区，在内部运营管理方面处于暂时混乱、缺乏方向感的转变时期，可谓内外交困，因此，婴儿期新企业对外部资源的需求最为迫切，而较好的网络构建效果能够解其燃眉之急。

第二,该分析结果表明,随着新企业的逐步发展,尤其是逐渐步入运营管理正轨之后,影响其成长和绩效的因素越来越多,并且越来越复杂,所构建社会网络中的各种社会关联,尤其是强关联及优质关联带给新企业的资源支持只是众多影响因素中的一个。相对于产品生产、质量控制、销售服务等基本运营活动而言,社会网络构建是次级运营活动,网络构建效果是影响极小的外部因素,而外部因素最终必须通过内部因素起作用。在新企业建立之初,创业者可以将个人网络中的情感性强连带在一定条件下转化为企业层次的社会经济交换关系,这是新企业社会网络的基础和雏形,也是新企业与外部进行各种互动、维护内部生产和运营的必要条件,因此,网络构建效果的作用显著;但是,企业层面的关系网络围绕社会经济交换而存在,无论是最初由个人网络强连带转化而来,还是在新企业成立之后建立起来的新关系,在获得初步的基础性信任、完成最初的交易行为之后,这些关联能否持续产生作用,则取决于交易的内容和过程能否满足双方的互惠需求,即新企业产品和服务质量的作用将随着运营管理的完善凸显出来,社会网络效果作用减弱。

最后,该研究结果说明了一个有关社会网络非正式制度的重要事实,即:在中国情境下,社会网络在创业活动和新企业的生存发展中起到了至关重要的作用,但从长远来看,却难以独立于新企业内部因素成为维系新企业持续发展的核心能力,其对绩效产生持续的推动作用必须以企业内部管理、优质的产品或服务等关键因素为前提。在现实中,创业者们会积极地"找关系",充分发挥网络的重要作用,但这并不能成为企业发展的根基。天津狗不理大酒店从建立之初便定位于较高层次的消费需求,而其营业额的主要来源之一是来自于各组织机构、企业的大额订单。毫无疑问,酒店的社会网络在这部分订单中起到了关键性作用,而第一批订单的产生是组织间联系建立的标志。该酒店十分重视其客户网络的构建和维护,但这却不足以成为其成功运营的秘诀,因为管理者们认识到,真正能够让该客户网络持续产生作用的是酒店提供的餐饮服务质量。因此,酒店会定期对主要客户进行回访和调查以持续改进餐饮质量和服务质量,包括对客户们口味偏好的善意询问和调研。如果说该酒店在其婴儿期通过建立起足够多的组织关联迈出了成功的第一步,那么,在进入学步期之后,则是过硬的服务维系了其长期的成功运营。与此形成对比,有的创业者凭借其出色的社交能力历尽辛苦为新企业构建起最初的社会网络,但却在后续的发展中因为运营问题,尤其是产品和服务的质量问题导致客户的大量流失。

网络构建效果的效应随着成长阶段递减的研究结果警示创业者:社会网络构建的重要性不容忽视,但随着新企业发展进入学步期,社会网络的作用将逐渐减弱,并且其持续作用必须以满意的产品和服务交易为前提,因此,不能把社会网络视为可以超越产品服务或企业运营本身的核心能力。

假设5-1、5-1-1、5-1-2、5-2、5-2-1、5-2-2是对网络构建效率和效果效应差异的横向比较。本研究的实证分析结果显示，这6个假设均得到支持，说明在同一成长阶段中，网络构建效率和效果对新企业初期绩效的解释力存在差异。

假设5-1、5-1-1和5-1-2得到较强的实证数据支持，说明：当新企业处于婴儿期时，网络构建效果比网络构建效率（速度、投入）对其初期绩效的解释力更强。对于婴儿期新企业来说，存在四个主要特点：一是资源局限尤为突出，如资金不足问题普遍存在[①]，急需获得外部资源支持；二是成立之初管理体制欠完善而导致的各种管理问题逐渐凸显出来，因此内部经营困难重重，甚至出现混乱的情况，急需借用各种有形资源（如人员借调）或无形资源（如技能、知识等）解决内部运营的窘况；三是生存需求大于发展需求，面对严重的资源局限和突出的管理问题，如何生存下来是婴儿期新企业的第一要务，只有相对远离死亡威胁时才能进一步考虑长远发展；四是稳定的基础性运营重于突现性的商机，婴儿期新企业不仅风险承担能力很低，并且缺乏经验，难以把握突然出现的、存在较大不确定性的商机，而事实上，从天而降的好机会也较少垂青朝不保夕的新企业，因而婴儿期新企业最重要的是竭尽全力稳扎、踏实地做好基础性运营。将这四个主要特点与网络构建效果、网络构建速度及投入产生效应的机理特点相结合，就能很好地理解网络效果对绩效更强的解释力。网络构建速度在新企业应对突然降临的商机或突然出现的问题时作用更加显著，而婴儿期新企业最重要的是踏实地做好基础性经营，解决可以预料、观察的基础性管理问题；网络构建投入对初期绩效的推动作用以较多的资金、人力等资源投入为前提，而这对于资源局限严重的婴儿期企业来说实现起来有较大的难度；而网络构建效果所包含的因素使得婴儿期新企业可以实现有限投入的收益最大化，较多的联系意味着有更多可以提供外部资源的来源，强关联有助于降低婴儿期新企业难以承受的运营风险和机会成本，而代表优质关联的既有成熟组织有较强的能力和资源帮助新企业度过艰难的婴儿期。因此，网络构建效果对婴儿期新企业绩效的解释力强于网络构建效率。

假设5-2、5-2-1和5-2-2得到较强的实证数据支持，这说明，当新企业处在学步期时，网络构建效率（速度、投入）比网络构建效果对其初期绩效的解释力更强。度过艰难的婴儿期之后，进入学步期的新企业的特点发生了一些重要的变化：经过一段时间的运营和调整，曾经涌现出来的各种管理问题逐渐得到解决，管理体

---

① 伊查克·爱迪斯. 企业生命周期. 赵睿等译. 北京：中国社会科学出版社，1997.

系不断完善,管理流程相对成熟并趋于稳定;在这种情况下,新企业的经营状况(包括推出、销售产品或服务等)得到改善,发展势头较好、发展潜力突出的新企业有机会获得外部风险投资的支持,资金不足的状况得到实质改善;除了外部支持外,业务发展所带来的销售及盈余可以较好地补充资源的不足,资源局限逐渐缓解,网络构建投入局限随之降低;此时,处于学步期的新企业在维持基础性运营的基础上,不仅有了更强的风险抵御能力,而且有机会得到更多良好商机的青睐。因此,对学步期的新企业而言,网络构建速度和投入的作用会显现出来,甚至比网络构建效果对初期绩效的解释能力更强。

同一成长期内的横向比较肯定了新企业主观需求、客观条件与网络构建行为匹配的重要性,启示创业者在二者难以兼得的情况下,应该理性判断自身所处的成长阶段,并以此为依据在效率和效果之间做出取舍。

三、信任氛围的调节作用

在有关信任氛围调节作用的假设中,本研究的实证分析结果显示,假设 7 得到支持,表明信任氛围正向调节社会网络构建效果与新企业初期绩效的关系,但假设 6、6-1、6-2 均未得到支持,表明信任氛围对社会网络构建效率(速度和投入)与新企业初期绩效的关系没有显著影响。

假设 7 得到显著支持说明信任氛围能够作用于新企业社会网络构建效果产生效应的过程和机制。本研究聚焦的信任氛围侧重于组织之间的信任感知,其正向调节作用通过多种途径影响网络规模、网络密度及网络资源对新企业初期绩效的推动作用。首先,信任氛围代表新企业所处环境中的整体信任感知,不仅是组织间关联形成的基础,也是关联建立之后各联系方之间信任积累的基础。新企业网络构建活动时间相对较短,强关联所占比例相对较小,而网络中弱关联能否产生预期的作用、能否提供有力的资源支持,均深受环境中整体信任基础的影响,在没有以往合作记录时尤其如此。同时,大环境中的信任基础也能影响一般关联转化为强关联的速度和进程。其次,无论是一般关联,还是强关联抑或优质关联,以信任氛围为基础而累积起来的联系方信任程度广泛地决定了新企业能否通过其建立的社会关联获得资源支持、能否以低于市场交易价格的成本获得资源、能否有效地降低合作中的风险、能否减少机会主义的出现及实现其他交易成本相关的网络利益,而这些正是新企业网络构建效果,尤其是强关联影响初期绩效的路径。最后,优质关联作为地位更高、资源更丰富、竞争力更强的组织,新企业所需的资源支持对他们来说可能是举手之劳,但并非零成本行为,成本的存在促使这些关联组织考虑提供支持和帮助的损益,尤其在面对信任记录较少、信任历史较短却迫切需要资源支持的新企业时,他们的犹豫和疑虑可能更多。这时,除了考虑新企业本身的各项条件,他们将会对照整体环境中最基础的信任氛围做出是否开展合作、是否提供资源支持以及相应支持力度的决策。若当地信任氛围较好,他们更趋于给予新企业较为慷慨的支持。因此,在信任氛围较好的环境中,组织间整体信任基础良好,初次交易和合作更容易达成,互动过程更加顺利愉悦,信任累积更快,新企业可以更加顺畅地通过其网络关联,尤其是强关联和优质关联获得资源支持。

假设 6、6-1、6-2 未得到实证数据支持,说明信任氛围对网络构建速度和投入的效应机制影响不显著。尽管本研究有关信任氛围调节作用的假设只得到部分支持,但依然有力地肯定了信任氛围对网络构建活动与新企业初期绩效关系的影响。信任氛围是环境中组织信任的基础,较好的信任基础促进组织间合作、交换及相互支持,减少机会主义行为,降低新企业难以承受的合作风险。同时,良好的信任氛围促进信任积累,帮助新企业建立更多的紧密联系,减低直接成本及交易成本。对于信任记录较少的新企业而言,较好的信任氛围意味着其信任起点增加,有利于通过信任积累获得更多、更好的资源。因此,良好的信任氛围不仅为组织间关联的建立提供了"肥沃的土壤",而且能够在组织间关联作用于新企业成长和绩效的过程中持续地提供"丰富的营养"。这一发现为创业者进行创业选址提供了新的参考思路。在商务合作日益重要、"单枪匹马"难以"闯天下"的今天,信任氛围的作用会更加突出,所在环境中良好的信任氛围是新企业生存和发展的重要条件。尽管人们大多有"无商不奸"的模式化印象(stereotype),但事实上,信任是进行持续性商业活动的基础。从微观上来看,成功的创业者必然重视信任的积累,与值得信任的组织合作,同时成为值得信任的合作者;从宏观上来看,创业活跃的地区,无论竞争如何激烈,商家们都必须恪守最基本的信任条件,只有共同营造出好的信任氛围,才能创造双赢、多赢的局面,长久合作、永续发展。由此进一步思考,信任氛围对创业、新企业成长的积极作用可能并非仅限于正向调节网络构建活动与绩效的关系,很可能还存在其他直接或间接的影响路径,值得后续研究进一步探讨。

四、市场环境的调节作用

本研究通过市场化程度指数衡量新企业所在省区的市场环境,在检验地区市场化总指数的同时,特别考虑地区产品市场发育程度和要素市场发育程度两个方面指数对社会网络构建效率和效果与新企业初期绩效之间关系的调节作用。本研究的统计结果显示:网络构建投入相关的三个假设(假设 8-1-2、9-1-2、10-1-2)均得到支持,表明地区市场化程度以及地区产品和要素市场发育程度均能负向调节网络构建投入对新企业初期绩效的关系,即市场化程度越高,网络构建投入对初期绩效的正向作用越弱;与网络构建速度相关的三个调节回归模型均不显著,假设 8-1-1、9-1-1、10-1-1 均未得到实证数据的支持,表明地区市场环境的差异不能显著影响新企业网络构建速度的效应机制;网络构建效果相关的假设检验结果远在本研究的意料之外,假设 9-2 得到支持,表明地区要素市场的发育程度负向调节网络构建效果与新企业初期绩效之间的关系,但假设 8-2 却得到反向支持,表明地区产品市场的发育程度显著正向调节二者的关系,这也在较大程度上导致了地区总体市场化程度的调节作用不显著,假设 10-2 未得到实证数据支持。

这部分的分析结果在一定程度上显示了本研究所采用的三个市场环境指数的异同和关系。地区产品市场和要素市场发育程度作为方面指数,实际上是市场化程度指数的重要构成因素,因此在对网络构建速度和网络构建投入效应机制的调节上,三者保持一致;但是,在对网络构建效果效应机制的调节上,两个方面指数出现了相反方向的调节,而也正因为如此,总指数出现折中的结果。当然,这只是考虑了调节变量的作用,而硬币的另一面依然与网络构建效率和效果产生作用的机制异同相关。

本研究在假设推导部分即强调,网络构建投入对新企业初期绩效的作用具有两面性:成本角色使之与绩效负相关,而带来"高回报"的投资角色使之与绩效正相关。有关自变量主效应的实证分析证明了后者的解释力更强,网络构建投入以其"高回报"的投资角色使得新企业可以用较少的资源换取超额的、稀缺的、甚至通过市场交易手段无法获取的外部资源,从而推动新企业成长和绩效。如前文所述,本研究探讨的构建效率和效果作为网络构建活动的核心特征,其产生效应的机制都与社会网络特殊的非正式制度形式相关,通过渗透到各种正式制度形式中对市场经济及交易活动产生作用,从而影响市场机制运作或蕴藏于该机制中的规则;尽管三者在本质上存在这一相似之处,但与网络构建速度和网络构建效果相比,网络构建投入的"高回报"投资角色无疑是与市场环境中正式制度形式冲突最明显的部分,这也就意味着网络构建投入正向作用的产生十分依赖于市场环境中正式制度形式不完善而留下的"空白"和"缝隙"。简而言之,网络构建投入效应机制中的超值高回报是脱离正常市场竞争秩序而产生的。因此,一旦市场环境得到明显的改善,市场化程度提高,不断完善的法律法规等正式制度形式留下的可容纳非正式制度形式作用的空间和缝隙越来越小,公平竞争秩序得到越来越广泛的认可和实施,通过投资于网络构建活动、促使社会网络渗透到市场环境中获取超值资源的机会越来越少,网络构建投入的正向效应显著削弱。因此,地区产品市场和要素市场的发展以及地区市场化程度的整体提高都会削弱网络构建投入对新企业初期绩效的积极推动作用。

网络构建效果对新企业初期绩效的作用机制与网络构建投入效应机制的差异主要在于其影响路径的多元性,而这也正是本研究聚焦的三个市场化指数对其产生不同调节效应的主要原因。网络构建效果中包含的网络规模、强关联和优质关联等因素同样主要是以非正式制度的形式作用于市场环境,因此,当市场中正式制度形式随着市场化程度的提高日益完善,其作用将被削弱。要素市场的发育程度显著负向调节了这一关系,这表明,在要素市场发育程度较低的情况下,新企业可以与要素市场中的供应商或资源持有者保持直接或间接的关联,从而以相对较低的成本获得企业发展所需的原材料、人力、资金等,或者利用可以干预要素市场的政治关联得到优先获取要素资源的权利等;但是,随着要素市场的日益规范化,不仅先前可以渗透进去的政治关联等特殊网络因素难以介入其中,甚至先前通过网络关联获取的要素价格优惠等利益都因为市场竞争的进一步公开化、透明化而减少。因此,要素市场的发育程度可以显著调节网络构建效果对新企业绩效的推动作用。与地区要素市场不同的是,地区产品市场主要与新企业产品或服务的销售相关,这一差异很大程度上决定了地区产品市场发育程度对网络构建效果的效应机制产生不同的调节作用。一方面,与要素市场的发育相似,地区产品市场的发育同样会限制某些非市场关联(如政治关联等)产生作用,从而削弱网络构建效果的效应;但另一方面,产品市场的发展却能推动新企业社会市场关联,尤其是销售关联更好地发挥作用,这是因为当商品的价格更多地由市场决定、地方保护主义降低时,市场交易的公平性和透明度将进一步提高,新企业作为新进入者的各种缺陷将被弱化,在保证产品和服务质量的前提下,新企业社会网络中的市场关联企业会更加愿意与其建立合作关系,从而增强其社会关联及网络构建的效应或作用。与此相匹配的是,本研究的数据也显示,新企业社会网络中大多数的联系是市场交易关联,其中最主要的是销售关联。综上所述,也就不难理解统计分析结果中地区产品市场发育程度对网络构建效果效应机制的正向调节作用。

地区产品市场发育程度对新企业社会网络构建效应的正向调节作用出乎假设推理的意料,这促使本研究进一步思考网络构建影响新企业绩效及成长的途径。根据影响路径与正式市场机制的关系,新企业社会网络对其资源获取、初期绩效施加影响的方式可以分为市场路径与非市场路径。其中市场路径是以尊重市场机制为前提,积极地顺应市场基本规范及其他正式制度,利用社会关联及网络中的信任、情感、互惠政策等对市场交易和竞争施加一定的影响,如新企业通过信任积累与网络中的部分企业保持紧密、频繁互惠合作关系,从而获得其他企业难以涉足的发展机会。与此相对,非市场路径有悖于市场机制,有时甚至违反市场基本规范及正式制度,其通过利用社会关联及网络强行干预市场交易和竞争以施加影响的方式,如政治关联对市场交易的干预,以及公开投标中的"暗箱操作"等都是典型的非市场路径影响。市场化程度对这两种作用路径产生不同的影响。在市场化程度较低的环境中,市场经济发展相对较慢,规范市场运作的正式制度并不完善,因而新企业社会关联及网络有更多的机会通过非市场路径渗透到正式制度的空白与缝隙中,其产生作用的空间和余地相对较大。在市场化程度较高的环境中,市场经济发展相对较快,规范市场机制运作的各项正式制度较为完善,新企业社会关联及网络的非市场路径受到正式制度的严格约束,其发挥作用的机会、空间及其作用力都将被市场环境的改善大大削弱。不同的是,社会关联及网络通过市场路径而产生的影响力与市场正式制度并行不悖,不仅不会因为市场化程度的提高而削弱,相反甚至会由于市场环境的改善而发挥更显著、更积极的作用。

网络构建速度对新企业初期绩效的作用机制与网络构建投入及效果的效应机制均存在差异,其突出的优势是在较短的时间内找到合适的关联企业并建立联系,有利于新企业在商机来临之时甚至之前准备好所需的外部资源。简而言之,提前做好准备以抢占先机是网络构建速度正向影响新企业绩效的关键。地区市场化程度可能会对新企业网络构建速度本身产生影响,但对其与新企业绩效之间关系的调节作用并不显著。

尽管有关市场环境的调节作用的系列假设只是部分得到显著的实证数据支持,但却足以说明市场环境的变化对社会网络构建活动效应机制的重要影响。事实上,这些发现生动地体现在中国的现实情况中。从纵向上来看,随着中国经济转型的不断深入,政府及其相关部门对经济的干预逐渐减少,辅助市场机制正常运行的法律法规不断完善,公平的竞争秩序逐渐建立起来并不断得到改进,总体市场化进程都得到较大的提高,地区市场化程度随之得到不同程度的改善。樊纲指数显示,2005 年各省区平均的市场化指数比 2003 年总体评分提高了 1.02 分,而 2007 年的总体评分比 2005 年提高了 0.81 分,有力地说明了中国市场化程度的快速进展。[①] 这一持续性变化削弱了社会网络等非正式制度形式作用于经济活动特别是市场交易行为的能力。不容置辩,社会网络等因素始终存在于市场环境中,并产生着不容忽略的作用,这也是本研究探讨网络构建问题的意义所在,但是,市场环境中不断完善的正式制度形式逐渐形成对非正式制度形式的约束,市场交易透明度不断提高,"暗箱操作""找关系"等现象依然存在,但其底线越来越高,并非"有关系"就"没关系",即便"有关系"的市场参与者也必须以相当的实力说话。从横向上

---

① 樊纲,王小鲁,朱恒鹏. 中国市场化指数——各地区市场化相对进程 2009 年报告. 北京:经济科学出版社,2010.

来看，中国各省区的市场化进程各不相同，上海、浙江、广东、江苏是自 2005 年来一直居于前四名的省市，而甘肃、青海、西藏则是一直居于最末三位的省区。这种差异在很大程度上与各地区经济发展水平的差异相吻合，同时也可以大致判断，这种差异基本与社会网络，尤其是网络构建投入的作用力相反。在市场化程度高、竞争激烈、创业活跃的广东、上海及苏浙地区，政治关联对经济的干预水平逐渐降低，社会网络对市场交易的干预力量尽管依然存在，但同时也受到越来越多基础条件的约束，如产品和服务质量控制、遵守法律法规约束等。而与之形成对比的是，在市场化进程相对缓慢的地区，社会网络等非正式制度的渗透机会更多，而渗透门槛也越低。

在此，还必须指出来的是，本研究多次强调社会网络以非正式制度形式渗透于市场环境中，这里所说的"渗透"或"干预"尽管难免存在违背市场原则的问题（如"暗箱操作""开后门"等），但并非都是消极的，不能一味地否定。事实上，市场化程度约束新企业社会网络构建活动效应的积极意义便主要在于限制企业组织通过社会网络以违规甚至非法的手段扰乱正常的市场竞争。与此同时，网络构建活动效应机制中的某些积极因素，如企业与客户之间的信任积累，不仅能够在得到改善的市场环境中发挥更好的作用，而且逐渐成为促使市场良好运作的重要因素。

第六章 新企业社会网络构建的效应机制及其启示

本章将在前文理论推导、实证分析及深入讨论的基础上对本研究的主要结论进行总结与回顾,剖析研究中可能的创新之处,阐述研究发现和结论的理论与实践启示,并在客观分析论文存在的不足之处的基础上对未来可能的研究方向加以展望。

第一节 新企业社会网络构建与初期绩效

本研究关注处于当今创业研究前沿的社会网络问题,以先前研究发现及相关理论为基础进一步深化研究的思路,从过程视角出发聚焦新企业层面的社会网络构建活动,并借用组织管理领域的效率和效果维度以刻画该过程的本质特征。在情境化界定、剖析和测度新企业社会网络构建效率和效果之后,本研究就二者与新企业初期绩效的关系及其权变机制、边界条件提出一系列理论假设,继而通过问卷调研方法收集数据用来对所提出的假设进行实证检验,并就统计分析结果展开更深层次的探讨。本研究借用独特的效率和效果视角,不仅在一定程度上更细致地揭示了新企业组织层面的网络构建活动特征对其成长和绩效的积极作用,而且通过融入纵横向对比和外部环境因素进一步挖掘了网络构建效率和效果产生效应的部分边界条件。本节将从四个具体的方面陈述本研究的主要结论。

一、新企业社会网络构建及其主要特征是影响初期绩效的重要因素

组织层面的社会网络构建是创业过程中必不可少的关键,也是新企业渡过生存难关、获得初步成长的重要手段。从过程视角来看,新企业社会网络构建的本质特征可以借用组织管理领域的效率和效果维度进行概括性刻画,其中前者侧重描述"新企业如何构建社会网络",强调"用正确的方式构建网络",而后者侧重描述

"新企业构建起怎样的社会网络"，强调"构建正确的社会网络"。网络构建活动最重要的意义是促进新企业获取外部资源以突破资源局限，满足生存和成长所需。这也是效率和效果维度下的网络构建本质特征影响新企业初期绩效的核心路径。

网络构建效率主要由构建速度和构建投入两部分构成：速度越快，效率越高；投入越多，效率越低。两者在内涵及影响路径上的差异导致网络构建效率对新企业初期绩效产生不同方向的两种影响：网络构建速度所代表的效率（速度越快，效率越高）正向影响新企业初期绩效，以较快的速度构建起以新企业为核心的社会网络，使新企业有机会更快地准备好解决突发性问题、把握突现性机会所需的资源，从而有利于其成长和绩效的改善；网络构建投入所代表的效率（投入越多，效率越低）负向影响新企业初期绩效，即新企业对网络构建活动的投入越多，其初期绩效越好。有关网络构建投入的结论说明，新企业该部分投入的"投资角色"（以获取超值高回报为目的）超越了其"成本角色"（意味着运营成本的增加），并且证明了针对社会网络构建的投资对新企业成长具有重要意义。

网络构建效果特征是新企业社会网络规模、网络密度及网络资源等多项指标的综合，其对初期绩效的正向影响说明，新企业在主客观条件允许的情况下，应当建立尽可能多的外部关联，尤其是互动密切、稳定、持久的强关联以及地位相对较高、资源较丰富、具有较强资源获取能力的优质关联。这些外部联系不仅能够给新企业带来生存和成长所需的各种宝贵的外部资源，而且能够降低其运营过程中的交易成本，并有效控制与外部组织互动的风险，从而改善新企业成长和绩效。

二、新企业社会网络构建效率和效果的效应机制存在重要差异

效率和效果兼具是新企业网络构建中较为理想的状态，如果新企业能够以较少的资源投入、较快的速度构建起规模较大、强关联和优质关联较多的高效果社会网络，那么将十分有利于其资源获取的效率和效果，从而大幅推动其绩效的提升。但是，这种理想的状态往往很难达到。在更多的情况下，资源匮乏的新企业在组织层面的网络构建活动中必须在构建效率和效果中做出选择，以实现有限资源的合理配置。这一行为选择和决策以网络构建效率和效果不同的作用机理以及新企业自身的主客观条件为基础，其中成长阶段是新企业自身条件最基础的体现。

从纵向对比来看，与学步期新企业相比，婴儿期新企业的网络构建活动对其初期绩效的影响更显著。换而言之，社会网络构建活动对新企业成长的效应随其成长阶段的延伸而变弱。这尤其体现在网络构建效果的效应变化中。婴儿期新企业资源局限尤为严重，面临各种过渡期难以避免却与生存密切相关的问题，资源需求

迫切,并且该时期企业主要关注产品或服务的生产及销售等基本业务,以期通过正常稳定的运营渡过该时期的生存风险,运营管理相对简单,来自于社会网络的外部资源注入能够有效地缓解其资源局限和生存压力,从而显著影响其初期绩效。但进入学步期之后,新企业逐渐远离生存风险,资源状况随着经营状况的稳定发展而逐步得到改善,资源需求降低,更重要的是,该阶段新企业的经营目标不再只限于求得生存,而是希望获得长足的发展,其运营管理相对规范,也更加复杂,在诸多影响成长和绩效的因素中,社会网络固然重要,但却不足以独立于其他因素成为新企业的核心能力,也不凌驾于产品或服务质量等核心竞争力因素之上,相反,社会网络作为外部因素必须通过内部因素的改善起作用。

从横向对比来看,对于婴儿期新企业而言,网络构建效果对初期绩效的影响比网络构建效率(速度、投入)更显著。导致这种差异的原因主要包括两个方面:一是网络构建效果能够更好地满足婴儿期新企业迫切的资源需求,二是新企业所面临的非基本运营外的商业机会较少,同时能够用于网络构建的资源十分有限,这就意味着网络构建速度和投入效应机制的实现受到限制。而对学步期新企业来说,网络构建效率(速度、投入)对初期绩效的影响比网络构建效果更显著。学步期新企业经过婴儿期的磨炼与发展,初露头角,更能得到各种商业机会的垂青,对资源整合速度的要求提高,同时也有更多的资源可以用于网络构建活动,这就使得网络构建速度和投入有了"用武之地",对新企业初期绩效的影响变得更显著。而网络构建效果对婴儿期新企业的显著影响则可能由于新企业进入学步期,外部资源需求和依赖降低、网络内容及结构趋于稳定以及更多复杂的影响绩效的因素介入而相对降低。

三、信任氛围水平调节新企业网络构建活动与初期绩效的关系

新企业所处环境中的信任氛围是组织间信任的基础,也是新企业与其他组织建立关联以及通过关联获取外部资源的基础,因此,这一特殊的外部环境因素与新企业社会网络构建活动密切相关。信任氛围水平不仅影响新企业社会网络构建过程本身,而且会对该项创业活动的效应机制产生重要影响,具体体现在对网络构建活动与新企业初期绩效关系的调节上。

本研究的理论推导过程和实证检验结果表明,信任氛围水平正向调节新企业社会网络构建活动(尤其是新企业网络构建效果)与其初期绩效的关系,换而言之,良好的信任氛围能够促使新企业网络构建活动更好地发挥对其初期绩效的影响,尤其是网络构建效果的推动作用。良好的信任氛围代表着良好的信任基础,在相对和谐、宽松的环境中,新企业虽然是以新进入者的身份开展运营活动或进入相关

市场,但依然能够相对容易地获取环境中其他组织的信任,其社会网络构建活动也随之变得容易。更重要的是,良好的信任氛围会促进网络构建活动对新企业初期绩效的影响。由于具有较好的信任基础,新企业能够与组织中的一般性关联较为容易地进行相对深入的合作,通过推动交流的深度、广度及密度促进初期绩效的改善,同时,也能推动一般性关联向紧密关联或强关联转化。强关联的信任积累更迅速、更有效,良好的信任氛围会促使他们与新企业开展更深入的合作和交流,更愿意提供各类稀缺的资源支持,更趋于分享宝贵的信息和机会,从而能够更大程度上降低新企业的直接成本及交易成本,在合作中更多地减少新企业难以承受的机会主义行为及其他合作风险,通过开展更多、更深入的互惠性合作推动新企业初期绩效的改善。一般而言,新创企业较难获得优质关联的信任,后者往往地位较高、资源丰富并且具有较强的资源获取能力,在他们看来,新创企业缺乏信任记录,不确定性很强,在合作中受益远远超过贡献,因此他们通常不愿意与新创企业开展频繁深入的合作;但是,在良好的信任氛围中,这些优质关联对新创企业的信任相对增强,对双方合作、交流的疑虑减少,其防范意识迅速降低,从而更愿意为新创企业提供各类资源支持,更愿意与之分享价值较高的信息及机会,与强关联的合作将有利于新企业的资源整合及绩效改善。

因此,外部环境中的信任氛围水平能够增强新企业社会网络构建活动对其初期绩效的影响作用。

四、地区市场化程度调节新企业网络构建活动与初期绩效的关系

新企业社会网络构建活动对新企业初期绩效的效应受到市场环境,尤其是市场化程度的显著影响。相对于规范市场运行秩序的法律、法规、政策等正式制度形式而言,社会关联及网络是相对独立但又与之并行的非正式制度形式。前者构成了市场行动者必须遵守的最基本的原则和规范,而后者在受到其制约的前提下,渗透到市场运作的方方面面,甚至对正式制度及其作用机制施加影响。一般而言,新企业作为新进入者,在市场资源获取、交易及竞争等方面均处于相对劣势,但通过借用社会网络的非正式影响作用,能够在一定程度上改善其在市场中的地位和角色形象。新企业社会网络对其资源获取、初期绩效施加影响的方式可以根据与市场的关系分为非市场路径与市场路径。其中市场路径是顺应市场基本规范及正式制度对市场交易和竞争施加影响的方式,而非市场路径是有悖于市场基本规范及正式制度,强行干预市场交易和竞争以施加影响的方式。市场化程度对这两种社会网络作用路径的影响各异。在市场化程度较低的环境中,由于规范市场运作的正式制度并不完善,新企业社会网络的非市场路径有更多的机会渗透到正式制度

的空白与缝隙中,并且产生作用的空间和余地更大,能够产生更加显著的影响。在市场化程度较高的环境中,规范市场运作的正式制度相对完善,社会网络的非市场路径受到正式制度更多的约束,其发挥作用的机会、空间及其作用力都将被市场环境的改善大大削弱。与此相对,社会网络通过市场路径而产生的影响力是与市场正式制度并行不悖的,不仅不会因为市场化程度的提高而削弱,相反甚至会由于市场环境的改善而发挥更显著的作用。

市场化程度的不断提高是转型时期中国市场环境的重要特点,这一特殊性会在一定程度上削弱社会网络构建活动对新企业初期绩效的推动作用,并且主要是削弱社会网络的非市场路径影响力。但与此同时,在部分市场中社会网络的市场路径影响力会因为市场环境的进一步规范化而得到改善和提高。因此,转型时期中国情境下的新企业应当根据市场环境的变化调整其社会网络结构,从而调整社会网络产生作用的路径方式。特别是在市场化程度较高的地区,降低对社会网络非市场路径支持的依赖、充分发挥其通过市场路径产生的积极作用,是新企业促进社会网络构建并使之持续产生作用的必经之路。

第二节 主要创新点

本研究从组织层面深入关注创业管理学术研究前沿的新企业网络构建问题,将已有理论研究成果与创业管理实践中的问题紧密结合,充分体现了多学科交叉的探讨思路,并通过有效的实证分析得到一系列具有重要理论意义和实践价值的发现。与以往的研究相比,本研究的特色主要体现在以下三个方面:首先,将研究对象准确定位于处于成长阶段的新创企业而非处于准备孕育阶段的创业项目或已经度过成长期的成熟企业,并将创业网络分析层次定位于组织层面而非个人层面或交叉层面,这样更具针对性的定位有利于提高数据收集、分析及讨论的准确度;其次,在过程视角指导下情境化借用组织管理领域的效率和效果维度相对系统、概括地描述网络构建过程的本质特征,并以此为基础更深入地分析组织层面新企业网络构建活动的效应机制,深化有关创业网络与企业成长关系的探讨;最后,在验证、讨论新企业网络构建效率和效果对初期绩效的重要作用的基础上,引入对比的思路和外部环境因素,进一步分析该效应机制的边界条件,以深化对该机制的了解。依托上述特色,本研究的创新点主要体现在三个方面:(1)情境化引入效率和效果视角系统挖掘新企业网络构建活动的本质特征;(2)从效率和效果视角深入剖析新企业网络构建活动的效应机制,并在权变机制探讨中对比分析新企业网络构建效率和效果效应机制的差异;(3)从外部环境中挖掘新企业网络构建效率和效果效应机制的边界条件,提出并证明了信任氛围和中国市场环境对新企业网络构建活动效应机制的调节作用。

一、引入效率和效果视角系统挖掘新企业网络构建活动的本质特征

社会网络对于创业活动及其绩效的重要性已经得到广泛的认可,创业领域的学者围绕社会网络的效应机制和形成机制展开了大量的研究,在剖析创业网络的形成和影响方面取得了丰硕的研究成果,但以往研究过多地停留在创业者个人网络层面,甚至片面地将创业者个人网络等同于创业网络,新企业组织层面的社会网络常常被忽略。更重要的是,以往研究或忽略新企业网络构建过程,或只是以零散、片面的指标对该过程进行单一维度的简单描述,缺乏系统性和概括性,更没能充分阐释新企业社会网络及其构建过程的本质特征,而这些本质特征是社会网络对新企业成长和绩效产生作用的关键。

正是鉴于以往研究所存在的上述不足,本书立足于新企业组织层面的社会网络,从过程视角出发聚焦新企业社会网络构建过程,并从组织管理领域借用基础的效率和效果维度用以系统、概括地描述该过程的本质特征。其中效率侧重描述"新企业如何构建社会网络",强调"用正确的方式构建网络",具体体现在新企业完成基本网络构建的速度和用于网络构建活动的资金、人力等资源投入,而效果则侧重描述"新企业构建起怎样的社会网络",强调"构建正确的社会网络",具体体现在所构建网络的规模、网络中强关联和优质关联的数量等多个指标。本书以组织管理领域中有关效率和效果的理论探讨为基础,结合创业研究尤其是创业网络研究的已有成果,对新企业社会网络构建效率和效果进行情境化界定,剖析其深层内涵,并且在实证部分对二者进行了较为成功的探索性测度。这两个维度的情境化借用不仅弥补了以往研究忽视新企业社会网络构建过程或相应描述指标过于零散的不足,而且为本研究在已有发现基础上更深一步挖掘社会网络与新企业成长及绩效之间的关系提供了新的视角和思路,有助于深化网络视角下的创业研究成果。

二、从效率和效果视角剖析新企业网络构建活动的效应及其权变机制

已有创业网络研究中的效应机制研究反复肯定了社会网络对新企业生存和成长的重要作用,但大多数研究过分集中于探讨网络结构、网络治理等对新企业绩效的影响,忽略了网络构建过程特征及网络内容上的特征,并且所选取的网络自变量指标零散,缺乏系统性和概括性,也未能从深层次充分挖掘、阐释效应机制中的影响路径。

　　与已有研究不同的是,本研究特别关注新企业网络构建过程及其本质特征,直接以此为自变量,并情境化引入效率和效果视角探讨该过程主要特征对新企业初期绩效的影响。网络构建效率(速度、投入)和效果是两个密切相关但又相对独立的维度,两者共同反映出新企业网络构建活动的本质特征和核心内涵,并且代表了新企业构建社会网络面临的不同行为选择和决策。两者的紧密联系使它们对新企业初期绩效的影响机制也存在相通之处,如均是围绕外部资源获取而展开,并且它们之间的互动同样作用于新企业的成长和绩效;但是,两者侧重点及描述内容的不同决定了它们在对新企业初期绩效的效应机制上存在重要差异,这对于创业者和新企业管理者做出取舍性决策至关重要。因此,借助效率和效果视角,本书不仅阐释了新企业组织层面网络构建对其初期绩效的影响,而且在已有研究的基础上更加深入、细致地剖析了社会网络如何作用于新企业成长及绩效。

　　与此同时,本研究在肯定新企业社会网络构建对初期绩效的重要影响的基础上,围绕企业成长阶段这一最基本的内部条件,分别从纵向和横向上对比两者效应机制的差异,并挖掘其各自的内外部边界条件。纵向上的对比说明网络构建效果对新企业初期绩效的影响会随着企业从婴儿期进入学步期而减弱,而横向上的对比说明在婴儿期,网络构建效率对新企业初期绩效的影响比网络构建效果更显著,在学步期则出现了相反的情况。对比的结果表明,成长阶段及各阶段新企业所呈现的内部特征是新企业网络构建活动产生效应的最基本的内部边界条件。

三、从外部环境挖掘新企业网络构建效率和效果效应机制的边界条件

　　已有创业网络研究中的效应机制探讨了创业网络如何影响新企业成长及绩效,但往往忽略了创业网络产生预期效应的边界条件,更很少深入挖掘不同网络构建特征产生效应的不同边界条件。但事实上,社会网络构建与新企业初期绩效的关系受到诸多主客观因素的影响,这些因素权变地构成该效应机制的边界条件,而且,不同视角下的网络构建特征对新企业初期绩效产生效应的路径及边界条件存在重要差异。

　　与以往研究不同,本研究在肯定新企业网络构建效率和效果对绩效的重要作用的基础上,尝试从外部环境中挖掘影响效应机制的边界条件。在诸多的外部环境因素中,本研究主要关注了新企业所在环境中的信任氛围及地区市场化程度对不同维度网络构建特征效应机制的调节作用。在有关信任氛围的探讨中,本研究发现,信任氛围能够正向调节网络构建效果对新企业初期绩效的推动作用,这说明信任氛围的优劣是效果维度新企业网络构建特征产生效应的重要外部边界条件。

　　市场化程度是经济转型期中国情境下市场环境的主要特征,具有纵向发展迅

速、横向发展不均衡的特点，并且与新企业网络活动及日常运营密切相关，因此，是本研究挖掘网络构建效应机制外部条件的重点内容。借用认可度较高的樊纲指数，本研究分析了省区总市场化指数及其两个重要的方面指数（地区产品市场和要素市场的发育程度）对不同维度网络构建效应机制产生的不同的调节作用。研究发现，地区市场化指数、地区产品市场和要素市场的发育程度调节新企业社会网络构建与其初期绩效的关系，其中对新企业网络构建投入及效果效应机制的调节作用尤为显著。通过这部分的探讨，本研究不仅进一步挖掘了新企业网络构建效应机制边界，而且再次侧面肯定了网络构建效率和效果在对新企业初期绩效影响路径上存在重要差异。

　　本研究有效的对比分析和调节作用检验不仅呈现出网络构建过程不同特征效应机制及其内外部边界条件上的差异，而且以新颖的思路深化了对社会网络与新企业成长关系的理解。

第三节　理论贡献与实践启示

一、理论贡献

　　本研究具有一定的理论贡献，主要体现在对过程视角下创业网络研究的贡献及中国特殊情境下创业研究的启示。

　　（一）对过程视角下创业网络研究的理论贡献

　　创业网络是过程视角下创业研究最前沿的研究焦点之一，近年来受到越来越多学者的热情关注，并取得了丰硕的研究成果。本研究围绕新企业社会网络构建活动展开，该研究工作对过程视角下的创业网络研究的理论贡献主要体现在以下两个方面：

　　第一，本研究情景化引入效率和效果视角为创业网络研究提供了新的视角和思路。本研究鉴于现有创业网络研究对新企业组织层面网络构建过程及其本质特征的忽略和欠充分阐释，从组织管理领域借用效率和效果维度系统、概括地描述新企业网络构建过程及其本质特征，并以此为基础深入探讨新企业网络构建与其初期绩效的关系。本研究结果表明，网络构建效率和效果不仅能够相对系统、充分地描述新企业网络构建过程，而且呈现出该过程主要特征对新企业初期绩效产生效应时存在影响路径上的微妙差异。由此可以判断，这两个视角的情境化引入对过程视角下的创业网络研究具有重要意义，两者不仅促使本研究更好地描述网络构建过程,为本研究深入探讨效应机制奠定了合适的基础,而且为以后的创业网络研究提供了新的研究视角和研究思路。

第二,本研究对网络构建效率和效果效应机制及其边界条件的挖掘丰富、深化了有关创业网络与新企业成长关系的探讨。具体而言,本研究主要从三个方面丰富、深化了以往的研究:首先,聚焦于新企业组织层面的社会网络构建过程,弥补了以往研究过分关注创业者个体层面社会网络、忽略组织层面社会网络尤其是网络构建过程的不足;其次,借用效率和效果视角分别描述新企业网络构建过程的不同特征并以此为基础分别探讨网络构建效率和效果特征在效应机制上存在的异同,较先前研究笼统、零散分析社会网络与新企业绩效关系而言有了更深层次、更细致的探讨;最后,分析成长阶段、信任氛围和地区市场化程度等新企业内外部因素如何作用于其网络构建效应机制,不仅通过实证检验明确了这三类因素对新企业网络构建活动的影响,而且从三个具有特殊性的角度进一步明晰了网络构建效率和效果效应机制的边界条件,加深对以往研究以及本研究第一部分有关创业网络效应机制的理解。通过推进、深化以往研究,本研究不仅丰富了有关创业网络研究的理论成果,而且给后续研究提供如何深入挖掘该领域的思路性启示。

（二）对中国特殊情境下创业研究的启示

近年来,随着中国在全球经济发展中占据日益重要的位置,越来越多的海内外学者高度关注中国情境下的管理研究,并取得了丰硕的研究成果。但有的研究只是单纯地将中国作为调研的背景,并未注意研究问题与中国情境的匹配,同时也未真正关注中国情境的特殊性及其对所研究问题产生的特殊影响,不足以在理论创新方面对中国情境化研究做出贡献。创业领域的中国情境研究同样要注意和避免这样的问题,应当着力找出中国情境下的特殊因素并分析其对创业行为、绩效或相关机制的影响作用。基于此,本研究主要通过两个方面对中国特殊情境下的创业研究做出贡献。

首先,本书聚焦关注新企业社会网络构建问题。尽管该问题在全世界普遍存在,但其在中国情境下的重要性尤其突出,并具有一定的特殊性,是适合中国情境化研究的问题。一方面,社会网络在中国这一"以关系为纽带的社会"中作用尤为突出,本研究肯定了其突出作用并进行深入剖析;另一方面,中国特殊的制度环境使得部分关联的作用更加突出,如与政府及相关部门组织的关联等,尽管本研究没有单独探讨这些具有特殊作用的关联,但在调研中尝试将其纳入新企业网络中。此外,中国情境下社会网络的另一个重要特征在于,组织间非正式关联通常与正式关联具有同等重要的地位,甚至在某些情况下起到更重要的作用,因此本研究在调研时明确地将"非正式关联"纳入探讨范围。

其次,改革开放以来中国情境最主要的特点之一即为处于特殊的经济转型时期,在计划经济向市场经济转型的特殊时期,最突出的特点之一即是市场环境的巨大变化,而市场环境的变化集中体现于市场化程度的变化,同时,中国各省区市场经济发展的不平衡性又使得各省区的市场化程度呈现差异。因此,本研究从效率和效果视角分析、肯定了新企业网络构建活动对其初期绩效的重要影响之后,重点阐释了地区市场化程度对该机制的调节作用,证明了经济转型时期中国情境下的新企业社会网络构建活动与外部市场环境紧密相关、积极匹配的关系,突出了特殊情境因素对研究问题的影响作用。

二、实践启示

本研究的实践意义在于可以给创业管理实践及政府部门制定相关政策提供启示和参考。

(一)对创业管理实践的启示

第一,组织层面的社会网络构建是十分重要的创业互动,是新企业成功运营的重要推动力。创业是一个艰难而充满风险的复杂过程,新企业往往面临"新"和"小"的缺陷,资源局限严重,但又迫切需要资源以满足生存和发展的需要。在自身资源、能力及其他条件难以应对创业中的复杂状况时,创业者和新企业应当积极地构建社会网络整合所需的各类资源,把握生存和发展的机会。尽管创业者个人网络在新企业孕育期和初创期起到至关重要的作用,但创业中的社会网络构建不能局限于创业者个人网络,而应在新企业成立之后甚至筹备之时开始有意识地、积极地构建以新企业为核心的组织层面网络,这是因为组织层面的社会网络将逐渐发挥越来越显著的作用,超越甚至在很大程度上取代创业者个人网络的作用。尤其对于中国情境下的新企业而言,"没关系,找关系;找关系,有关系;有关系,没关系"的调侃之言并非全是调侃,而是有其深意所在。

第二,网络构建效率和效果对新企业初期绩效的影响机制存在差异,并且两者往往难以兼得,新企业及其管理者应当结合企业所处的具体成长阶段和主客观条件做出合适的选择和取舍。网络构建活动不仅不是免费的"游戏",而且在一定程度上来说是一种奢侈的行为,对资源匮乏的新企业来说尤其如此,这就是网络构建效率和效果难以兼得的主要原因之一。鉴于此,创业者及新企业管理者在开展组织层面网络构建互动时必须权衡:我们应该投入多少资金、人力等用于网络构建及维护?在投入资源大致确定的情况下,我们应该快马加鞭地构建起基本网络以备不时之需,还是仔细斟酌充分了解潜在合作者的信息以改善网络质量?面对这些问题,新企业应当结合所处的发展阶段、自身的主观条件以及各网络构建特征的不同效应机制选择适合本企业的行为方向,努力实现有限网络构建资源的效应最大化。

第三,新企业及其管理者应当重视外部环境,尤其是信任氛围和市场环境对新企业网络构建活动效应机制的调节作用。以往的创业研究从不同的视角肯定了环境对创业活动的重要影响,要求创业者重视外部环境的作用,本研究从网络视角给予了新的理由。外部环境对网络构建活动效应机制的显著调节作用进一步启示创业者和新企业管理者在开展网络构建活动时必须深入分析所在地区的整体信任氛围和市场化程度,并结合自身主观条件,选择最有利于新企业成长的网络构建方向和方案,提升网络构建活动的价值。

(二)对政策实践的启示

鉴于新企业网络构建活动对初期绩效的重要影响,政策制定相关权威部门应该针对该活动不同的作用路径做两方面的努力:

一方面,新企业社会网络构建活动可以通过信任积累、相对充分信息等顺应市场原则与规范的方式作用于经济活动,这不仅有利于新企业个体绩效的提升,也能促进地区整体市场经济的繁荣。因此,政策制定者应当为这类社会网络产生效应的方式创造更好的外部环境,如:大力倡导、鼓励企业间诚实、守信、公平的文明交易及合作行为,完善法律法规等积极的制度约束,为新企业的社会网络构建营造更好的信任氛围;加强创业服务支撑体系建设,提高管理咨询公司、律师事务所、会计师事务所、中小企业信贷等机构的服务质量和投入,为新企业的网络构建活动提供更多有利于其成长的社会资源。这些措施将引导创业者和新企业管理正确地运用社会网络的积极因素推动新企业成长。

而另一方面,新企业社会网络构建活动也可以通过非法、违规及有悖于市场规范和原则的路径作用于经济活动中,尽管可能对主体新企业的绩效产生积极的影响,但却不利于地区整体经济的发展和市场秩序的稳定。针对这一现象,政策制定者应当修正、改进法律、法规等,填补正式制度留下的缝隙,完善市场运作机制,以尽量约束新企业社会网络通过此类路径产生作用,从而督促、引导、鼓励新企业以正确的方式发挥社会网络的作用。

第四节 局限与未来研究展望

尽管本研究对理论研究和创业管理及政策实践做出了一定的贡献,但依然存在亟待改进的不足之处。本节将在指出本研究中主要不足的基础上对未来研究进行展望，作为对笔者自身研究工作的鞭策，也为其他研究者提供参考。

一、研究局限与不足

首先，在调研方式上，由于针对创业者的问卷调查异常艰难，并且受到各种客观条件（如时间、精力和资金等）的限制，本研究未能在调查中实现科学的随机抽样，而是通过借用笔者的社会网络展开滚雪球式的便利性抽样调查。同时，由于受到客观条件的限制，本研究难以采用跟踪式调研，而是采用相对容易实现的回顾式调查的方法，因此不可避免地存在该调研方式固有的幸存者误差和后视偏差，在一定程度上给研究结果带来偏差。

其次，就数据量而言，本研究的总样本量达到并超过了变量数量的要求，但在实证研究中，样本量越大，研究效度越高，而本研究的样本量难以做到这一点。尤其在进行对比分析时，两个子样本的样本量均较小，这可能在一定程度上影响了研究的外部效度甚至导致研究结果的偏差。同时，就样本的省区分布而言，广东地区的样本占到了相当大的比例，这也可能对研究的外部效度产生影响。

最后，在变量测度方面，本研究对网络构建效率和效果进行了探索性测度，由于受到研究条件的限制，在可接受的范围内简化了探索性测度所包含的条目，其中网络构建效果的测度尤其值得进一步优化。本研究测度的网络构建效果综合了新企业组织层面网络的规模、网络中强关联和优质关联的数目三个因素；而事实上，除此之外，网络结构多样性、关联企业的资源状况等也是反映网络构建效果的重要指标，这在一定程度上也可能影响研究结果。因此，网络构建效率和效果的测度尚未成熟，亟待有更多、更好的实证研究工作。

二、未来研究展望

基于本研究的主要理论贡献及存在的局限，笔者计划在后续研究中就以下四个方面展开深入的探索：

第一，将分层抽样（stratified sampling）、随机跳号家户电话抽样（random digital dialing，RDD）等更科学的抽样思路及跟踪式的调研思路引入到后续研究中。由于受资金、人力、时间等研究条件的限制，本研究采取的是便利性的滚雪球抽样和回顾式调研方法收集数据，这在一定程度上影响了研究的外部效度，因此在将来的研究中应当尽可能创造条件，采用更加科学的抽样方法和调研方式，以便更准确地把握新企业社会网络构建过程的本质特征及其效应机制。

第二，在条件允许的情况下适当拓展研究的调研数量和范围。一方面，更加广泛地邀请创业者作为被调查对象,补充、扩大现有的样本量;另一方面,在展开补充性调研时,有意识地改善样本的地区分布结构,在现有样本量较少的省区发放更多的问卷,以提高样本的代表性水平,以此进一步提高研究的外部效度。

第三,在本研究探索性测度的基础上继续修正并完善对网络构建效率和效果的测量量表。一方面,可以更加广泛、系统地阅读有关效率、效果及创业网络的理论文献,梳理以往研究中值得借鉴的量表,并结合新企业组织层面网络构建这一特定的研究情境,从不同角度挖掘有助于完善网络构建效率和效果测度的量表;另一方面,可以就本研究采用的量表为基础,通过与创业者及创业研究学者的进一步沟通和探讨改进该量表,并进一步开展探测性调查,不断修正、完善该量表。

最后,以现有研究为基础,拓展、深化现有的研究内容,就此而言存在两个主要的努力方向。一个方向是围绕本研究中挖掘的新企业网络构建效应机制,开展更细致、深入的研究,如进一步明晰影响该效应机制的边界条件、挖掘影响该机制作用发挥的调节或中介因素;另一个方向是将研究范围拓展到新企业网络构建过程的前端,结合新企业内外部因素、从不同的层面综合探讨影响新企业网络构建效率和效果的主要前置因素。这两个方向都值得进一步深入探讨和研究。

参 考 文 献

[1] 杨俊. 社会资本、创业机会与新企业初期绩效——基于关键要素互动过程视角的实证研究. 天津：南开大学博士学位论文, 2008.

[2] 张慧玉, 尹珏林. 企业社会责任前移——小企业和新创企业的社会角色. 科学学与科学技术管理, 2011, 32(7): 130 - 135.

[3] 张玉利, 杨俊. 创业研究经典文献述评. 天津：南开大学出版社, 2010.

[4] 费孝通. 乡土中国. 北京：人民出版社, 2008.

[5] 樊景立, 梁建, 陈志俊. 实证研究的设计与评价//陈晓萍, 徐淑英, 樊景立编. 组织与管理研究的实证方法. 北京：北京大学出版社, 2008.

[6] 林聚任. 社会网络分析：理论、方法与应用. 北京：北京师范大学出版社, 2009.

[7] 边燕杰. 社会网络与求职过程. 国外社会学, 1999(4).

[8] 边燕杰. 找回强关系：中国的间接关系、网络桥梁和求职//中国社会学(第一卷). 上海：上海人民出版社, 2002: 245.

[9] 张慧玉, 杨俊. 新企业社会网络特征界定与测度问题探讨——基于效率和效果视角. 外国经济与管理, 2011, 33(11): 11 - 20.

[10] 张玉利, 杨俊, 任兵. 社会资本、先前经验与创业机会——一个交互效应模型及其启示. 管理世界, 2008(7): 91 - 102.

[11] 杨俊, 张玉利, 杨晓非, 等. 关系强度、关系资源与新企业绩效——基于行为视角的实证研究. 南开管理评论, 2009, 12(4): 44 - 54.

[12] 边燕杰. 城市居民社会资本的来源及作用：网络观点与调查发现. 中国社会科学, 2004(3): 136 - 146.

[13] 张广利, 陈仕中. 社会资本理论发展的瓶颈：定义及测量问题探讨. 社会科学研究, 2006(2): 102 - 106.

[14] 罗家德. 社会网分析讲义. 北京：社会科学文献出版社, 2005.

[15] 赵延东, 罗家德. 以社会网方法衡量社会资本//郭毅, 罗家德主编. 社会资本与管理学. 上海：华东理工大学出版社, 2007.

[16] 何铮,谭劲松,陆园园. 组织环境与组织战略关系的文献综述及最新研究动态. 管理世界,2006(11):144-151.

[17] 蔡莉,崔启国,史琳. 创业环境研究框架. 吉林大学社会科学学报,2007,47(1):50-56.

[18] 伊查克·爱迪斯. 企业生命周期. 赵睿等译. 北京:中国社会科学出版社,1997.

[19] 樊纲,王小鲁,朱恒鹏. 中国市场化指数——各地区市场化相对进程2009年报告. 北京:经济科学出版社,2010.

[20] 徐淑英. 科学过程与研究设计//陈晓萍,徐淑英,樊景立主编. 组织与管理研究的实证方法. 北京:北京大学出版社,2008.

[21] 谢家琳. 实地研究中的问卷调查法//陈晓萍,徐淑英,樊景立主编. 组织与管理研究的实证方法. 北京:北京大学出版社,2008.

[22] 薛薇. SPSS统计分析方法及应用(第2版). 北京:电子工业出版社,2009.

[23] 刘军. 管理研究方法. 北京:中国人民大学出版社,2008:191.

[24] McClelland D C. *The achieving society*. Princeton, NJ: D Van Nostrand, 1961.

[25] Collins O, Moore D G, Unwalla D. *The enterprising man, bureau of business and economic research*. Graduate School of Business, Michigan State University, East Lansing, 1967.

[26] McClelland D, Winter D G. *Motivating economic achievement*. New York: Free Press, 1969.

[27] Liles P. *Who are the entrepreneurs?* MSU Business Topics, 1974, 22:5-14.

[28] Brockhaus R H, Nord W R. An exploration of factors affecting the entrepreneurial decision: personal characteristics vs. environmental conditions. *Proceedings of the annual meeting of the academy of management*, 1979.

[29] Zhang Huiyu. *Games in evolution of corporate social responsibility*. 8th International Conference on Service System and Service Management. Tianjin, China, 2011.

[30] Komives J L. A preliminary study of the personal values of high technology entrepreneurs//A. C. Cooper and J. L. Komives (eds.). *Technical entrepreneurship: a symposium*. Milwaukee: Center for Venture Management, 1972:231-242.

[31] Hull D L, Bosley J J, Udell G G. Reviewing the heffalump: identifying

potential entrepreneurs by personality characteristics. *Journal of small business management*, 1980, 18: 11 – 18.

[32] Brockhaus R H. Risk taking propensity of entrepreneurs. *Academy of management journal*, 1980, 23: 509 – 520.

[33] Palich L E, Bagby D R. Using cognitive theory to explain entrepreneurial risk-taking: challenging conventional wisdom. *Journal of business venturing*, 1995, 10(6): 425 – 438.

[34] Schumpeter J. *The theory of economic development*. Cambridge, MA: Harvard University Press, 1934.

[35] Jennings D, Young D. An empirical comparison between objective and subjective measures of the product innovation domain of corporate entrepreneurship. *Entrepreneurship theory and practice*, 1990, 15(1): 53 – 66.

[36] Lieberman M, Montgomery D. First-mover advantages. *Strategic management journal*, 1988, 9: 41 – 58.

[37] Liang Chyi-lyi, Dunn Paul. Are entrepreneurs optimistic, realistic, both or fuzzy? Relationship between entrepreneurial traits and entrepreneurial Learning. *Academy of entrepreneurship journal*, 2008, 14(1/2): 51 – 73.

[38] Budner S. Intolerance of ambiguity as a personality variable. *Journal of personality*, 1962, 30(1): 29 – 50.

[39] Cole A H. Definition of entrepreneurship//Komives J L, Karl A (eds.). *Bostrom seminar in the study of enterprise*. Milwaukee: Center for Venture Management, 1969: 10 – 22.

[40] Gartner W B. A conceptual framework for describing the phenomenon of new venture creation. *Academy of management review*, 1985, 10(4): 696 – 706.

[41] Gartner W B. Who is an entrepreneur? is the wrong question. *American journal of small business*, 1988, 12(4): 1 – 22.

[42] Carland J W, Hoy Frank, Carland Jo Ann C. "Who is an entrepreneur?" is a question worth asking. *American journal of small business*, 1988, 12(4): 33 – 39.

[43] Low M B, MacMillan I C. Entrepreneurship: past research and future direction. *Journal of management*, 1988, 14(2): 139 – 161.

[44] Davidson P. *The entrepreneurial process as a matching problem*. Proceedings of

Academy of Management Conference，Hawaii，USA，2005.

[45] Covin J G，Slevin D P. Strategic management of small firms in hostile and benign environments. *Strategic management journal*，1989，10（1）：75－87.

[46] Romanelli E，Environment and strategies of organization start-up：effect on early survival. *Administrative science quarterly*，1989，34(3)：369－387.

[47] Sandberg W，Hofer C W. Improving new venture performance：the role of strategy，industry structure，and the entrepreneur. *Journal of business venturing*，1987，1：5－28.

[48] Aldrich H E，Fiol C M. Fools rush in? The institutional context of industry creation. *Academy of management review*，1994，19(4)：645－670.

[49] Zimmerman M A，Zeitz G J. Beyond survival：achieving new venture growth by building legitimacy. *Academy of management review*，2002，27(3)：414－431.

[50] Forbes D P. Are some entrepreneurs more overconfident than others? *Journal of business venturing*，2005，20(5)：623－640.

[51] Busenitz L，Barney J. Entrepreneurs and managers in large organizations：biases and heuristic in strategic decision-making. *Journal of business venturing*，1997，12(1)：9－30.

[52] Stevenson H H，Gumpert D E. The heart of entrepreneurship. *Harvard business review*，1985，85(2)：85－94.

[53] Stevenson H H，Jarillo J C. A perspective of entrepreneurship：entrepreneurial management. *Strategic management journal*，1990，11(1)：17－27.

[54] Granovetter M. Economic action and social structure：the problem of Embeddedness. *American journal of sociology*，1985，91（3）：481－510.

[55] Eisenhardt，Kathleen M，Schoonhoven Claudia Bird. Resource-based view of strategic alliance formation：strategic and social effects in entrepreneurial firms. *Organization science*，1996，7(2)：136－150.

[56] Ahuja Gautam. The duality of collaboration：inducements and opportunities in the formation of interfirm linkages. *Strategic management journal*，2000，21(3)：317－343.

[57] Katila Riitta，Rosenberger Jeff，Eisenhardt Kathleen M. Swimming with sharks：technology ventures，defense mechanisms and corporate relationships.

Administrative science quarterly，2008，53(2)：295 – 332.

[58] Bates T. *Race*，*self-employment*，*and upward mobility*. Washington，DC：Woodrow Wilson Center Press，1997.

[59] Hoang H，Young N. *Social embeddedness and entrepreneurial opportunity recognition*：*(more) evidence of embeddedness*. Working paper，2000.

[60] Bruderl J，Preisendorfer P. Network support and the success of newly founded businesses. *Small business economics*，1998，10：213 – 225.

[61] Shane Scott，Cable D. *Social relationships and the financing of new ventures*. Working paper，2001.

[62] Hoang Ha，Antoncic Bostjan. Network-based research in entrepreneurship：a critical review. *Journal of business venturing*，2003，18(2)：165 – 187.

[63] Shane S，Venkataraman S. The promise of entrepreneurship as a field of research. *Academy of management review*，2000，25(1)：217 – 226.

[64] Aldrich H，Reese P R. Does networking pay off? A panel study of entrepreneurs in the research triangle//Churchill，N. S.，et al. (eds.). *Frontiers of entrepreneurship research*，1993：325 – 339.

[65] Singh R P，Hills G E，Lumpkin G T，et al. *The entrepreneurial opportunity recognition process*：*examining the role of self-perceived alertness and social networks*. Paper presented at the 1999 Academy of Management Meeting，Chicago，IL，1999.

[66] Uzzi B. The source and consequences of embeddedness for the economic performance of organizations：the network effect. *American sociological review*，1996，61(4)：674 – 698.

[67] Uzzi B. Social structure and competition in interfirm networks：the paradox of embeddedness. *Administrative science quarterly*，1997，42(1)：35 – 67.

[68] Uzzi B. Embeddedness in the making of financial capital：how social relations and networks benefit firms seeking financing. *American sociological review*，1999，64(4)：481 – 505.

[69] Larson，Andrea and Starr，Jennifer A. A network model of organization formation. *Entrepreneurship*：*theory & practice*，1993，winter：5 – 15.

[70] Hite J M. *The influence of the early firm life cycle on the evolution of entrepreneurial dyadic network ties*. Best Paper Proceedings of the Academy of Management. Paper also received Entrepreneurship Theory and

Practice Best Conceptual Paper Award, 1998.

[71] Hite J M, and Hesterly, William S. The evolution of firm networks: from emergence to early growth of the firm. *Strategic management journal*, 2001, 22(3): 275 - 286.

[72] Greve A, and Salaff J W. Social networks and entrepreneurship. *Entrepreneurship: theory & practice*, 2003, 27(3): 1 - 22.

[73] Slotte-Kock Susanna, Coviello Nicole. Entrepreneurship research on network processes: a review and ways forward. *Entrepreneurship: theory & practice*, 2010, 34(1): 31 - 57.

[74] Van de Ven A, Poole M S. Explaining development and change in organizations. *Academy of management review*, 1995, 20(3): 510 - 540.

[75] Witt Peter. Entrepreneurs' networks and the success of start-ups. *Entrepreneurship & regional development*, 2004, 16: 391 - 412.

[76] Drucker Peter F. *The effective executive*. New York: Harper & Collins Publishers Inc., 1966.

[77] Homans G C. *The human group*. New York: Harcourt, Brace & Co., 1950.

[78] Barnes J A. Class and committees in a Norwegian island parish. *Human relations*, 1954, 7(1): 39 - 58, doi: 10. 1177/001872675400700102.

[79] Barnes J A. *Social networks*. Addison-Wesley Publishing Company, 1972.

[80] Elizabeth B. *Family and social network*. London: tavistock publications, 1957.

[81] Mitchell J C. The concept and use of social networks//Mitchell J C. (eds.) *Social networks in urban situations*. Manchester: Manchester University Press, 1969.

[82] White H C, Boorman S, Breiger R. Social structure from mutiple networks, I. blockmodels of roles and position. *American journal of sociology*, 1976, 81: 732.

[83] White H C. *Markets from networks: socioeconomic models of production*. Princeton, NJ: Princeton University Press, 2002.

[84] Granovetter Mark S. The strength of weak ties. *American journal of sociology*, 1973, 78(5): 1360 - 1380.

[85] Burt Ronald S. *Structural holes: the social structure of competition*.

Cambridge，MA：Harvard University Press，1992.

［86］Jacobs J. *The death and life of great American cities*. London：Penguin，1965.

［87］Bourdieu Pierre. The forms of capital//Richardson J G. （eds.）*Handbook of theory and research for the sociology of education*. Westport，CT：Greenwood Press，1986.

［88］Coleman J S. *Foundations of social theory*. Cambridge，M A：Harvard University Press，1990.

［89］Putnam Robert D. The prosperous community：social capital and public life. *The American prospect*，1993，13(Spring)：35 - 42.

［90］Lin N. *Social capital a theory of social structure and action*. Cambridge：Cambridge University Press，2001.

［91］Flap Henk D，Ed Boxman. *Getting started*. *The influence of social capital on the start of the occupational career*. University of Utrcht，the Netherlands，1996.

［92］Soh Pek-Hooi. Network patterns and competitive advantage before the emergence of a dominant design. *Strategic management journal*，2010，31(4)：438 - 461.

［93］Shaner Janet，Maznevski Martha. The relationship between networks，institutional development，and performance in foreign investments. *Strategic management journal*，2011，32(5)：556 - 568.

［94］Vissa Balagopal. A matching theory of entrepreneurs' tie formation intentions and initiation of economic exchange. *Strategic management journal*，2011，54(1)：137 - 158.

［95］Aldrich and Zimmer，1986.

［96］Freeman J. Venture capital as an economy of time//Leenders R Th A J，Gabbay S M. （eds.）*Corporate social capital and liability*. Boston：Kluwer Academic Publishing，1999：460 - 482.

［97］Smeltzer L R，Van Hook B L，Hutt R W. Analysis and use of advisors as information sources in venture startups. *Journal of small business management*，1991，29(3)：10 - 20.

［98］Johannisson B，Alexanderson O，Nowicki K，et al. Beyond anarchy and organization：entrepreneurs in contextual networks. *Entrepreneurship regional development*, 1994, 6: 329 - 356.

[99] Brown B, Butler J E. Competitors as allies: a study of entrepreneurial networks in the U. S wine industry. *Journal of small business management*, 1995, 33(3): 57 - 66.

[100] Human S E, Provan K G. External resource exchange and perceptions of competitiveness within organizational networks: an organizational learning perspective//Reynolds P, et al. (eds.) *Frontiers of entrepreneurship research*, 1996: 240 - 252.

[101] Shane Scott, Cable D. *Social relationships and the financing of new ventures*. Working paper, 2001.

[102] Stuart T E, Hoang H, Hybels R. Interorganizational endorsements and the performance of entrepreneurial ventures. *Administrative science quarterly*, 1999, 44 (2): 315 - 349.

[103] Brass D J. Being in the right place: a structural analysis of individual influence inan organization. *Administrative science quarterly*, 1984, 29: 518 - 539.

[104] Lorenzoni G, Lipparini A. The leveraging of inter-firm relationships as a distinctive organizational capability: a longitudinal study. *Strategic management journal*, 1999, 20 (4): 317 - 338.

[105] Krackhardt D. Assessing the political landscape: structure, cognition, and power in networks. *Administrative science quarterly*, 1990, 35: 342 - 369.

[106] Jones C, Hesterly W S, Borgatti S P. A general theory of network governance: exchange conditions and social mechanisms. *Academy of management review*, 1997, 22 (4): 911 - 945.

[107] Jarillo C J. On strategic networks. *Strategic management journal*, 1988, 9: 31 - 41.

[108] Pruitt D G. *Negotiation behavior*. New York: Academic Press, 1981.

[109] Das T K, Teng B. Between trust and control: developing confidence in partner cooperation in alliances. *Administrative science quarterly*, 1998, 23 (3): 491 - 512.

[110] Saxenian A. The origins and dynamics of production networks in Silicon Valley. *Research policy*, 1991, 20 (5): 423 - 437.

[111] Hausler J, Hohn H, Lutz S. Contingencies of innovative networks: a case study

of successful R&D collaboration. *Research policy*，1994，23（1）：47 - 66.

[112] Katila R，Mang P Y. Interorganizational development activities：the likelihood and timing of contracts. *Academy of management proceedings*，1999，B1 - B6.

[113] Baum J A C，Calabrese T，Silverman B S. Don't go it alone：alliance network composition and startups' performance in Canadian biotechnology. *Strategic management journal*，2000，21：267 - 294.

[114] Hansen E L，Witkowski T H. Entrepreneurinvolvement in international marketing：the effects of overseas social networks and self-imposed barriers to action//Hill G E，LaForge R W. (eds.) *Research at the marketing/entrepreneurship interface*，1995：363 - 367.

[115] Burt R S，Raider H J. *Creating careers：women's paths through entrepreneurship*. Working paper，2000.

[116] Silverman B S，Baum J A C. *Alliance-based competitive dynamics*. Working paper，2000.

[117] Hagedoorn J，Schakenraad J. The effect of strategic technology alliances on company performance. *Strategic management journal*，1994，15（4）：291 - 309.

[118] Nohria N，Garcia-Pont C. Global strategic linkages and industry structure. *Strategic management journal*，1991，12，Summer Special Issue：105 - 124.

[119] Kogut B. A study of the life cycle of joint ventures. *Management international review*，1988，Special Issue：39 - 52.

[120] Pfeffer J，Salancik G R. *The external control of organizations：a resource dependence perspective*. New York：Harper & Row，1978.

[121] Gulati R. Network location and learning：the influence of network resources and firm capabilities on alliance formation. *Strategic management journal*，1999，20（5）：397 - 420.

[122] Gulati R，Gargiulo M. Where do inter-organizational networks come from? *American journal of sociology*，1999，103（3）：177 - 231.

[123] Walker G，Kogut B，Shan W. Social capital，structural holes and the formation of an industry network. *Organization science*，1997，8（2）：109 - 125.

[124] Louis D，Marino Franz T，Lohrke John S，et al. Mark weaver and tulus

tambunan. Formation intentions in an emerging economy: evidence from the Asian Financial Crisis in Indonesia. *Entrepreneurship: theory & practice*, 2008, 1: 157 – 183.

[125] Haiyang Li, Atuahene-Gima Kwaku. The adoption of agency business activity, product innovation, and performance in Chinese technology ventures. *Strategic management journal*, 2002, 23: 469 – 490.

[126] Ahuja Gautam, Polidoro Jr. Francisco, Mitchell Will. Structural homophily or social asymmetry? The formation of alliances by poorly embedded firms. *Strategic management journal*, 2009, 30: 941 – 958.

[127] Rothaerme Frank T, Boeker Warren. Old technology meets new technology: complementarities, similarities, and alliance formation. *Strategic management journal*, 2008, 29: 47 – 77.

[128] McPherson M, Smith-Lovin L, Cook J M. Birds of a feather: Homophily in social networks. *Annual review of sociology*, 2001, 27: 415 – 444.

[129] Lazarsfeld P F, Merton R K. Friendship as a social process: a substantive and methodological analysis//Berger M. (eds.) *Freedom and control in modern society*. New York: Van Nostrand, 1954: 18 – 66.

[130] Gulati R, Gargiulo M. Where do interorganizational networks come from? *American journal of sociology*, 1999, 104(5): 1439 – 1493.

[131] Oliver C. Determinants of interorganizational relationships integration and future directions. *Academy of management review*, 1990, 15(2): 241 – 265.

[132] StarrJ A, Macmillan I C. Resource cooptation via social contracting: resource acquisition strategies for new ventures. *Strategic management journal*, 1990, 11: 79 – 92.

[133] Miner A S, Amburgey T L, Stearns T M. Interorganizational linkages and population dynamics: buffering and transformational shields. *Administrative science quarterly*, 1990, 35(4): 689 – 713.

[134] Baum J A C, Oliver C. Institutional linkages and organizational mortality. *Administrative science quarterly*, 1991, 36(2): 187 – 218.

[135] Singh K, Mitchell W. Precariouscollaboration: Business survival after partners shut down or form new partnerships. *Strategic management journal*, 1996, Summer Special Issue, 17: 99 – 115.

[136] Hagedoorn J, Schakenraad J. The effect of strategic technology alliances

on company performance. *Strategic management journal*, 1994, 15(4):
291 - 309.

[137] Rowley T, Behrens D, Krackhardt D. Redundant governance structures:
an analysis of structural and relational embeddedness in the steel and
semiconductor industries. *Strategic management journal*, 2000, Special
Issue, 21: 369 - 386.

[138] Nohria N, Garcia-Pont C. Global strategic linkages and industry structure.
Strategic management journal, 1991, Summer Special Issue, 12:
105 - 124.

[139] Garcia-Pont C, Nohria N. *Local versus global mimetism: the dynamics of
alliance formation in the automobile industry.* Paper presented at the SMJ
Special Issue Conference on Strategic Net works, 1999.

[140] Williamson Oliver. *Markets and hierarchies.* New York: Free Press,
1975.

[141] Ingram P, Roberts P W. Friendships among competitors in the Sydney
hotel industry. *American journal of sociology*, 2000, 106(2): 387 - 423.

[142] Hardin Russell. *Collective action.* Baltimore: Johns Hopkins University
Press, 1982.

[143] Montgomery James D. Toward a role-theoretic conception of embeddedness.
American journal of sociology, 1998, 104: 92 - 125.

[144] Dobbin Frank, Timothy J Dowd. How policy shapes competition: early
railroad foundings in Massachusetts. *Administrative science quarterly*,
1997, 42: 501 - 29.

[145] Baker Wayne E, Robert R Faulkner. The social organization of conspiracy:
illegal networks in the heavy electrical equipment industry. *American
sociological review*, 1993, 58: 837 - 60.

[146] Coleman James S. *Foundations of social theory.* Cambridge, Mass.:
Belknap, 1990.

[147] Palmer Donald, Jennings P Devereaux, Zhou Xueguang. Late adoption of
the multidivisional form by large U. S. corporations: institutional, political
and economic accounts. *Administrative science quarterly*, 1993, 38:
100 - 131.

[148] Dubini P, Aldrich H. Personal and extended networks are central to the

entrepreneurial process. *Journal of business venturing*, 1991, 6 (5): 305 – 313.

[149] Jarillo C J. On strategic networks. *Strategic management journal*, 1989, 9: 31 – 41.

[150] Aldrich H, Rosen B, Woodward W. The impact of social networks on business foundings and profit: a longitudinal study//Churchill N S. et al. (eds.) *Frontiers of entrepreneurship research*, 1987: 154 – 168.

[151] Hansen E L. Entrepreneurial networks and new organization growth. *Entrepreneurship: theory & practice*, 1995, 19 (4): 7 – 19.

[152] Ostgaard T A, Birley S. New venture growth and personal networks. *Journal of business research*, 1996, 36: 37 – 50.

[153] Pfeffer Jeffrey. Usefulness of the concept//Goodman Paul S, Pennings Johannes M. (eds.) *New perspectives on organizational effectiveness*. San Francisco: Jossey-Bass, Inc., 1977.

[154] Drucker Peter. *The effective executive*. NY: Harper & Row Publishers, 1966.

[155] Katz Danie, Kahn Robert L. *The social psychology of organizations*. New York: Wiley, 1966.

[156] Scott Richard W. Effectiveness of organizational effectiveness studies// Goodman Paul S, Pennings Johannes M. (eds.) *New perspectives on organizational effectiveness*. San Francisco: Jossey-Bass, Inc., 1977.

[157] Ostroff Cheri, Schmitt Neal. Configurations of organizational effectiveness and efficiency. *The academy of management journal*, 1993, 36 (6): 1345 – 1361.

[158] Pennings Johannes M, Goodman Paul S. Toward a workable framework// Goodman Paul S, Pennings Johannes M. (eds.) *New perspectives on organizational effectiveness*. San Francisco: Jossey-Bass, Inc., 1977.

[159] Campbell John P. On the nature of organizational effectiveness//Goodman Paul S, Pennings Johannes M. (eds.) *New perspectives on organizational effectiveness*. San Francisco: Jossey-Bass, Inc., 1977.

[160] Seashore S E, Yuchtman E. Factorial analysis of organizational performance. *Administrative science quarterly*, 1967, 12: 377 – 395.

[161] Yuchtman E, Seashore S E. A system resource approach to organizational

effectiveness. *American sociological review*, 1967, 32: 891 – 903.

[162] Campbell J P, and others. *The measurement of organizational effectiveness: a review of relevant research and opinion*. Final Report, 1974, Navy personnel research and development center contract N00022-73-C-0023. Minneapolis: Personnel Decisions, 1974.

[163] Perrow C. Three types of effectiveness studies//Goodman Paul S, Pennings Johannes M. (eds.) *New perspectives on organizational effectiveness*. San Francisco: Jossey-Bass, Inc. , 1977.

[164] Gist M E. Self-efficacy: implications for organizational behavior and human resource management. *Academy of management review*, 1987, 12: 472 – 485.

[165] Tsui A S. A multiple-constituency model of effectiveness: an empirical examination at the human resource subunit level. *Administrative science quarterly*, 1990, 35: 458 – 483.

[166] Cameron K. Measuring organizational effectiveness in institutes of higher education. *Administrative science quarterly*, 1978, 23: 604 – 632.

[167] Cameron K S. Domains of organizational effectiveness in colleges and universities. *Academy of management journal*, 1981, 24: 25 – 47.

[168] Cameron K. Effectiveness as paradox: consensus and conflict in conceptions of organizational effectiveness. *Management science*, 1986, 32: 539 – 553.

[169] Bessent A, Bessent W, Elam J, et al. Educational productivity council employs management science methods to improve educational quality. *Interfaces*, 1984, 14(6): 1 – 8.

[170] Schmitt N, Ostroff C. *Pilot study of measurement and model linkages for the comprehensive assessment of school environments*. Reston, VA: National Association of Secondary School Principals, 1987.

[171] Georgopoulos B S, Tannenbaum A S. A study of organizational effectiveness. *American sociological review*, 1957, 22: 534 – 540.

[172] Argyris Chris. *Interpersonal competence and organizational effectiveness*. Homewood, Ill: Dorsey Press, 1962.

[173] Pennings Johannes M, Goodman Paul S. Toward a workable framework// Goodman Paul S, Pennings Johannes M. *New perspectives on organizational effectiveness*. San Francisco: Jossey-Bass, Inc. , 1977.

[174] Hite Julie M，Hesterly William S. The evolution of firm networks：from emergence to early growth of the firm. *Strategic management journal*，2001，22(3)：275 - 286.

[175] Zimmer C，Aldrich H. Resource mobilization through ethnic Networks：kinship and friendship ties of shopkeepers in England. *Sociological perspectives*，1987，30：422 - 445.

[176] Gimeno J，Folta T B，Cooper A C，et al. Survival of the fittest? Entrepreneurial human capital and the persistence of underperforming firms. *Administrative science quarterly*，1997，42：750 - 783.

[177] Burt R S. The network structure of social capital//Sutton R I，Staw B M. (eds.) *Research in organizational behavior*. JAI Press，Greenwich，CT，2000.

[178] Mahoney T A. Productivity defined：the relativity of efficiency，effectiveness and change//Campbell J P，Campbell J R. (eds.) *Associates，productivity in organizations：new perspectives from industrial and organizational psychology*. San Francisco：Jossey-Bass，1988：230 - 261.

[179] Quinn Robert E，John Rohrbaugh. A spatial model of effectiveness criteria：towards a competing values approach to organizational analysis. *Management science*，1983，29(3)：363 - 377.

[180] Jack Sarah L. Approaches to studying networks：implications and outcomes. *Journal of business venturing*，2010，25(1)：120 - 137.

[181] Beckman C M，Haunschild P R，Phillips D J. Friends or strangers? Firm-specific uncertainty，market uncertainty，and network partner selection. *Organization science*，2004，15(3)：259 - 275.

[182] Venkataraman S. The distinctive domain of entrepreneurship research：an editor's perspective//Katz J，Brockhaus R. *Advances in entrepreneurship*. Greenwich，JAI Press，1997，3：119 - 138.

[183] Ostgaard T A，Birley S. Social capital，intellectual capital，and the organizational advantage. *Academy of management review*，1998，36 (1)：37 - 50.

[184] Cowton Christopher J. Corporate philanthropy in the United Kingdom. *Journal of business ethics*，1987，6：553 - 558.

[185] Brammer S J，Millington A I. The evolution of corporate charitable

contributions in the UK between 1989 and 1999: industry structure and stakeholder influences. *Business ethics: a European review*, 2003, 12 (3): 216 – 228.

[186] Saiia D H, Carroll A B, Buchholtz A K. Philanthropy as strategy: When corporate charity begins at home. *Business and society*, 2003, 42(2): 169 – 201.

[187] Wernerfelt B. A resource-based view of the firm. *Strategic management journal*, 1984, 5: 272 – 280.

[188] Barney J B. Firm resources and sustained competitive advantage. *Journal of management*, 1991, 17: 99 – 120.

[189] Thompson J D. *Organizations in action*. New York: McGraw-Hill, 1967.

[190] Lin N, Ensel W M, Vaughn J C. Social resources and strength of ties: structural factors in occupational status attainment. *American journal of sociological review*, 1981, 46(4): 393 – 405.

[191] Lin Nan. *Social capital: a theory of social structure and action*. Cambridge: Cambridge University Press, 2001.

[192] Alder P S, Kwon S. Social capital: prospects for a new concept. *Academy of management review*, 2002, 27(1): 17 – 40.

[193] Gulati Ranjay. Social structure and alliance formation patterns: a longitudinal analysis. *Administrative science quarterly*, 1995, 40(4): 619 – 652.

[194] Greve Henrich, Baum Joel A, Mitsuhashi Hitoshi, et al. Built to last but falling apart: cohesion, friction, and withdrawal from interfirm alliances. *Academy of management journal*, 2010, 53(2): 302 – 322.

[195] Lin Nan. Social resources and instrumental action//Marsden P, Lin N. (eds.) *Social structure and network analysis*. Sage Publications, 1982: 131 – 147.

[196] Li Haiyang, Kwaku Atuahene-Gima. The adoption of agency business activity, product innovation, and performance in Chinese technology ventures. *Strategic management journal*, 2002, 23(6): 469 – 490.

[197] Podolny J M. Market uncertainty and the social character of economic exchange. *Administrative science quarterly*, 1994, 39(3): 458 – 483.

[198] McEvily B, Zaheer A. Bridging ties: a source of firm heterogeneity in competitive capabilities. *Strategic management journal*, 1999, 20 (12): 1133 – 1156.

[199] Coleman J S. *Foundation of social theory*. Cambridge, MA: Harvard

University Press，1990.

[200] Rothaermel，Frank T，Boeker Warren. Old technology meets new technology：complementarities，similarities，and alliance formation. *Strategic management journal*，2008，29：47－77.

[201] Mitsuhashi Hitoshi，Greve Henrich R. A matching theory of alliance formation and organizational success：complementary and compatibility. *Academy of management journal*，2009，52（5）：975－995.

[202] Bian Yanjie. Bringing strong ties back in：indirect ties，network bridges，and job searches in China. *American sociological review*，1997，62（3）：366－385.

[203] Brush Candida G，Edelman Linda F，Manolova Tatiana S. The effects of initial location，aspirations，and resources on likelihood of first sale in nascent firms. *Journal of small business management*，2008，46（2）：159－182.

[204] Shane S. Prior knowledge and the discovery of entrepreneurial opportunities. *Organizational science*，2000，11（4）：448－469.

[205] Singh R P，Hills G E，Lumpkin G T，et al. *The entrepreneurial opportunity recognition process：examining the role of self-perceived alertness and social networks*. Paper presented at the 1999 Academy of Management Meeting，Chicago，IL，1999.

[206] Hannan M T，Freeman J H. Structural inertia and organizational change. *American socilogical review*，1984，49（2）：149－164.

[207] Miles R E，Snow C C. *Fit，failure，and the hall of fame：how companies succeed or fail*. New York：Free Press，1994.

[208] Lewin A Y，Volberda H W. Prolegomena on coevolution：a framework for research on strategy and new organizational forms. *Organization science*，1999，10（5）：519－534.

[209] Tan J，Litschert R J. Environment-strategy relationship and its performance implication：an empirical study of the Chinese electronic industry. *Strategic management journal*，1994，15（1）：1－20.

[210] Tan J，Tan D. Environment-strategy coevolution and co-alignment：a staged model of Chinese SOEs under transition. *Strategic management journal*，2005，26：141－157.

[211] Gartner W B. A conceptual framework for describing the phenomenon of new venture creation. *Academy of management review*, 1985, 10(4): 696 – 706.

[212] Austin J, Skillern J W. Social and commercial entrepreneurship: same, different, or both. *Entrepreneurship: theory & practice*, 2006: 1 – 22.

[213] Young E C, Welsch H P. Major elements in entrepreneurial development in central mexico. *Journal of small business management*, 1993, 10: 80 – 85.

[214] Dess G G, Beard D W. Dimension of organizational task environment. *Administrative science quaterly*, 1984, 29: 52 – 73.

[215] Tan J. Innovation and risk-takin g in a transitional economy: a comparative study of Chinese managers and entrepreneurs. *Journal of business venturing*, 2001, 16: 359 – 376.

[216] Luo Yadong. Environment-strategy-performance relations in small business in China: a case of town ship and village enterprises in southern China. *Journal of small business management*, 1999, 1: 37 – 52.

[217] Stinchcombe A L. Organizations and social structure//James G March. (eds.) *Handbook of organizations*. Chicago: Rand-McNally, 1965: 140 – 200.

[218] Dubini P, Aldrich H E. Personal and extended networks are central to the entrepreneurial process. *Journal of business venturing*, 1991, 6: 305 – 313.

[219] Jarillo J C. Entrepreneurship and growth: the strategic use of external resources. *Journal of business venturing*, 1989, 4: 133 – 147.

[220] Greiner Larry E. Evolution and revolution as organizations grow. *Harvard business review* 50, 1972: 37 – 46.

[221] Kimberly John R, Miles Robert H, and associates. *The organizational life cycle: issues in the creation, transformation, and decline of organizations*. San Francisco: Jossey-Bass, 1980.

[222] Miller D, Friesen P H. A longitudinal study of the corporate lifecycle. *Management science*, 1984, 30(10): 1161 – 1183.

[223] Adizes I. Organizational passages—diagnosing and treating lifecycle problems of organizations. *Organizational dynamics*, 1979, 8(1): 3 – 25.

[224] Gray B, Ariss S S. Politics and strategic change across organizational life cycles. *Academy of Management Review*, 1985, 10(4): 707 – 723.

[225] Jawahar I M, McLaughlin G L. Toward a descriptive stakeholder theory: an organizational life cycle approach. *Academy of management review*, 2001, 26(3): 397 - 414.

[226] Tan Justin. Regulatory environment and strategic organizations in a transitional economy: a study of Chinese private enterprise. *Entrepreneurship: theory & practice*, 1996: 31 - 44.

[227] Zahra S, Covin G. Contextual influences on the corporate entrepreneur-shipperformance relationship: a longitudinal analysis. *Journal of business venturing*, 1995, (10): 43 - 58.

[228] Tan J. Innovation and risk-taking in a transitional economy: a comparative study of Chinese managers and entrepreneurs. *Journal of business venturing*, 2001, 16: 359 - 376.

[229] Lane G. Introduction: theories and issues in the study of trust//Clane R Bachmann. (eds.) *Trust within and between organizations*. New York: Oxford University Press, 2002: 1 - 30.

[230] Zucker L G. Production of trust: institutional sources of economic structure, 1840—1920. *Research in organizational behavior*. Greenwich, CT: JAI Press, 1986, 18: 53 - 111.

[231] Thomas C W. Maintaining and restoring public trust in government agencies and their employees. *Administration & society*, 1998, 30(5): 166 - 193.

[232] Barney J, Mark H Hansen. Trustworthiness as a source of competitive advantage. *Strategic journal of management*, 1994, 15, Issue Supplement S1: 175 - 190.

[233] Rousseau D M, Sitkin S B, Burt R S, et al. Not so different after all: a cross-discipline view of trust. *Academy of management review*, 1998, 23: 393 - 404.

[234] Zaheer A, McEvily B, Perrone V. Does trust matter? exploring the effects of interorganizational and interpersonal trust on performance. *Organization science*, 1998, 9: 141 - 59.

[235] Zaheer S, Zaheer A. Trust and borders. *Journal of international business studies*, 2006, 37: 21 - 29.

[236] Liu S S, Ngo H, Hon A H Y. Coercive strategy in interfirm cooperation:

mediating roles of interpersonal and interorganizational trust. *Journal of business research*, 2006, 59: 466 – 474.

[237] Kuhn T. *The structure of scientific evolutions*. Chicago: University of Chicago Press, 1962.

[238] Popper K R. *The logic of scientific discovery* (2nd ed.). New York: Harper, 1968.

[239] Wallace W. *The logic of science in sociology*. Chicago: Aldine, 1971.

[240] Churchill G A. A paradigm for developing better measure of marketing constructs. *Journal of marketing research*, 1979, 16 (1): 64 – 73.

[241] Brush C G, Vanderwerf P A. A comparison of methods and sources for obtaining estimates of new venture performance. *Journal of business venturing*, 1992, 7(2): 157 – 170.

[242] Murphy G, Trailer J, Hill R. Measuring performance in entrepreneurship research. *Journal of business research*, 1996, 36(1): 15 – 23.

[243] Chandler G N, Hanks S H. Market attractiveness, resource-based capabilities, venture strategies, and venture performance. *Journal of business venturing*, 1994, 9(4): 331 – 349.

[244] Yu Jifeng, Gilbert Brett, Anitra Oviatt, et al. Effects of alliances, time, and network cohesion on the initiation of foreign sales by new ventures. *Strategic management journal*, 2011, 32(4): 424 – 446.

[245] Knack S, Keefer P. Does social capital have an economic payoff? A cross-country investigation. *Quarterly journal of economics*, 1997, 112 (4): 1251 – 1288.

[246] Molina F X, Martínez, M T. Too much love in the neighborhood can hurt: how an excess of intensity and trust in relationships may produce negative effects on firms. *Strategic management journal*, 2009, 30: 1013 – 1023.

[247] Gorsuch R L. *Factor analysis*. Hillsdale, NJ: Erlbaum, 1983.

[248] Zahra S, Ireland D, Hitt M. International expansion by new venture firms: international diversity, mode of market entry, technological learning, and performance. *Academy of management journal*, 2000, 43: 925 – 950.

[249] McDougall P Phillips, Shane S, Oviatt B M. Explaining the formation of international new ventures: the limits of theories from international

business research. *Journal of business venturing*, 1994, 9(6): 469 – 487.

[250] Rea L, Parker R. *Design and conducting survey research: a comprehensive guide*. San Francisco: Jossey-Bass Publisher, 1992.

[251] Chandler G N, Hanks S H. Market attractiveness, resource-based capabilities, venture strategies, and venture performance. *Journal of business venturing*, 1994, 9(4): 331 – 349.

[252] Porter M E. *Competitive strategy: techniques for analyzing industries and competitors*. New York: Free Press, 1980.

[253] Porter M E. *Competitive advantage: creating and sustaining superior performance*. New York: Free Press, 1985.

[254] McPherson M, Smith-Lovin L, Cook J M. Birds of a feather: homophily in social networks. *Annual review of sociology*, 2001, 27: 415 – 444.

附　　录

附录A　调查问卷

　　本问卷是南开大学商学院在国家自然科学基金重点项目"新企业创业机理与成长模式研究"资助下展开的一项研究,旨在探索中国新企业社会网络构建对初期绩效的影响,主要涉及创业者特征、新创企业社会网络构建特征及新企业绩效等内容,恳请贵公司创办人根据实际情况作答。

　　本问卷调查纯属学术研究,内容不涉及您的隐私以及贵企业的商业机密,我们会对问卷内容严格保密,所获信息也不会用于任何其他目的,请您放心并尽可能客观回答,不要遗漏题目。

　　如果您对本研究有任何建议或疑问,欢迎您通过以下方式与我联系:张慧玉,手机号码13752405739,邮箱 zhysusanna@126.com。

　　感谢您的参与和支持,祝您事业蒸蒸日上!

南开大学商学院
南开大学创业管理研究中心

调查及填表说明

1. 本调查针对成立年限在8年及以内的企业。

2. 敬请贵企业的核心创业者来填写该份问卷。

3. 有关贵公司的情况,我们仅需了解表面特征,不涉及您的商业机密,敬请放心作答。

4. 如果您对本研究的调查结果感兴趣,我们将在第一时间向您反馈分析结果。

5. 如果您选择填写电子文档,请在空白处填写答案或用颜色标记出答案即可。

问卷编号:＿＿＿＿＿＿＿＿＿＿　　发放日期:＿＿＿＿＿＿＿＿＿＿

发放地区:＿＿＿＿＿＿＿＿＿＿　　回收日期:＿＿＿＿＿＿＿＿＿＿

一、企业社会网络构建情况

1. 贵公司是否已经建立起（或形成）比较完整的社会关系网络？

□否（预计建立/形成时间：_____年_____月）

□是（大约建立/形成时间：_____年_____月）

2. 贵公司去年公关费用（建立新关系、维护已有关系、商务应酬等）占总销售收入的比例是：

□5％及以下　　□5％～10％　　□11％～20％　　□21％～30％

□31％～40％　　□40％以上

3. 参与建立、维护、管理企业社会关系网络的人员情况：

中层及以上管理人员_____名，职员_____名。

4. 每个星期贵公司所有高级管理人员用于建立、维护企业社会关系网络的总时间大约为_____小时，他们参与商务应酬及维护企业社会关系网络应酬总计_____次。

5. 关于贵公司企业社会关系的构建及维护，下面的说法在多大程度上符合实际情况：

1＝非常不符合；2＝比较不符合；3＝一般；4＝比较符合；5＝非常符合

（1）投入大量资金建立新的企业社会关系	1	2	3	4	5
（2）投入大量资金维护已有的企业社会关系	1	2	3	4	5
（3）花费大量时间建立新的企业社会关系	1	2	3	4	5
（4）花费大量时间维护已有的企业社会关系	1	2	3	4	5
（5）投入大量的人力建立新的企业社会关系	1	2	3	4	5
（6）投入大量的人力维护已有的企业社会关系	1	2	3	4	5

6. 贵公司与多少家其他组织或单位（其他企业、金融机构、政府部门、高校、非营利性组织等）建立了正式或非正式关系（如资金支持、研发合作、销售关系等）？共与_____个单位或组织保持联系。

6.1 保持关系维持年限：5年以上的单位或组织_____个；3～5年的单位或组织_____个；1年及以上、但少于3年的单位或组织_____个；1年以下的单位或组织_____个。

6.2 关系内容：

资金支持/投资关系_____个；研发合作关系_____个；市场交易关系_____个；其他_____个。

6.3 在上述单位或组织中，关系紧密、联系与合作频繁的组织_____个。

7. 在上述与贵公司保持联系的组织中,以下类别组织的数目各有多少个?(请将各类别的数目填入表格)

单位类别	数目	单位类别	数目	单位类别	数目	单位类别	数目
(1) 党政机关		(4) 国有事业单位		(7) 私营企业		(10) 股份制企业	
(2) 集体企业		(5) 集体事业单位		(8) 外资企业		(11) 中外合资企业	
(3) 国有企业		(6) 私立事业单位		(9) 个体经营		(12) 其他类型	

8. 在与贵公司维持关系的企业中,规模比贵公司大的企业有_____家。

二、企业经营环境

1. 环境对创业活动及绩效的影响很大。请根据您自身的感知回答以下问题。

现在公司所处环境中的下列要素	对公司影响程度如何:1=影响很小,2=影响较小,3=一般,4=影响较大,5=影响很大	是否有利于公司的发展:1=非常不利,2=比较不利,3=一般,4=比较有利,5=非常有利
(1) 竞争者	1　2　3　4　5	1　2　3　4　5
(2) 消费者	1　2　3　4　5	1　2　3　4　5
(3) 供应商	1　2　3　4　5	1　2　3　4　5
(4) 高素质人才	1　2　3　4　5	1　2　3　4　5
(5) 融资机构	1　2　3　4　5	1　2　3　4　5
(6) 技术条件	1　2　3　4　5	1　2　3　4　5
(7) 政策法规	1　2　3　4　5	1　2　3　4　5

2. 下列有关信任的说法是否符合实际:1=非常不符合;2=比较不符合;3=一般;4=比较符合;5=非常符合

即便有机会,合作伙伴也不会趁机利用我公司。	1　2　3　4　5
总体来说,合作伙伴都能信守对我公司的承诺。	1　2　3　4　5
即便没有用书面合同注明义务,合作伙伴也能按照所达成的协议办事。	1　2　3　4　5
我公司遇到麻烦时,合作伙伴能够站到我们这边。	1　2　3　4　5
总体来说,当地信任氛围很好,大多数合作者可信,跟大多数合作者打交道很容易。	1　2　3　4　5
当地组织和机构(如法律机构、政府部门等)值得信赖。	1　2　3　4　5

三、新企业经营状况及绩效

1. 贵公司目前的资产规模为：

□10 万及以下　　□11 万～50 万　　□51 万～100 万　　□101 万～500 万

□500 万以上

2. 贵公司现在的员工人数（全职员工以及每年累计工作半年以上的兼职人员）为：_____人。

3. 贵公司上年度的销售收入为：

□5 万及以下　　□6 万～10 万　　□10 万～20 万　　□21 万～50 万

□51 万～100 万　　□101 万～200 万　　□201 万～500 万　　□500 万以上

4. 贵公司自成立以来是否获得过风险投资、银行贷款或政府公共资金支持等？

□是（具体是：□风险投资　　□银行贷款　　□政府公共资金支持）

□否

5. 贵公司从成立以来申请并持有专利情况：共申请专利_____项。

6. 贵公司去年技术研发费用占总销售收入的比例是：

□1％及以下　　□2％～5％　　□6％～10％　　□11％～15％

□16％～20％　　□20％以上

7. 您创办的是技术型企业还是非技术型企业？（具备下列特征之一的就是技术型企业：有研发活动、提供的是技术产品/服务、有研发人员）

□技术型企业（跳到 7.1）　　□非技术型企业（跳到 7.2）

7.1 以下是否符合公司的情况：1＝非常不符合；2＝比较不符合；3＝一般；4＝比较符合；5＝非常符合

公司将大部分资金投入于研发活动	1	2	3	4	5
公司积极去申请专利等知识产权保护	1	2	3	4	5
公司提供的产品或服务在市场上非常独特	1	2	3	4	5
公司提供的产品或服务面临的竞争压力很小	1	2	3	4	5

7.2 以下是否符合公司的情况：1＝非常不符合；2＝比较不符合；3＝一般；4＝比较符合；5＝非常符合

公司的产品或服务面临的竞争压力很小	1	2	3	4	5
公司的产品或服务显著提升了性价比	1	2	3	4	5
公司的产品或服务在市场上非常独特	1	2	3	4	5
产品或服务能满足客户还没有意识到的潜在需求	1	2	3	4	5

8. 资源持有状况

贵公司持有的资源能否满足发展需要：1＝明显不足；2＝不足；3＝一般；4＝充足；5＝十分充足											
资金	1	2	3	4	5	产品或服务销售	1	2	3	4	5
技术	1	2	3	4	5	各级政策支持	1	2	3	4	5
市场份额	1	2	3	4	5	高素质员工	1	2	3	4	5

9. 与主要竞争者们相比,贵公司的业绩:1＝更差;2＝差;3＝相当;4＝好;5＝更好

(1) 市场份额增长	1	2	3	4	5	(5) 员工人数增长	1	2	3	4	5
(2) 销售增长	1	2	3	4	5	(6) 总收入增长	1	2	3	4	5
(3) 净利润水平	1	2	3	4	5	(7) 总资产回报	1	2	3	4	5
(4) 技术创新水平	1	2	3	4	5	(8) 推出新产品/服务	1	2	3	4	5

四、创业者个人社会交往情况

1. 在新企业创立之前,与您以各种方式(包括打电话、写信、会面、邮件、送贺卡等)相互拜年、交往的亲属、亲密朋友和熟人大概有多少人?

亲属_____人　　亲密朋友_____人　　熟人_____人

2. 在上述与您相互拜年、交往的人中,有没有从事下列职业的?(请在相应栏里划"√")

职　业　类　别			
(1) 科学研究人员	(2) 政府机关负责人员	(3) 党群组织负责人	(4) 企事业单位负责人
(5) 行政办事人员	(6) 法律工作人员	(7) 大学教师	(8) 工程技术人员
(9) 经济业务人员	(10) 产业工人	(11) 会计	(12) 营销人员
(13) 民警	(14) 司机	(15) 餐饮服务员	(16) 中小学教师
(17) 医生、护士	(18) 厨师、炊事员	(19) 保姆、计时工	(20) 其他(如无业人员)

3. 在上述与您相互拜年、交往的人中,是否有在下列单位工作的?(请在相应栏里划"√")

单　位　类　别			
(1) 党政机关	(4) 国有事业单位	(7) 私营企业	(10) 股份制企业
(2) 集体企业	(5) 集体事业单位	(8) 外资企业	(11) 中外合资企业
(3) 国有企业	(6) 私立事业单位	(9) 个体经营	(12) 其他类型

五、创业者个人及企业基本情况

1. 您的性别：□男　　□女　　　　婚姻状况：□已婚　　□未婚

2. 您创办企业时的年龄是：

□20岁及以下　□21～30岁　□31～40岁　□41～50岁　□51岁及以上

3. 您创办企业时的教育程度为：

□初中及以下　　□高中　　□大专　　□本科　　□硕士　　□博士

4. 您在这次创业之前是否有过工作经验？

□有(_____年)　　□否

5. 您担任过的最高管理职位

□高层管理者　□中层管理者　□基层管理者　□没担任过管理职位

6. 您的专业技术职称

□高级职称　　□中级职称　　□初级职称　　□没有职称

7. 您以前工作的行业与当前创业所在行业相关吗？

□相关　　　　□不相关

8. 在这次创业之前，您是否有其他创业经历？（无论是您独自创业还是与他人合伙创业）

□无　　　□有(一共有_____次，与当前创业相关的行业内创业_____次)

9. 贵公司名称：_____

10. 贵公司所在地：_____省_____市_____区

　　成立时间：_____年_____月

11. 贵公司所属的行业领域为：

□农、林、牧、渔业　　□矿业/采掘业　　□制造业　　□动漫产业　　□建筑业　　□房地产业　　□银行/金融　　□电力、煤气、水的生产和供应业　　□批发和零售业　　□通讯和通信业　　□广告业　　□运输/仓储业　　□餐饮、酒店和宾馆　　□专业性服务(诊所、律所、会计师事务所、教育)　　□其他

　　问卷调查到此结束，请您检查有无遗漏问题。再次感谢您的帮助和支持！

　　如果您还有其他意见或建议，请写在问卷背面，我们将认真考虑。如果您和您的企业对本研究报告感兴趣，请您惠赐联系方式，我们将在研究结束后将分析结果寄送给您。

地址及邮编：_____

Email：_____

电话：_____

附录 B　主要假设检验结果列表

假设编号	假设关系	结论
假设 1	新企业社会网络构建效率显著影响其初期绩效	支持
假设 1-1-1	形成基本社会网络的新企业初期绩效优于尚未形成社会网络的新企业	支持
假设 1-1-2	新企业社会网络构建速度与其初期绩效正相关	支持
假设 1-2-1	新企业社会网络构建投入与其初期绩效正相关	支持
假设 1-2-2	新企业社会网络构建投入与其初期绩效负相关	不支持
假设 2	新企业社会网络构建效果与其初期绩效正相关	支持
假设 3-1	新企业网络构建速度越快、效果越好,其初期成长绩效越好	支持
假设 3-2	新企业网络构建投入越少、效果越好,其初期成长绩效越好	支持
假设 3-3	新企业网络构建投入越少、速度越快,其初期成长绩效越好	支持
假设 4-1	与学步期新企业相比,婴儿期新企业的网络构建效率的效应更显著	不支持
假设 4-1-1	与学步期新企业相比,婴儿期新企业的网络构建速度的正向影响更显著	不支持
假设 4-1-2	与学步期新企业相比,婴儿期新企业的网络构建投入的效应更显著	不支持
假设 4-2	与学步期新企业相比,婴儿期新企业的网络构建效果对初期绩效的影响更显著	支持
假设 5-1	在婴儿期,网络构建效果比网络构建效率对新企业初期绩效的影响更显著	支持
假设 5-1-1	在婴儿期,网络构建效果比网络构建速度对新企业初期绩效的正向影响更显著	支持
假设 5-1-2	在婴儿期,网络构建效果比网络构建投入对新企业初期绩效的正向影响更显著	支持
假设 5-2	在学步期,网络构建效率比网络构建效果对新企业初期绩效的影响更显著	支持
假设 5-2-1	在学步期,网络构建速度比网络构建效果对新企业初期绩效的正向影响更显著	支持
假设 5-2-2	在学步期,网络构建投入比网络构建效果对新企业初期绩效的正向影响更显著	支持

续　表

假设编号	假设关系	结论
假设 6	信任环境正向调节新企业网络构建效率与其初期绩效的关系	不支持
假设 6-1	信任环境正向调节新企业网络构建速度与其初期绩效的关系	不支持
假设 6-2	信任环境正向调节新企业网络构建投入与其初期绩效的关系	不支持
假设 7	信任环境正向调节新企业网络构建效果与其初期绩效的关系	支持
假设 8-1	地区产品市场的发育程度负向调节新企业网络构建效率与其初期绩效的关系	部分支持
假设 8-1-1	地区产品市场的发育程度负向调节新企业网络构建速度与其初期绩效的关系	不支持
假设 8-1-2	地区产品市场的发育程度负向调节新企业网络构建投入与其初期绩效的关系	支持
假设 8-2	地区产品市场的发育程度负向调节新企业网络构建效果与其初期绩效的关系	反向支持
假设 9-1	地区要素市场的发育程度负向调节新企业网络构建效率与其初期绩效的关系	部分支持
假设 9-1-1	地区要素市场的发育程度负向调节新企业网络构建速度与其初期绩效的关系	不支持
假设 9-1-2	地区要素市场的发育程度负向调节新企业网络构建投入与其初期绩效的关系	支持
假设 9-2	地区要素市场的发育程度负向调节新企业网络构建效果与其初期绩效的关系	支持
假设 10-1	地区市场化程度负向调节新企业网络构建效率与其初期绩效的关系	部分支持
假设 10-1-1	地区市场化程度负向调节新企业网络构建速度与其初期绩效的关系	不支持
假设 10-1-2	地区市场化程度负向调节新企业网络构建投入与其初期绩效的关系	支持
假设 10-2	地区市场化程度负向调节新企业网络构建效果与其初期绩效的关系	不支持

索　引

图书在版编目(CIP)数据

新企业社会网络构建的效应机制分析：基于效率和
效果的实证研究 / 张慧玉著. —杭州：浙江大学出版社，
2016.6
ISBN 978-7-308-15906-7

Ⅰ.①新… Ⅱ.①张… Ⅲ.①企业管理—社会关系—
研究 Ⅳ.①F270

中国版本图书馆 CIP 数据核字（2016）第 116933 号

新企业社会网络构建的效应机制分析——基于效率和效果的实证研究
张慧玉 著

策划编辑	陈丽勋	
责任编辑	蔡圆圆	
责任校对	杨利军	
出版发行	浙江大学出版社	
	（杭州市天目山路 148 号 邮政编码 310007）	
	（网址：http://www.zjupress.com）	
排 版	杭州林智广告有限公司	
印 刷	杭州日报报业集团盛元印务有限公司	
开 本	710mm×1000mm 1/16	
印 张	14	
字 数	259 千	
版 印 次	2016 年 6 月第 1 版 2016 年 6 月第 1 次印刷	
书 号	ISBN 978-7-308-15906-7	
定 价	38.00 元	